METAVERSE+

马天诣　吴高斌　著

元宇宙+

元宇宙开启数字经济文明新纪元

中国财经出版传媒集团
中国财政经济出版社

图书在版编目（CIP）数据

元宇宙+／马天诣，吴高斌著．--北京：中国财政经济出版社，2022.1

ISBN 978-7-5223-1069-5

Ⅰ.①元… Ⅱ.①马… ②吴… Ⅲ.①信息经济 Ⅳ.①F49

中国版本图书馆CIP数据核字（2022）第012111号

责任编辑：潘　飞　　　　责任校对：张　凡
封面设计：卜建辰　　　　责任印制：史大鹏

元宇宙+
YUANYUZHOU +

中国财政经济出版社 出版

URL：http：//www.cfeph.cn
E-mail：cfeph @cfemg.cn

社址：北京市海淀区阜成路甲28号　邮政编码：100142
营销中心电话：010-88191522
天猫网店：中国财政经济出版社旗舰店
网址：https：//zgczjjcbs.tmall.com
北京时捷印刷有限公司印刷　各地新华书店经销
成品尺寸：175mm×240mm　16开　24.25印张　253 000字
2022年2月第1版　2022年2月北京第1次印刷
定价：98.00元
ISBN 978-7-5223-1069-5
（图书出现印装问题，本社负责调换，电话：010-88190548）
本社质量投诉电话：010-88190744
打击盗版举报热线：010-88191661　QQ：2242791300

特别鸣谢：

朱昱　胡又文　邓永康　谢珏

付文珠　马俊秋　蒋晖　李雨航

孙海龙　潘爱斌　张骋　李玉杰

吴海南　张彦国　王萍　王夫之

余颜浠　高泽龙　邓伟平　黄磊

江浩　王祥明　尧一尧　邓鹏飞

韩巍　付璐　于一铭　谢致远

PREFACE | 序 1

元宇宙，重视新概念，但不炒概念

马天诣先生的《元宇宙+》一书即将出版，我浏览了这本关于元宇宙概念的新书，深受启发。我认为，这本书对于当前读者来说，具有特殊的价值，因为当前社会正处在百年未有之大变局的转型升级期，元宇宙有可能会成为未来科技发展的一个新方向。

我认为，我们需要理性务实地看待元宇宙技术的应用以及未来发展可能带来的变革。探索元宇宙概念，发展元宇宙技术，有助于推动我国经济社会进一步加快数智化升级，有可能催生一批新产业、新业态、新模式的诞生。

“元宇宙”这个概念诞生于1992年的科幻小说《雪崩》。“概念”是人们认识世界的过程中，从感性到理性的自我认知意识的一种表达。我们应该重视新概念，勇于探索新概念。新概念往往是开启新的领域科学知识的起点，例如爱因斯坦的相对论，奠定了现代物理学的基础。科幻小说也不是胡思乱想。科学的幻想有可能变为现实，例如中国《西游记》中的许多想象大多数都在实现之中。

重视新概念不是炒概念，是为了探索新知识。炒概念通常都没有什么好结果，至少也会是没有结果。例如前两年炒“共享经济”概念，结果完全脱离了共享经济的正确意义，把共享经济当作一个破箩筐，什么都往里面装。什么共享汽车、共享马扎、共享雨伞，五花八门，不一而足。现在还剩下什么呢？剩下一个“共享单车”，也根本不符合共享经济的本意。

我希望大家尊重科学，用科学家的探索精神对待新事物、新概念。近两三百年是科学创新的时代，科学技术突飞猛进。人类处在信息爆炸的时代，300年胜过过去的3000年。300年间，完成了三次工业革命，生产力水平的发展，可谓一日千里。第一、二次工业革命，中国由于封建王朝闭关锁国，我们没有赶上。由汉、唐、宋时代的世界第一强国逐渐沦落为积贫积弱的半封建半殖民地。第三次工业革命我们赶上了一个尾巴，但是由于科学创新精神不强，原创成果不突出，在信息技术（IT）方面仍然有短板，被人卡脖子。我们虽然有无数个信息科技公司、数字科技公司，但是原创技术不多，高端芯片、工业软件仍然被卡脖子。即使是叫得震天价响的什么“新四大发明”，例如网购、社交软件，都超过不了发达国家。

元宇宙尚未形成一个权威的定义，体现了大家对该概念的持续演变保持着一个非常开放的态度。我衷心希望大家共同携手，把元宇宙概念“现实化”。或者说，努力做到“无缝衔接现实与虚拟”。

解释“元宇宙”有两个词似乎很重要：一个是“元宇宙是与现实世界平行的虚拟空间”，这一点我能理解；再一个是“元宇宙概念与互联网概念同等重要”，这一点我还不是很理解。我认为互联网是物质的世界，而元宇宙是人们想象的世界，很可能是非物质的。所以，我非常希望用“虚拟现实技术”尽快构建现实世界与虚拟世界的桥梁。

我也不希望“元宇宙学”成为中国的《易经》，过分虚幻。我认为“科学”一定是严密、具体的学问。

元宇宙概念最近被热炒，据说与Facebook改名“Meta”有关。Meta是元宇宙（Metaverse）的缩写。听说更名不是因为特朗普报复Facebook使股票大跌而逃避，而是要改变自己的战略，即“增强现实和虚拟现实将是公司未来几年战略的关键部分”。

科学技术进步离不开人们对美好生活的期许和参与，信息技术的快速更迭也是人类历史发展的必然。元宇宙应用可能会带来深刻影响和变革。但是与网络空间一样，如果缺乏相关的规则制度，也必将会从生各种违法乱纪行为，这需要我们理性看待，更需要法律层面的积极跟进与及时修正。

《元宇宙+》这本书列举了其他技术应用的很多场景案例。我个人觉得，这些都是元宇宙未来发展的基础，对于我们回顾过去和了解未来会很有帮助。我相信读者们在阅读此书时一定会有所收获，会有所启发和感触。

我非常希望我们国家能涌现出一些马斯克那样的企业家，敢想、敢干、敢于担当。

企业家，一定要有创新、诚信和工匠精神。

最后，我十分希望元宇宙概念成为科学，造福人类！

贺铿

第十一届全国人大财经委副主任

第十二届九三学社中央委员会副主席

PREFACE | 序2

元宇宙是人们认知世界的重大变革

元宇宙（Metaverse）是一个聚焦于社交链接的3D虚拟世界的大型网络。元宇宙包括物质世界和虚拟世界以及与虚拟经济的整合。元宇宙意味着我们要站在自身的对立面，拥抱、突破一个未知的世界。从本质看，元宇宙是各项新技术如虚拟现实、区块链、人工智能、虚拟现实、增强现实、机器视觉、大数据、云计算、网络安全等的整合。互联网、物联网等试图建立一个万物互联的世界，人与人、人与物、物与物，都能够相互联系，形成一个巨大的相互关联的世界。云计算试图把分布在世界各地的各种计算能力整合起来，形成一个超强的数据存储和计算的世界；大数据试图将万物数据化，并把世界变成一个数据世界；区块链刻画了一个数字化的诚信社会，描绘了诚信世界是如何成为可能的；AR/VR增强了人们的沉浸感体验；人工智能让人的记忆、智力、智慧得到延伸和放大。元宇宙将上述不同目标、方向、愿景都综合成了一个整体，并形成了一个统一的技术世界。如果将过去几十年间的技术变革比作“点线面”，那么元宇宙刻画的是一个包罗各项技术的“组装体”。如果说过去各种技术都是单项作战，独自描绘技术蓝图，元宇宙则是引入了一个“技术全景图”。

以宇宙观的角度，元宇宙将单一的自然宇宙向“双向宇宙”进行了扩展。传统宇宙指的是自然宇宙，物质世界由“质料、能量、信息”三大部分组成，过去人类关注点大多放在了物理意义的时间和空间上，因此才有了大航海、地理大发现、登月运动等空间探索活动。

随着各项活动的展开，信息不仅能够记录自然世界，映射人与人、人与物之间的交互活动，随着大数据技术的兴起，人们开始利用相关数据重构一个与自然世界及其万物相对应的数据世界。目前我们的宇宙观正在向“数据宇宙”迈进，不仅能够利用数据解释物理学宇宙的各种现象，更能够让人们通过编辑数据，探索宇宙更深层次的内涵。

所谓元宇宙，即利用信息技术，将自然宇宙扩展为虚拟宇宙，人与宇宙间的关系从此“由单向转为双向”，不仅可以利用宇宙中的物质信息，还可以摆脱自然界各种复杂的规律，将人的主观能动性发挥到极致。因此，在元宇宙时代，除了进行对外探索，人们将更加关注内心世界，更加注重精神文明的建设。元宇宙某种程度上即人类内心的宇宙。

从精神维度看，元宇宙将成为人类创新思维实验室。用我所熟识的计算机语言解释，人本身就是一个软硬件集成系统，硬件指我们的骨骼、身体，软件则是我们的精神世界。人类的不断进化同软件即服务（SaaS）模式十分接近。千百年来，人类的“硬件”架构并未发生太大变化，但“软件”在不断发展完善、更新迭代。随着大数据、云计算等技术的发展，人类可以更加高效地表达自身情感，人们需要借助一个综合性平台，更加形象地表达自身的各种情感。元宇宙的出现为难以捉摸的人类思想提供了实验土壤，通过VR/AR等技术，人们的思想可以在虚拟空间中得以再现，并能够通过元宇宙，对人的思想进行观察、测量和分析。

现代科学技术为我们“有限地改变”世界创造了良好的基础，人们能够通过技术提高自身生活品质，表现出了一定的主观能动性，但仍是受制于自然科学定律的。法国哲学家笛卡尔认为，人只有通过思考才能认识到自身的存在。实际上，人类在不断尝试实现精神上的自由。最初，人类通过文字形式展现了丰富的精神世界，如科幻小说。随着光影技术的发展，人们开始通过音乐、电影等形式更直观展现内心精神世界，未来，现实的大多数事物都将以数字化的形式映射在虚拟世界中，形成了统一的数字世界。在元宇宙中，人即造物主，可以尽情发挥想象。

元宇宙允许用户进行任何体验或活动，所以有许多应用场景，如商业领域的虚拟办公平台、虚拟购物商场和电玩游戏，教育领域的无地方和时间限制的实地考察，房地产领域的虚拟房屋参观等。现实世界中缺什么，虚拟世界中就可以用计算机手段补什么，随着计算机技术的发展，元宇宙的应用场景还在不断拓展。

关于元宇宙的中文书已经出版了不少，但马天诣和吴高斌的《元宇宙+》一书与众不同。第一，此书简单易读，不懂专业的人士也可以了解元宇宙的许多概念、技术和应用。第二，书中用了很多数据来说服读者，可谓“数据驱动”。第三，本书用了很多图和表来展示概念和应用，一目了然。第四，本书向我们展示了未来元宇宙的无限可能性，从元宇宙的定义出发，剥茧抽丝地分析了元宇宙技术、应用以及哲学伦理等各个方面。借助阅读本书，读者能够以“知心合一”的方式亲身体会作者总结的元宇宙在我们生活中的方方面面，远离空想，找到自己“心中的元宇宙”。

至人不与物俱化，往往超出乎两间。明代陈洪绶有一幅《听吟图》，幽古的清供中，有梅花数朵，红叶一枝。梅花象征时光绚烂，红叶象征岁月凋零，时光会轻易将人抛弃，而人却执着地流连于生命的绚烂之中。山水画追求静，因为静能超越时间，能突破生命，而停顿即静，山居即停顿。我想，元宇宙即是我们每个人心中的宇宙，我们的生命意义是否会因元宇宙的出现而有所改变？无论变或不变，我们的所思、所想、所做在每时每刻都是无比珍贵，或许这才是元宇宙带给我们的真正意义。

潘毅院士

乌克兰国家工程院院士

美国医学与生物工程院院士

英国皇家公共卫生学院院士

美国佐治亚州立大学终身州校董、荣誉教授

PREFACE 序3

英伟达在元宇宙的战略布局

元宇宙为大家带来了一个全新的世界，在这个世界中，人们可以任意畅享，并可以通过虚拟的形象实现互动，元宇宙向我们敞开了全新数字化社会的大门。然而，制造一个生态级的系统工程，需要从环境建构到系统支持再到功能填充。如何以数字孪生的形式生成现实的镜像，搭建细节极致丰富的拟真场景是实现元宇宙的第一要务。

比如，在元宇宙中需要对物体或人物的虚拟形象进行渲染需要GPU的支持，GPU可谓是元宇宙的“新基建”，也是英伟达的立足之本，当下AI、云计算、数据分析与高性能计算等核心科技行业已离不开顶级图像处理技术的强力支持。目前，英伟达已占据GPU 70%—80%的市场份额。

在GPU这一核心技术之外，英伟达将业务范围进一步辐射至数据中心、高性能计算、AI等。作为一家专业的图形处理芯片公司，英伟达于1999年发明了图形处理器GPU，在游戏领域，英伟达GPU几乎成为游戏设备的标配。

技术的创新是企业成长的最大驱动力。在GPU技术架构上，英伟达“小步快跑”，基本保持两年一次迭代，从最初的Tesla到如今的Ampere。目前，最新的Ampere建立在RTX的强大功能之上，进一步显著提高了渲染、图形、AI与计算工作负载的性能。

为了帮助元宇宙更加直观、便捷地走进人们生活，英伟达打造了Omniverse平台，让更多从事AR/VR、渲染工具的开发商加入进来，一起打造元宇宙生态。Omniverse最早于2019年正式提出，其最初是一款基于NVIDIA RTX GPU与皮克斯USD的实时图形与仿真模拟平台，最初是为了优化工程与设计行业工作流程，以实现高效分工与写作。2020年，Omniverse Open Beta公测版本上线，目前已有约5万用户进行了下载，中国市场有接近1万名用户。

目前Omniverse的定位是工程师的元宇宙，希望能够将元宇宙真正落实于工业场景。在Omniverse平台上，创作者、设计师、研究人员和工程师可以连接主要设计工具资产和项目，从而在共享的虚拟空间中协作和迭代。开发者和软件提供商还可以在Omniverse的模块化平台上轻松地构建和销售扩展程序、应用、连接器和微服务，以扩展其功能。相比于游戏、社交媒体平台，Omniverse更偏向“数字孪生”，基于现实中的物理定律与逻辑，将现实精准复制到元宇宙。

Omniverse希望描绘一个“离大家更近的元宇宙”，并已在各项工业场景中逐渐落地，制造业方面，宝马的虚拟数字化工厂基于英伟达Omniverse平台打造；机器人方面，Omniverse提供支持的 NVIDIA Isaac Sim 是一款可扩展的机器人仿真应用程序和合成数据生成工具。

未来，Omniverse会逐渐将信息世界从2D向3D转变，我们面临的将是一个基于现实的3D虚拟世界，我们将持有或出售虚拟房产、家具、汽车、奢侈品和艺术品，创意人员将制造出比物理世界更为丰富多彩的东西。Omniverse完全可以成为一个包罗万象大平台，从宏观到微观，从天气到工厂，从物理学到生物学再到通信学，覆盖生活生产的各个领域：仓库、工厂、物理与生物系统、5G边缘、机器人、自动驾驶汽车，甚至是虚拟形象的数字孪生。

我们应该秉承“科技向善”的理念，为预测美国西部火山灾情，我们可以将植被、地形、天气等数据全部复制到了Omniverse Enterprise虚拟的数字分身平台上，并基于AI和人工智能深度神经网络，判断预警火灾发生的位置、蔓延的速度和方向，预警到消防部门立即创建前期山火的轨迹图。

元宇宙始终需要算力来推动，而元宇宙真正的爆发点则来自软硬件、平台、解决方案堆栈的爆发。我们希望通过在技术平台底座的稳扎稳打，在元宇宙领域“快人一步”。

朱力

英伟达中国AI人工智能和自动驾驶总监

“369”
元宇宙一张图

经济金融场景
能源场景
地产场景
联接场景
智能制造
情绪具象
娱乐场景
乡村振兴
智慧城市
健康场景
教育场景
零售场景
饮食场景
数字身份
数字藏品
信用系统规则
文化交流规则
生产关系规则
价值交换规则
社会组织规则
意识交换规则
机器学习
智能识别
生命科学
网络传输
数据存储
云计算
信息安全
多维建模
能源管理
cloud computing
data storage
transmission
life science
cyber security

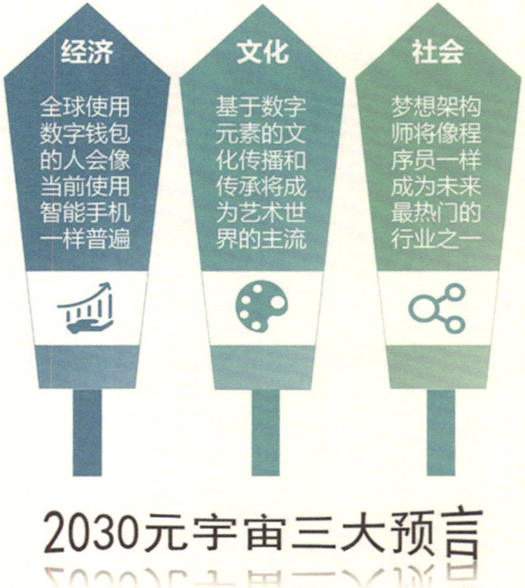
经济
全球使用数字钱包的人会像当前使用智能手机一样普遍
文化
基于数字元素的文化传播和传承将成为艺术世界的主流
社会
梦想架构师将像程序员一样成为未来最热门的行业之一
2030元宇宙三大预言

CONTENTS 目录

1 如何理解元宇宙就是下一代互联网

2 元宇宙的产业框架

3 科技公司的元宇宙布局——国外篇

4 科技公司的元宇宙布局——国内篇

5 元宇宙赋能各行各业

METAVERSE +

1

如何理解元宇宙就是下一代互联网

1.1

元宇宙是什么？

元宇宙是平行于现实世界的虚拟空间，且其可复制现实世界的所有事物，并前往人们内心深处所向往的地方。关于元宇宙，较被广泛认可的思想来源为美国数学家和计算机专家弗诺·文奇（Vernor Vinge）教授，其在1981年出版的小说《真名实姓》（见图1-1）中，创造性地构思了一个通过脑机接口进入并获得感官体验的虚拟世界。1992年，科幻作家尼尔·斯蒂芬森（Neal Stephenson）在其著作《雪崩》（见图1-2）中描述道，人类可以

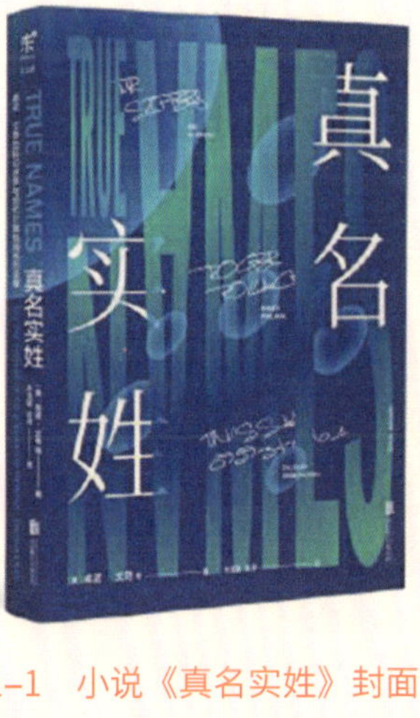

图1-1 小说《真名实姓》封面

资料来源：京东网。

图1-2 科幻小说《雪崩》封面

资料来源：新浪新闻社。

通过Avatar（数字替身），在一个虚拟三维空间中生活，现实世界的所有事物都可以被数字化复制到这一空间，作者将这个人造空间称为Metaverse（元宇宙）。我们可以将“Metaverse”拆解为“meta”和“verse”，其中“meta”表示超越，而“verse”取自universe（宇宙）。因此，根据以上的描述和定义，我们可以将“元宇宙是什么”总结为：元宇宙是平行于现实世界的虚拟空间，且其可复制现实世界的所有事物。

游戏《Second Life》是元宇宙从概念到实体的重要尝试（见图1-3）。2003年，林登（Linden）实验室推出网络虚拟平台Second Life（翻译为“第二人生”，英文缩写为SL）。该游戏只提供最基础的土地资源，土地上的一切由人自己决定；在游戏中，玩家可以做许多现实生活中的事情，比如吃饭、跳舞、购物、卡拉OK、开车、旅游等；全世界各地的玩家可以相互交流，从而建立起一个全新的虚拟社交网络，人们在现实世界不敢想、不敢做的很多事情在虚拟世界中都能得以完成。从实质来看，《Second Life》是一个网络游戏、社交网络的组合，已具备人们对于元宇宙幻想的部分特点，是元宇宙从概念到实体的一次重要尝试。

图1-3　网络虚拟游戏《Second Life》

资料来源：polygon网站。

2018年问世的电影《头号玩家》（见图1–4）中的“绿洲”，进一步具象地呈现了Metaverse的可能样貌。“绿洲”具有完整运行的经济系统，可实现实体和数字世界的跨越，数据、数字物品、内容以及IP都可以在其间通行；并且，用户、公司等各类参与者都可以在“绿洲”中创作内容、生产和买卖商品，从而让Metaverse更加繁荣。2021年，最新上映的科幻电影《失控玩家》从NPC（非玩家控制角色）的角度展现了如果人工智能技术大规模地植入元宇宙，将更真实地还原现实，带来更逼近于现实的体验（见图1–5）。

图1–4　科幻电影《头号玩家》剧照

资料来源：新浪网。

图1–5　科幻电影《失控玩家》

资料来源：新浪网。

Roblox是元宇宙的雏形。Roblox公司成立于2004年，并在2011年上线IOS版本，随后在2014年上线Android版本，并最终于2020年3月10日在纽交所上市。与此同时，Roblox还与腾讯达成合作，共同成立合资公司——罗布乐思，共同发展中国市场（见图1-6）。截至2019年，已有超过500万的青少年开发者使用Roblox开发3D、VR等数字内容，吸引的月活跃玩家超1亿人。Roblox 最早从儿童教育起家，逐渐发展成为大型多人游戏创作、分享及销售平台。通过开放式的平台和创作机制和由玩家主导建立的去中心化世界，Roblox已经逐渐搭建起 Metaverse的基本框架。Roblox用户数的快速发展从另一个侧面说明，元宇宙的内涵文化不是一定需要借助VR/AR的游戏终端才能实现，内容创作方式发生的变化才是这一次虚拟网络变化的内核。

图1-6　腾讯与Roblox合作成立的罗布乐思

资料来源：Roblox官网。

从电影《黑客帝国》中也可以看到元宇宙的雏形。黑客帝国最早揭示了人类信号网络传递的本质，我们觉得累、疼、酸、苦等，本质上就是信号的传递，而如何改变这种信号、如何让更多的信号进行交互连接，是人类文明发展的本质（见图1–7）。在《黑客帝国》中，尼奥回归到真正的世界后，随着莫菲斯进入模拟系统，在那个系统中每个人都可以随自己的意愿创造事物，而这似乎就是目前的元宇宙所追求的雏形。很多人可能觉得这个离我们现实的世界太远，但其实国内在脑机接口和对脑电波的研究层面有长足的进步，比如，传统上信息需要通过敲击键盘，以后可能就是一个眼神就能实现，不久的将来这一切都将成为现实。

图1–7　电影《黑客帝国》剧照

其实，元宇宙没有一个具体的形貌，它在每个人的心中都不一样，就像我们对世界的认知一样，出身、性别、年龄等方面的原因让我们的认知有一个循序渐进的过程。除了从科幻小说、电影以及游戏的创作中去思考、总结何为元宇宙，我们还可以从全球科技巨头、领军者、科学家等的言语中找到对元宇宙不同的解读：

前亚马逊高管风险投资家马修·鲍尔（Matthew Ball）说：

“元宇宙必须提供‘前所未有的互操作性’，用户必须能够将他们的化身和商品从元宇宙中的一个地方带到另一个地方，无论是谁在运行元宇宙的特定部分。”

游戏开发服务平台Beamable公司创始人乔恩·拉多夫（Jon Radoff）认为，元宇宙构造包含如下七个层面：体验、发现、创作者经济、空间计算、去中心化、人机互动、基础设施。

清华大学新媒体研究中心发布的《2020—2021年元宇宙发展研究报告》指出：“元宇宙不等于电子游戏，它也不仅仅是一个虚拟世界，而是虚拟世界×（乘以）现实世界。可以说，元宇宙是多人在线游戏、可编辑的世界、经济系统、社交系统和去中心化认证系统，以及现实元素等众多因素的集合。”

Facebook创始人马克·扎克伯格认为，元宇宙是一个让使用者置身其中的沉浸式互联网——在网络中不仅仅依靠屏幕，而是将有更多的设备联动，实现虚拟世界的沉浸式体验。

总而言之，Metaverse（元宇宙）并非一个严谨的学术概念，目前尚无统一的定义，我们将其归纳为：Metaverse为在虚拟环境中搭建的“现实世界”，人们利用数字身份（Avatar）在时间依然只能单向流动的世界中进行同步实时交互，用共通协定的“货币”或者其他数字资产购买及出售由任何人/组织机构创建的物品（可以是实物的，也可以是虚拟的）。

1.2 我们为什么需要元宇宙?

1.2.1 互联网发展至今面临的三大困境

传统互联网发展一定程度上加速了人类文明前进的脚步，我们把互联网的发展大体分为PC互联网和移动互联网两大阶段，互联网信息流之间不受物理空间的制约，整个世界信息传递的规律得到彻底改变。传统互联网的发展可以分为两大阶段：PC互联网阶段（1969—2000年）和移动互联网阶段（2000年至今）。互联网的出现从以下几个方面改变了整个世界：（1）改变了信息的获取以及传播方式；（2）改变了人们的生活习惯；（3）改变了各行各业的商业结构；（4）互联网带来的数字经济成为推动我国GDP增长的重要动力。据中国信息通信研究院（以下简称“中国信通院”）的数据显示，2020年我国数字经济规模达到39.2万亿元，同比增长9.5%，大幅高于GDP的增速2.3%；从比重看，2020年数字经济占GDP的比重已经达到38.6%，较2019年的占比提升了2.4个百分点（见图1-8）。

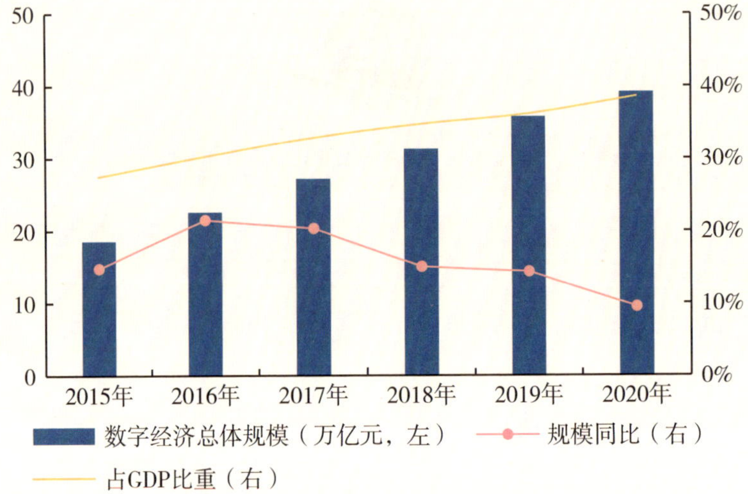

图1–8　2015—2020年我国数字经济增速与GDP增速

资料来源：中国信通院。

不可否认，互联网的出现改变了整个世界，但是我们认为互联网发展至今，遇到了三大困境（见图1–9）：（1）市场空间。

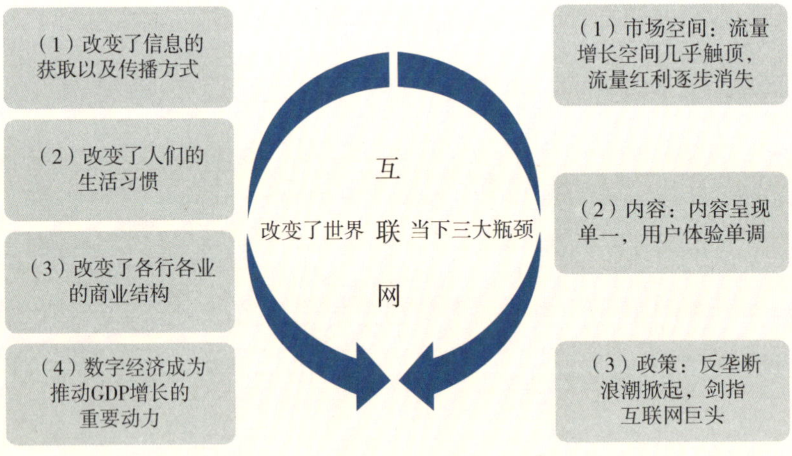

图1–9　互联网发展的三大困境

资料来源：自行整理。

流量增长空间几乎触顶，流量红利逐步消失。（2）内容。内容呈现单一，用户体验单调，人与人以及人与物之间的距离依然很遥远。（3）政策。反垄断浪潮掀起，国际国内强化科技平台监管。当下这三大困境制约互联网进一步的快速发展，亟待破局。

（一）市场空间：流量增长空间几乎触顶，流量红利逐步消失

我国互联网流量增长空间几乎触顶，流量红利逐步消失（见图1–10）。根据CNNIC（中国互联网络信息中心）的数据，截至2021年6月，我国网民规模达10.11亿人，较2020年12月增长2 175万人，互联网普及率达71.6%，较2020年12月提升1.2个百分点。截至2021年6月，我国手机网民规模达10.07亿人，较2020年12月增长2 092万人，网民使用手机上网的比例为99.6%，与2020年12月基本持平，几乎到顶。根据MobTech（袤博科技）的数据，2021年Q2中国移动互联网用户日均使用时长

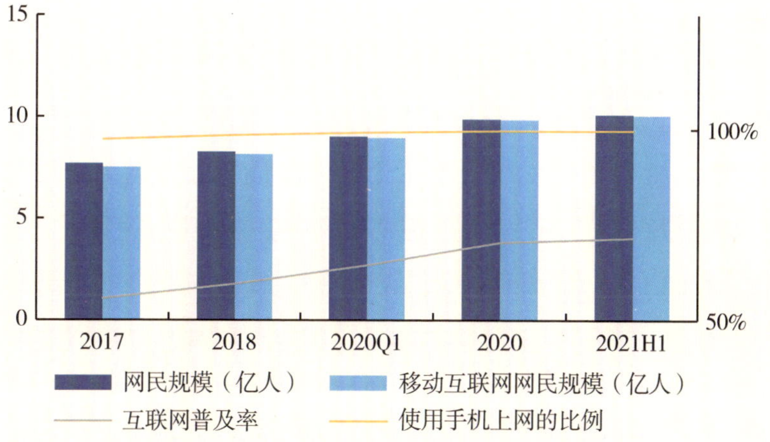

图1–10　中国互联网网民规模及普及率

资料来源：CNNIC。

为5.8小时，6小时的天花板依旧没有被突破，而且我们预计未来也很难突破（见图1–11）。随着移动互联网普及率的不断提升，中国移动互联网用户规模已趋向稳定，增长规模有所放缓，行业发展趋于平稳，手机网民人数几乎达到中国人口总数，流量增长空间几乎触顶，流量红利逐步消失。

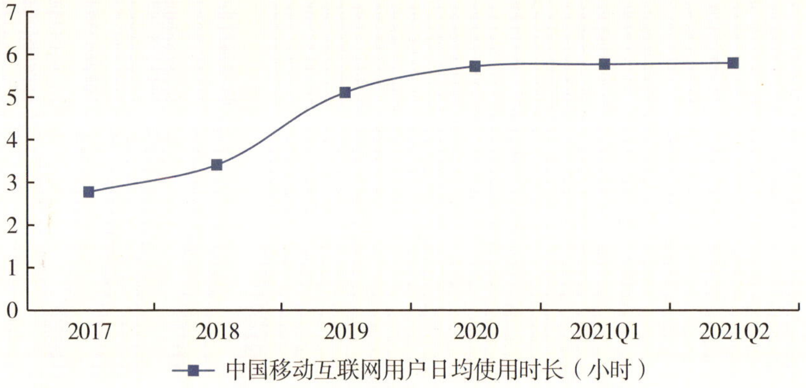

图1–11　中国移动互联网用户日均使用时长

资料来源：MobTech。

中国互联网巨头用户渗透率基本见顶，天花板显现。截至2021Q2，BAT（B指百度、A指阿里巴巴、T指腾讯）渗透率均超80%，其中腾讯系和阿里系的用户渗透率分别达到96.2%和92.7%。头条凭借短视频产品成功突围，跻身巨头行列，渗透率达到63.1%（见图1–12）。从内容端来看，流量红利见顶，多个细分“赛道”已经转入存量用户深耕阶段。2021Q2，我国移动游戏、移动视频和移动音乐的用户渗透率分别达到87.7%、72.1%和63.1%，几大应用场景面临未来增长的瓶颈（见图1–13）。

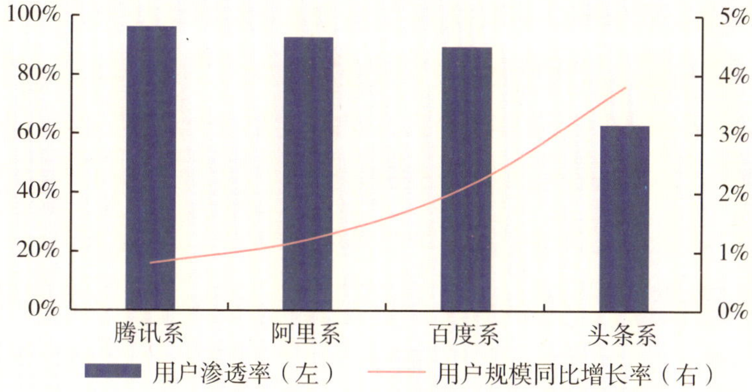

图 1–12　中国 BAT 旗下 App 用户渗透率

资料来源：MobTech。

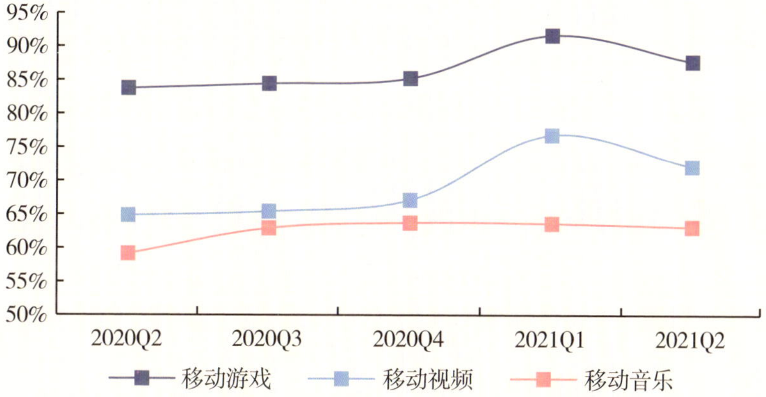

图 1–13　移动互联网部分“赛道”用户规模渗透率

资料来源：MobTech。

（二）内容：内容呈现单一，用户体验单调，人与人以及人与物之间的距离依然很遥远

当前互联网的内容主要是通过文字、图片、声音、视频等方式进行呈现，较为单一，用户体验单调，人与人以及人与物之间

的距离依然很遥远。我们从如下三个维度来作进一步的阐释。

（1）社交。WhatsApp、Facebook、QQ、微信，包括以前的人人网等社交工具改变了人与人之间的交流方式，用户通过文字、语音、图片及视频等方式与熟人或者陌生人进行有效率的交流沟通，并在社交工具的个人空间上进行自我展示。然而，人与人之间的距离依然比较遥远，无法达到现实生活中面对面交流所起到的效果，尤其是陌生人之间的沟通交流比较困难，个人空间以及群聊空间上的展示效果有限。比如，人们基本上不会在线上进行相亲、举办Party等活动；再比如，2021年初硅谷非常火的一个社交软件Clubhouse，其一经推出便迅速火爆全网，最重要的原因是现在的互联网无法在很多垂直的赛道上提供人们想要的沉浸式的社交体验，人与人之间的交流形式依然较为单一。此外，我们看到现有的社交网络关系复杂，比如，微信朋友圈本来是一个让我们表达观点、抒发情感的地方，结果由于复杂的关系链，我们从不敢表达真实的想法，发展到现在我们逐步不想发，并且逐步变成不想用。

（2）购物。电子商务发展之初，亚马逊、淘宝、京东等购物网站主要以文字和图片的方式展示商品，这些平台在过去的十年里把更多的精力都集中在如何提升物流的速度和如何不断完善商品的品类，极大地带动了我国物流行业的快速发展，很多物流公司市值超过千亿元。最近两年，这些购物网站上才开始加入了视频展示以及3D展示，以期提升用户的购物体验，但是商品的展示效果与实物之间存在差距，人们很多时候无法通过现有这些展示来购买到符合自己需求的商品，比如购买衣服时只能看到模特穿搭的效果，自己无法进行试穿，买回来后发现上身效果和模特展示的效果存在较大差异，因而经常发生退换货情况，极大地影响了人们的购物体验，很多爱美的女孩子甚至彻底放弃了线上购物，转而回到了传统的线下购物。

（3）娱乐。互联网上的视频、音乐、游戏等娱乐活动无法让用户“身临其境”地去参与和感受，用户需要使用电脑、手机等进行交互，娱乐体验会打折扣。比如，相较于在家看电影，人们更喜欢去电影院看电影，而且人们现在选择私人影院、车库影院、IMAX等不同方式去观看电影，目的就是不断地提升沉浸感。再比如，现在的演唱会和以前的不一样，很多都可以直接在网上收看，但是我们越来越多的人还是愿意去线下看，就是因为真正带给我们震撼体验的不仅是内容的二维呈现，而是三维甚至更多维度带来的超感官刺激。

（三）政策：反垄断浪潮掀起，国际国内强化科技平台监管

自2020年底开始，全球新一轮反垄断浪潮掀起，国际国内加速立法，强化科技平台监管（见表1–1）：2020年10月6日，美国众议院发布《数字化市场竞争调查报告》；2020年12月15日，欧盟委员会颁布《数字服务法》《数字市场法》；2021年2月7日，中国国务院反垄断委员会印发《关于平台经济领域的反

表1–1　全球数字、平台经济反垄断立法进程

时间	立法进程
2020.10.06	美国众议院发布《数字化市场竞争调查报告》
2020.12.15	欧盟委员会颁布《数字服务法》《数字市场法》
2021.02.07	中国国务院反垄断委员会印发《关于平台经济领域的反垄断指南》

垄断指南》。与此同时，全球多家互联网巨头遭遇反垄断调查：2020年10月美国司法部对谷歌提起反垄断诉讼，指控其在搜索和搜索广告领域妨碍竞争；2021年上半年，欧盟对谷歌、苹果、脸书、亚马逊轮番展开反垄断调查，认为部分互联网巨头存在严重的私自使用个人用户的行为；2021年4月，中国市场监管总局责令阿里巴巴停止滥用市场支配地位行为，并处182.28亿元罚款，同时依法对美团实施"二选一"等涉嫌垄断行为立案调查（见表1-2）。我们看到在互联网快速发展的过程中，很多互联网巨头开始一定程度上恶意打压或者收购创新型的科技企业，全球这一轮对互联网企业的监管更多的是希望鼓励它们再造内生性的创新，而不是不停地并购，短期来看，这或许给互联网巨头带来阵痛，但长期来看，将成为他们创新型发展的主要动因。

表1-2　　美国与中国科技巨头遭遇反垄断调查情况

时间	反垄断事件
2020.10	美国司法部对谷歌提起反垄断诉讼，指控其在搜索和搜索广告领域妨碍竞争
2021H1	欧盟对谷歌、苹果、脸书、亚马逊轮番展开反垄断调查
2021.04	中国市场监管总局责令阿里巴巴停止滥用市场支配地位行为，并处182.28亿元罚款
2021.04	中国市场监管总局依法对美团实施"二选一"等涉嫌垄断行为立案调查

1.2.2　元宇宙能解决互联网面临的四大问题

元宇宙能解决互联网面临的哪些问题？我们认为元宇宙至少

能解决如下四大问题：（1）元宇宙市场空间前景巨大，打开互联网企业成长的天花板；（2）反垄断浪潮掀起，解决反垄断背后的问题需要依靠科技创新，符合数字经济的时代主旋律；（3）在智能化、无人化趋势下，元宇宙能创造更多的就业机会以及收入来源；（4）元宇宙的发展匹配马斯洛人类需求理论中的各种需求，特别是对于人类更高需求中的自我认可和自我实现部分。

（一）元宇宙未来整体市场规模大，将打开互联网下一个成长空间

元宇宙不仅是一个提升沉浸感效果的工具，未来还可以建立一个全球性的大规模的虚拟社区，随着未来一代又一代“元”著民的不断努力，有望衍生出许多新的文明。2030年元宇宙市场规模将达到15 000亿美元。“彭博行业研究”预计元宇宙市场规模将在2024年达到8 000亿美元，普华永道预计元宇宙相关经济将迎来大幅增长，市场规模有望从2020年的500万美元增至2030年的15 000亿美元，2020—2030年的CAGR（Compound Annual Growth Rate，年复合增长率）达到253%。相信没有哪个行业能够像元宇宙一样能保持这么多年的超高增速，移动互联网流量空间见顶之际，元宇宙时代红利已然开启（见图1-14）。

（二）反垄断浪潮掀起，解决反垄断背后的问题需要依靠科技创新，符合数字经济的时代主旋律

新一轮反垄断监管周期开启，解决反垄断背后的问题需要依靠科技创新。全球反垄断浪潮掀起，背后存在3个核心问题：一方面，市场效率、公共权利和科技创新。科技巨头借助垄断优

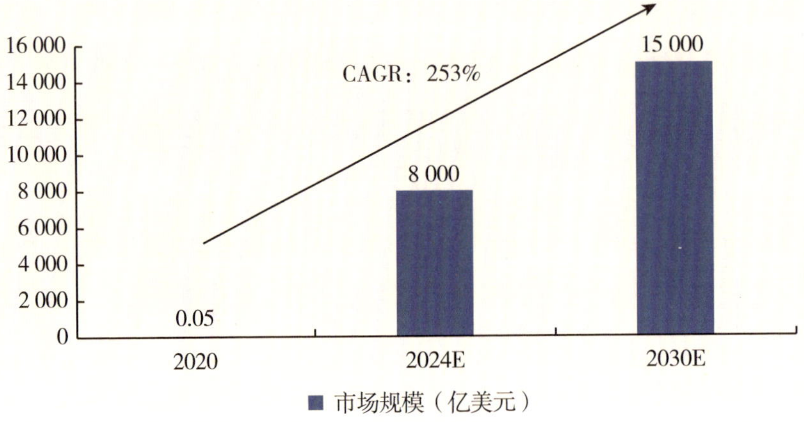

图 1–14　2030 年元宇宙市场规模和 CAGR

资料来源：彭博行业研究网站，普华永道官网。

势形成了非公平定价、用户数据使用、捆绑销售、业务排斥等问题，影响到市场效率，这成为反垄断的重点；另一方面，平台影响力向社会和公共权利延伸，遏制平台从私权向公权的扩张是更深层次的考虑。反垄断政策的最终目的是持续鼓励创新，培养和孵化更多有思想的企业可以快速成长，而不是还没有做大就被互联网巨头吞并。要解决这些问题，需要依靠科技巨头开启新一轮的技术革命，反垄断政策倒逼全球的互联网企业颠覆创新，寻找新的增长点，元宇宙就是下一代技术革命，即将掀开数字经济时代大幕。

（三）在智能化、无人化趋势下，元宇宙能创造更多的就业机会以及收入来源

智能化、无人化是未来科技发展的大趋势，元宇宙未来能创造更多的就业机会以及收入来源。2020 年的新冠肺炎疫情一方面影响到绝大多数行业的正常运行，另一方面也促进了制造业加速

向无人化、智能化的方向进行转型升级。在持续的疫情下，全球失业率有明显的提升，2020年4月，美国的失业率达到历史高位14.8%（见图1–15），中国的城镇登记失业率在2020年9月也达到了阶段性高位4.2%（见图1–16）。在智能化、无人化的趋势下，很多行业面临失业的风险。回顾历史，数字经济创造了大量的就业岗位，据不完全统计，腾讯、阿里巴巴、京东、拼多多、美

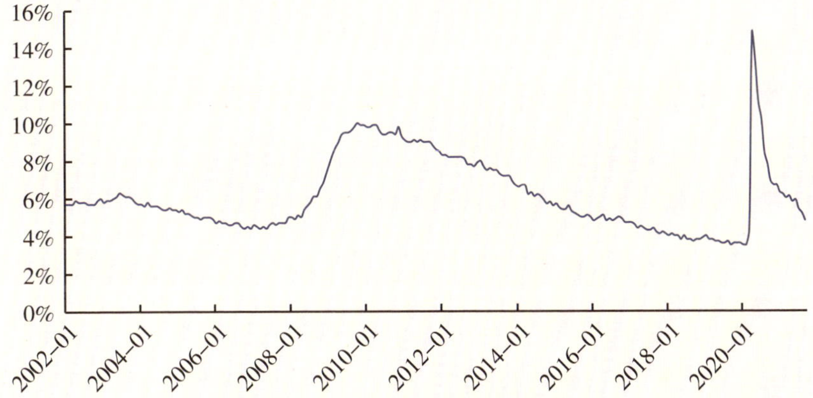

图1–15　2002—2020年美国的失业率

资料来源：Wind。

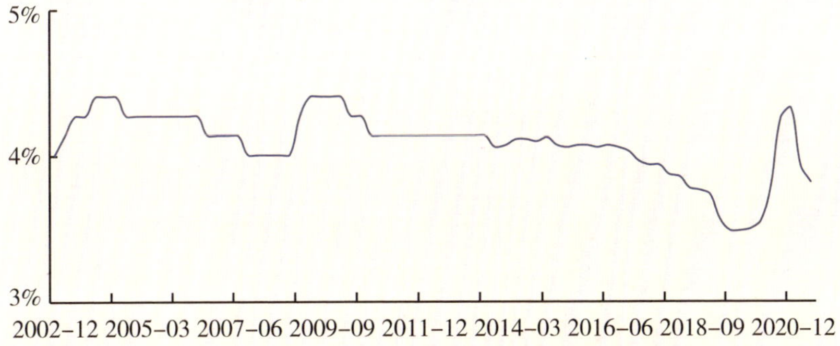

图1–16　2002—2020年中国城镇登记失业率

资料来源：Wind。

团、滴滴、抖音和快手这8家互联网企业创造了中国近四分之一的就业岗位（见表1-3）。我们认为，作为互联网的下一站，元宇宙也将创造大量的就业机会和收入来源，比如Travis Scott用虚拟形象在游戏《堡垒之夜》中举办了一场虚拟音乐会，有1 200万人参加，收益2 000万美元；Roblox和Unity目前分别有近800万和150万的创作者；在Decentraland（虚拟世界平台）里，2021年4月购买一块虚拟土地的平均价格为1 800美元，6月的价格达到7 000美元，同时，该平台发布一则招聘广告，项目发起者每月支付500美元的Crypto，参与者每天工作4小时。我们看到，过去几年房地产企业的大规模扩张留下了非常多的隐患，在“房子是用来住的，不是用来炒的”大的宏观政策背景下，很多房产中介未来可能会面临转型，而元宇宙中未来可能会给他们提供更多的就业机会（见表1-4）。

表1-3　8家互联网企业创造的就业岗位

企业	创造的就业岗位	占中国就业总人数之比
腾讯	2020年，微信生态创造了3 684万个就业岗位	4.9%
阿里巴巴	2017年创造了3 681万个就业岗位	4.9%
京东	间接带动全国就业人数超过1 800万	2.4%
拼多多	2020年商家数量860万	1.1%
美团	1 000万个外卖骑手	1.3%
滴滴	1 000多万年度活跃司机	1.3%
抖音	2019年8月—2020年8月，抖音带动就业机会3 617万个	4.8%
快手	2 400多万用户通过快手获得了收入	3.2%
合计	18 042万个	24.0%

资料来源：各公司官网，中国就业网。

表 1–4　元宇宙创造的就业机会及收入来源

对象	事件
Travis Scott	用虚拟形象在游戏《堡垒之夜》中举办了一场虚拟音乐会，1 200万人参加，收益2 000万美元
Roblox	目前有800万+的开发者
Unity	拥有150万活跃创作者
Decentraland	2021年4月购买一块虚拟土地的平均价格为1 800美元，6月的价格达到7 000美元
Decentraland	发布一则招聘广告，项目发起者每月支付500美元的Crypto，参与者每天工作4小时
Gucci	出售单价为4 115美元的数字包，其所有者已通过NFT认证
RTFKT	2月，7分钟内售出了600只总价值310万美元的数码鞋

资料来源：Facebook、《证券时报》。

（四）元宇宙的发展匹配马斯洛人类需求理论中的各种需求

人类需求分为物质价值需求和精神价值需求，元宇宙的发展匹配马斯洛人类需求理论中的各种需求。在马斯洛人类需求五层次理论中，分为低级的物质价值需求——生理需求和安全需求和高级的精神价值需求：社交需求、尊重需求、自我实现需求，低级的物质价值需求得到满足后，人们会追求高级的精神价值需求，元宇宙的发展匹配这些需求，比如去中心化的经济系统匹配人的财产安全需求，立体式的社交网络体系匹配人的社交需求，真假难辨的沉浸式体验、开放的创造系统、多样的文明形态匹配人的尊重需求和自我实现需求。随着人类物质生活的极大丰富，传统的生理需求已经不再是人们的主要需求，在移动互联网的快速发展下，安全需求也逐步得到了满足，我们很少看到还有抢钱包的事件发生（因为钱包里面没有多少钱）。人们转向精神需求，以求更好地创造内容，自己创造的内容可以得到更多人的认可（见图1-17）。

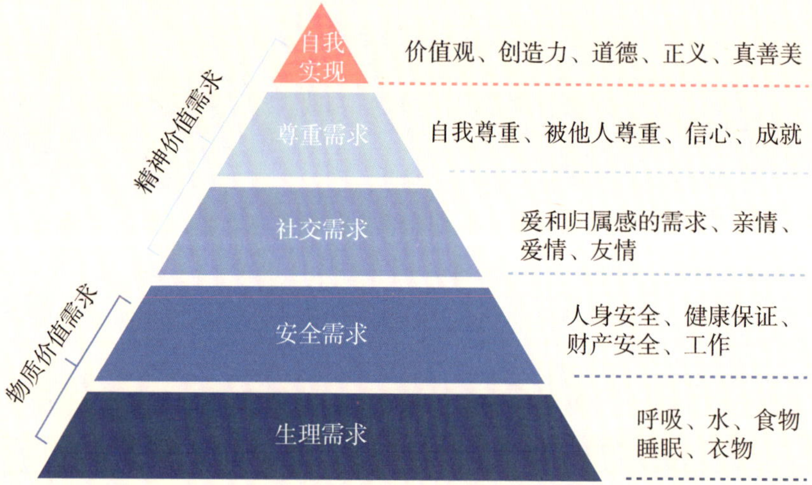

图1-17　元宇宙的发展匹配马斯洛人类需求理论中的各种需求

1.3

元宇宙具备什么特征和要素?

1.3.1 元宇宙的八大特点

元宇宙是基于未来互联网的3D虚拟空间，具备八大特点。比较而言，维基百科对元宇宙最新的描述更符合元宇宙的新特征：通过虚拟增强的物理现实，呈现收敛性和物理持久性特征的，基于未来互联网的，具有链接感知和共享特征的3D虚拟空间。也就是说，2021年语境下的元宇宙的内涵已经超越了1992年《雪崩》的认知，按照“元宇宙第一股”游戏公司Roblox的官方说法，一个真正的元宇宙产品应该具备如下八大特点（见图1-18）。

（1）Identity（身份）：自由创造虚拟形象。也就是“数字人”或者“虚拟人”，可以说数字人是元宇宙的“任督二脉”，是进入元宇宙大门的那把“钥匙”。2021年11月4日，2021腾讯数字生态大会云智能专场上，腾讯云小微发布基于新一代多模态人机交互技术的全新“数智人”产品矩阵。对于腾讯来说，数智人的定位不是元宇宙的布局，而是数字世界的数字员工。其实，数字身份有很多非常好的应用场景，现在很多企业员工都面临流动性增强的问题，一旦员工离职，他所掌握的核心数据和技术如何可以更好地留在公司，对任何企业管理者来说都是一个难题，“数字人”一定程度上可以很好地解决这个问题。其实虚拟人和我们本来的身份不存在矛盾，两者处于长期共存的一个状态。比如一名工程师，他在我们眼中的真实身份是工程师，但是在他的内心世界中可能会有其他属于他的真实身份，那么问题就来了：哪个才是真实身份呢？是工程师，还是他内心深处最真实的那个人呢？我们也可以从中体会到，“数字人”或者“虚拟人”将是未来元宇宙世界里面重要的组成部分。

（2）Friends（朋友）：跨越空间、多维社交。我们将这里的“朋友”定义得更加宽泛，不止现实中的朋友，还包括工作伙伴、互联网网友、兴趣爱好小组成员等。由于现实物理环境的限制，我们的社交范围被局限了，我们很少能够与不同国别的朋友进行面对面的交流。虽然社交媒体的出现一定程度上突破了地理上的局限，但是我们无法通过现在的网络社交媒体进行3D式的交流和工作上的沟通。而元宇宙的出现将进一步突破地理上的局限，让我们在虚拟世界中穿梭于不同地域，现实的地理局限将不再是问题。例如，Facebook的创始人马克·扎克伯格就通过虚拟人的形式接受了采访，再比如，周杰伦在虚拟世界中和粉丝们开了一场近距离的演唱会。

（3）Immersive（沉浸感）：虚拟与现实世界无障碍连接。沉浸感是元宇宙最重要的特征之一，而对于目前VR/AR眼镜的使用，最让人诟病的就是沉浸感的不足以及使用后的眩晕感，这与网络延迟相关。随着网络延迟的降低，眩晕感将逐步减弱甚至消失；此外，目前的VR/AR主要是解决显示效果提升，而没有解决人们真实生活中触感的提升，但人们正在予以解决，比如2021年11月，Facebook发布了自己的首款触感首套，里面装有40多个传感器，可以更好地定位虚拟物体的位置，形成接近于真实世界的感觉。

（4）Anywhere（随地）：低门槛+高渗透率+多端入口。目前，我们在进入VR游戏时需要通过VR眼镜，需要停留在特定的空间里面。而未来，元宇宙的成型将要求我们能够随时随地进入元宇宙的虚拟世界，而这要求VR等硬件设备的普及和渗透，以及未来我们甚至不需要通过VR设备就能够随时随地、快速地进入虚拟世界。最近，人们更多地在讨论《头号玩家》和《失控玩家》，但是《阿凡达》其实更好地诠释了不需要VR/AR终端依然可能更好地参与元宇宙的真谛。

（5）Variety（多元化）：超越现实生活的自由。元宇宙或者说虚拟世界最为吸引人的地方在于我们能够在虚拟世界中超越现实生活的束缚，重新开始新的生活，并且可以随时、无限次地“重启”，这就是元宇宙具备的“多元化”特点，即虚拟世界超越现实生活而又与现实生活息息相关。例如，在现实生活中，我们是一个整天待在办公室的白领，但我们又渴望成为一个无拘无束的旅行者，而元宇宙的出现将允许我们在虚拟世界中重构一个身份，并以该身份成为一个旅行家，环游世界，超越现实生活。从另一个角度来看，我们现在一生所学到的知识是古代人十几辈子接触的信息量，但由于年龄、体力、性别等的限制，我们很难去体验不同人的人生，而元宇宙可以很好地满足人们这样的需求，即我们未来可以用有限的生命去体验无限的美妙的人生。

（6）Low Friction（低延迟）：5G、边缘计算，消除失真感。低延迟是实现真正的沉浸感的必要技术之一。而低延迟的实现需要5G技术，甚至是网络速度更快的6G及以上的通信技术的出现、发展和迭代。边缘计算技术有望帮助我们突破现有算力的限制，将现实世界中的事物“复制”到虚拟世界中，并支撑虚拟世界无时无刻的变化。其中，其对现有的计算/传输/存储技术将带来颠覆性的改变。

（7）Economy（经济）：UGC创造价值，与现实经济打通。想让虚拟世界“复制”现实世界并超越现实世界，必不可少的是在虚拟世界中建立经济系统，人们可以在虚拟世界中创造价值、交易商品并与现实经济相互打通。虚拟资产给内容的创造带来了极大的便利性，同时又可以很好地降低交易的成本，未来带来的数字资产的交易量将超出人们的想象极限。而建立一个如此庞大的全新的经济系统需要区块链技术、网络安全技术等快速发展和大规模普及的基础作为支持。

（8）Civility（文明）：最终发展方向，虚拟世界大繁荣。元宇宙发展的最终目标是创造新的“文明”，虚拟世界的文明将不同于现实世界，但与现实世界息息相关。目前，我们做的还是第一步，即把现实世界中的场景逐步搬到虚拟世界中，做到一一映射；反过来，虚拟世界的很多想法都会帮助我们更好地建设现实世界，比如，电影中的人物形象、虚拟的建筑等都会给现实世界带来全新的灵感，再比如，更早一些的千里传音、千里眼等美好的愿望经过我们一代一代人不懈的努力很多都已经成为现实，我们看到现在的元宇宙中逐步在开发改变人们味蕾的产品，可能会是未来的一种流行的减肥方式，看起来很炫酷，其实很多很多年以前大家都有这种需求，叫作“望梅止渴”。元宇宙的出现，最终将使得现实文明与虚拟文明共同发展、繁荣。

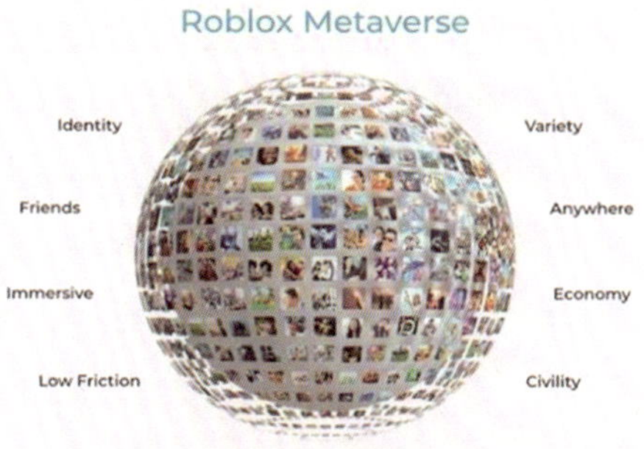

图1–18　Roblox归纳的元宇宙的八大特征

资料来源：Roblox官网。

前亚马逊高管风险投资家马修·鲍尔（Matthew Ball）认为，理想中的元宇宙必须拥有以下几个核心特征：（1）虚拟身份。人们在元宇宙中拥有虚拟身份，可以开展社交、游戏、内容创作等活动。（2）永续性。元宇宙能够无限期持续地存在，能够对所有参与者实时同步，提供沉浸感体验。（3）互联性。数字资产、社交关系等内容可以在元宇宙的各个空间高度互通，元宇宙与现实世界存在广泛的交互接口。（4）经济系统。元宇宙将形成一个充分的经济系统，参与者能够创作、拥有、投资、出售多种多样的虚拟物品。

Metaverse 的关键特征包括永续性、实时性、无准入限制、经济功能、可连接性、可创造性（见表1–5）。

表1–5　Metaverse的六大关键特征

特征	内涵
永续性	元宇宙是“正在进行时”的平行世界，它的进程不会重置、暂停或者结束，而是一直延续
实时性	虽然与现实生活一样，人们也会有一些事先计划好的活动，但元宇宙的交互是实时同步的
无准入限制	元宇宙可以容纳任何规模的人群以及事物，任何人都可以进入
经济功能	存在可以完整运行的经济系统，可以支持交易、支付、由劳动创造收入等；且数字资产、社交关系、物品等都可以在“虚拟世界”和“真实世界”间转换
可连接性	元宇宙数据、资产、内容等可以在不同平台使用，横跨数字与物理世界、公共与私人网络
可创造性	虚拟世界里的内容可以被任何个人用户或者团体用户来创造

1.3.2　元宇宙具备的五大要素

如图1–19所示，元宇宙具备如下五大要素：（1）真假难辨的沉浸式体验——满足人的精神价值需求；技术设备的需求空间大，创造更多的收入来源。（2）开放的创造系统——满足人的尊重需求、自我实现需求；创造更多的就业机会及收入来源。（3）立体式的社交网络体系——满足人的社交需求。（4）去中心化的经济系统——创造更多的就业机会及收入来源。（5）多样的文明形态——满足人的精神价值需求。

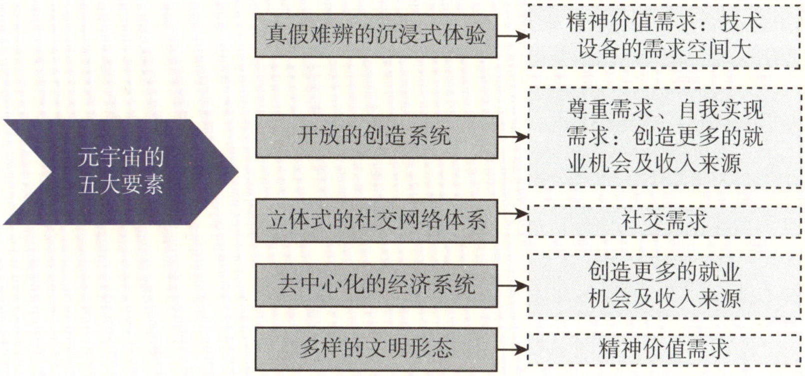

图1-19　元宇宙具备的五大要素

（一）真假难辨的沉浸式体验：元宇宙最核心的特征

真假难辨的沉浸式体验是元宇宙最核心的特征，可以用一个词来概括这个特征：身临其境。真假难辨的沉浸式体验是元宇宙产品与以往手机、电视等产品最直观的差别，在元宇宙世界里，我们可以进行沉浸式学习、购物、教育、旅行等，把抽象的问题具体化，把具体的内容进一步形象化，并通过以活动为导向的方式（如游戏、任务等）给人更沉浸的体验，达到身临其境、真假难辨的效果。

元宇宙要实现真假难辨的沉浸式体验，需要同时用到沉浸式设备以及游戏技术。在2020年就出现了利用游戏技术搭建的“沉浸式”场景，比如2020年4月，美国著名说唱歌手Travis Scott与游戏《堡垒之夜》合作，在全球各大服务器上以虚拟形象举办了一场名为《Astronomical》的沉浸式大型演唱会虚拟演唱会，这场演唱会在游戏内举办，打破了娱乐与游戏的边界，共吸引了超过

2 770万名玩家前往观看，最后收获了2 000万美元（见图1–20）；2020年5月，加州大学伯克利分校在《我的世界》（Minecraft）建造了一个模拟的3D伯克利校园，毕业生们在《我的世界》中共同参加了这次虚拟毕业典礼，典礼流程包含了校长致辞、学位授予、抛礼帽等环节（见图1–21）。然而，上述参与者依然是在电脑、手机等设备前进行活动，并未身临其境地“进入”这些场景，除了利用游戏技术搭建虚拟场景，用户还需要使用沉浸式设备进入虚拟场景。

图1–20 《堡垒之夜》演唱会

资料来源：《堡垒之夜》公众号。

图1–21 另类的毕业典礼

资料来源：《Minecraft》公众号。

（1）沉浸式交互设备为玩家进入元宇宙提供完全真实、持久且顺畅的交互体验，是真实世界与元宇宙的桥梁。沉浸式交互设备一方面最大限度地为玩家提供真实体感的沉浸式交互体验，另一方面让玩家保持对真实世界的感知。因此，元宇宙的构建需要基于 VR、AR 及脑机接口技术的沉浸式设备作为必要的交互手段。元宇宙需要做到虚拟世界与真实世界结合，甚至虚拟比真实更加逼真，就要依靠Avatar、动作捕捉、手势识别、空间感知、数字孪生等相关技术。

①在Avatar方面，Unreal、三星、科大讯飞等知名科技企业均布局研发，Unreal发布的Meta Human Creator对人类皮肤质感、毛发质感、表情细节的还原程度较高（见图1–22），让普通人也能获得广电级的效果。

图1–22 《Unreal Avatar》界面

资料来源：《Unreal Avatar》软件。

②在动作捕捉方面，Avatar的真实性离不开对人动作的模拟，在虚拟空间中的交互也势必要使用动作捕捉技术。动作捕捉从一开始需要搭配诸多设备，让全身各个部位链接仪器，再通过复杂的高端摄像设备的接入才能实现。未来AI技术的大量使用，可以加快对动作的仿真，特别是很多常规的动作甚至可以做到以假乱真。

③手势识别方面，目前Oculus Quest系列VR头显已经可以实

图1–23 VR头显设备Oculus quest2

资料来源：Facebook官网。

现手势识别（见图1–23），而《半条命：Alyx》等游戏也将手势识别运用在内容创作里，提供给用户更真实的虚拟现实体验。2022年的北京冬奥会，手语翻译老师将全程采用虚拟人的手势，这在一定程度上证明了元宇宙技术的多场景应用。

④空间感知方面，除了从人体本身出发的交互之外，人与环境的互动也是提升虚拟空间真实感的重要因素。一方面，空间定位识别的基础技术SLAM、LiDAR等已经被广泛运用于AR硬件及内容开发中，技术发展日趋成熟，对空间的识别定位越加精准。华为河图就是利用AI算法将虚拟模型与真实点云合成，建立更加贴近现实世界的虚拟三维数字地球。以前我们看到很多科幻电影的幕后效果都是一块绿幕，或者就是几块简单的大石头，未来我们即使在家里面简单地布置，也能达到电影中想要的各种效果。

⑤数字孪生方面，OPPO CyberReal利用SLAM、AI等算法技术，实现了高精度的实时定位和全景识别，即使用户在陌生场景中，也能够即时识别用户的位置和距离。CyberReal未来的目标也是构建数字孪生世界，数字孪生技术将是未来直接构建Metaverse的关键性技术之一。

（2）元宇宙依托游戏技术搭建虚拟世界，结合游戏与开发的Roblox是元宇宙的雏形。元宇宙的核心是一个基于现实世界的虚拟空间，而游戏的产品形态与元宇宙相似，元宇宙依托游戏技术搭建虚拟世界。早在2006年，就出现了元宇宙游戏的鼻祖《Roblox》(见图1–24)。这是一个大型沙盒游戏，玩家可以在其中自由创造游戏，然后通过售卖获得游戏币。Roblox如今是全球最大的多人游戏创作与社交平台之一，旗下同名产品Roblox是一个提供游戏创作、在线游戏与社交的平台，用户能够使用平台提供的游戏引擎开发游戏并获取开发者分成，而玩家能够在多个平台上即点即玩，参与各类游戏；同时，平台提供好友聊天、“一起玩”、PartyPlace等多种社交形式。Roblox平台的核心在于三点：稳定的经济系统、深度的创作工具、云游戏。游戏UGC生态发展与用户增长的飞轮效应，使得平台目前已有超过1 800万种游戏体验。Roblox以玩家创作为主导，带来了沉浸式体验和社交场景，是元宇宙的雏形(见图1–25)。

图1–24 《Roblox》移动版界面

资料来源：《Roblox》官网。

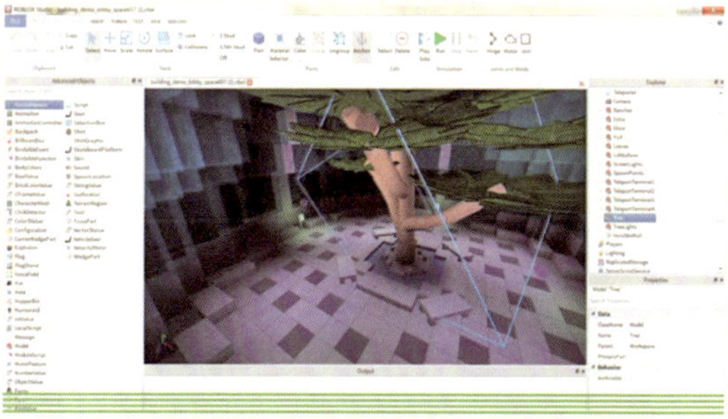

图1–25 《Roblox studia》开发软件界面

资料来源：《Roblox studia》软件。

（二）开放的创造系统：元宇宙是用户创造驱动的世界

"元宇宙"是用户创造驱动的世界，它是用户用自己的双手创造的世界。这里的创造包含两层含义：一方面，用户在Roblox、《我的世界》这类游戏平台中创造属于自己的世界，得到更多人的认可和肯定，从而获得成就感、归属感；另一方面，开发者通过创造工具创造平台，能够获得经济收益，之前基于传统互联网的开源软件最大的一个问题是没有帮助开发者形成更好的商业模式，而未来的元宇宙将从一个消费者驱动的经济向内容创造者驱动的经济发展，目前元宇宙的主流创造工包括Roblox Studio、Unity、Epic、Omniverse等（见图1–26）。

图1–26　业内首款智能MR及AR内容创作工具

资料来源：GameLook。

（1）Roblox Studio。Roblox旗下的Roblox Studio是一个允许游戏开发者和虚拟物品创作者构建、发行和运营3D体验和其他内容的工具平台，主体本质是一个开放的游戏引擎。Roblox Studio完全免费且学习成本极低，能够为开发者提供开发者中心、新手教程、社区论坛、教育者中心和数据分析工具等多方面支持。除了游戏创意与开发，Roblox Studio还为开发者提供发行、渠道等全套一站式服务。

（2）Unity。Unity多年来一直在为VR/AR开发者们提供技术支持：2019年60%的VR内容都是基于Unity引擎开发的，而AR方面，则有90%的HoloLens内容是基于Unity引擎开发。截至2020年6月30日，Unity实时3D平台在全球190多个国家和地区拥有150万活跃创作者，20亿月度活跃用户使用Unity平台开发应用程序。2019年全球收入前100名的游戏工作室，其中有93个游戏工作室都是Unity的客户。2019年全球前1 000的移动游戏（苹果和安卓市场）中有53%都是使用Unity平台开发制作，中国市场中76%的新移动游戏都由Unity开发。游戏有望成为最先在元宇宙中落地的场景之一，且游戏不再简简单单是一个玩的概念，而是为开发者创造大量就业机会的平台，未来很多的程序员不用再考虑是不是要去互联网大厂里面上班，而是应该采用为多个开源平台打工的模式，反向选择适合自己的平台。

（3）Omniverse。这是英伟达专为虚拟协作和物理属性准确地实时模拟打造的开放式平台，通过模拟真实的物理世界，构建了一个“数字孪生世界”，意味着现实中的多次测试和模拟实验可以放到虚拟世界中进行。全球汽车大厂宝马已经开始和英伟达进行共同的设计和研发，这将帮助企业极大降低运营的成本，提高开发效率。人们认识的英伟达还是一个GPU芯片的平台，其实过去几年英伟达在元宇宙方面做了大量的投入，他们的USD平台提供了非常丰富的素材，叠加公司在AI领域大量的算法投入，未来几年英伟达将变成“英伟达+微软+脸书”的全球巨无霸的公司（见图1–27）。

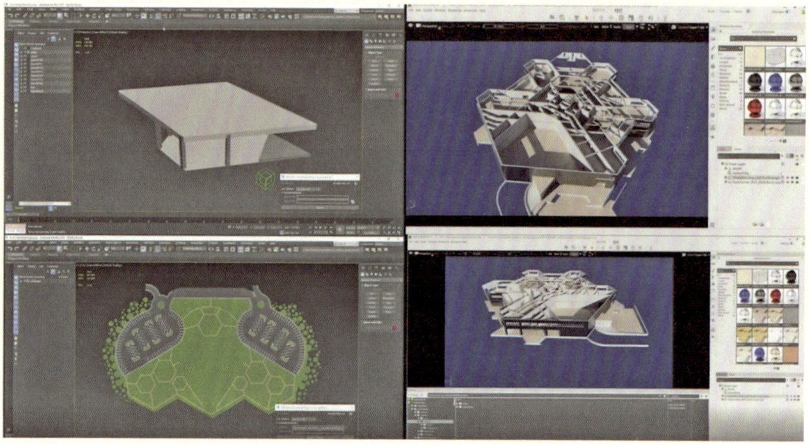

图1–27 OMNIVERSE实操演示

资料来源：英伟达官网。

（三）立体式的社交网络体系：元宇宙将打造社交网络3.0的版本

社交巨头斥巨资布局元宇宙，元宇宙就是社交网络3.0。社交网络沉淀着人们日常的生活、与他人的沟通交流，是互联网世界最重要的流量源泉。社交网络从1.0发展到了现在的2.0时代，而元宇宙将是社交网络从2.0向3.0时代的跨越。社交巨头纷纷斥巨资入局，举起了元宇宙的“大旗”：字节跳动击败腾讯，在竞购PICO的过程中胜出，以90亿元的价格买下了这家目前国内规模最大的VR硬件终端企业；早在2014年，Facebook以20亿美元收购Oculus，其中现金部分只有4亿美元，其余都是以Facebook股票的形式支付，这些股票的价格已经涨了4倍，相当于当年的收购总值已经逼近70亿美元。元宇宙具有立体式的社交网络体系，它就是未来的社交网络3.0（见表1–6）。

表1-6　　元宇宙：社交网络从2.0向3.0的跨越

划分	特点	代表性产品
社交网络1.0	陌生人社交和娱乐属性明显，真实的社会关系还没有沉淀到互联网社交网络上	ICQ、MSN
社交网络2.0	每个人都以真实的身份进入互联网	Facebook、微信
社交网络3.0	呈现出立体化、沉浸式的特点，每个人都有自己的实体形象，有比现实社会更加丰富的娱乐、休闲、办公、游戏场景，基本上就是一个基于现实的大型3D在线世界	元宇宙

资料来源：《巨潮商业评论》。

（1）社交网络1.0时代。这个时期，社交网络的陌生人社交和娱乐属性明显，真实的社会关系还没有沉淀到互联网社交网络上，典型的体现就是ICQ等早期的社交软件没有用户资料的储存功能，相当于用户每次使用就可以换个身份，但是在当时其实就有身份等级的萌芽了，比如QQ当时用星星、月亮、太阳等形象来表示，再比如抖音和快手里面会有级别的区分，也会设置相应的一些特权。随着社交网络1.0时代的进化，某些社交软件有了上传照片、动态的功能，而具备了用户在线上展示自己真实身份的基础。

（2）社交网络2.0时代。Facebook、校内网的出现，标志着社交网络正式从1.0时代跨进了2.0时代，这个新时代最大的特征，就是每个人都以真实的身份进入互联网，微信就是这个时代的集大成者。人们的社会关系正式线上化，在网上沟通交流的主要对象从不知名的网友，开始逐渐变成了同学、同事、家人、朋友，人们在网络上的身份，开始由虚拟变成真实。

（3）社交网络3.0时代。元宇宙就是社交网络从2.0向3.0时代的跨越，这个社交网络体系相比此前平面化的1.0、2.0时代，呈现出立体化、沉浸式的特点，每个人都有自己的实体形象，有比现实社会更加丰富的娱乐、休闲、办公、游戏场景，基本上就是一个基于现实的大型3D在线世界。我们经历了社交2.0时代，看到真实身份的很多好处，但是我们也发现，在真实身份里，原本点对点的关系链变得复杂，人们不敢发表自己内心的真实想法。社交网络3.0就是为了解决社交链的分层问题：社交网络3.0的广度之广、深度之深，也许已经超过了每个人的想象，它不仅由人与人组成，在这张网络中还有海量的组成元素——游戏、影视、视频、音乐等内容，办公与会议体系，虚拟消费品甚至是虚拟房地产、虚拟经济体系。

（四）去中心化的经济系统：NFT是元宇宙中潜在的经济载体

元宇宙具有自己的经济体系和原生货币，元宇宙的经济系统是基础，也是关键。元宇宙具有一个相对独立的封闭的经济体系，这个经济系统中拥有由平台中心化控制的内部流通货币。一方面，在这个经济体系里，可以无缝切换地在实体或虚拟意义上被获取、花费、借出、借入或投资，用户的生产和工作活动将以平台统一的货币被认可，玩家可以使用货币在平台内消费内容，也可以通过一定比例置换现实货币，经济系统是驱动元宇宙不断前进和发展的引擎。另一方面，我们认为元宇宙并不会以虚拟经济取代实体经济，而会从虚拟维度赋予实体经济新的活力，就像我们看到了很多现实中的玩具或者形象都是从虚拟世界引入的。

区块链是虚拟世界和现实的桥梁，NFT是元宇宙中的潜在的经济载体。元宇宙的概念认为虚拟世界和现实世界平行，那么一定需要相关的规则，因为元宇宙是自治的，不属于任何一个个人或者公司来管理，NFT的功能正好可以解决盗版问题。基于去中心化网络的虚拟货币，使得元宇宙中的价值归属、流通、变现和虚拟身份的认证成为可能，具有稳定、高效、规则透明、确定的优点。区块链是虚拟世界和现实的桥梁，NFT的存在改变了传统虚拟商品交易模式，是元宇宙中的潜在的经济载体。

在当前的互联网世界中，玩家只是把虚拟世界当成娱乐，而不是真的当成自己的人生，这是由于：

（1）虚拟世界的资产无法顺畅地在现实中流通，在虚拟世界中获得的资产无法在现实世界中应用。

（2）虚拟世界中资产的实际所有权不掌握在自己手中，如果运营商或者互联网厂商关闭系统，资产也会随之消失，所以人们对于将大额的资产放在其中是不放心的。

区块链完美地解决了上述两点，让元宇宙完成了底层的进化：

（1）区块链正在逐步完善的经济体系，让资产可以顺利和现实打通，在虚拟世界和现实世界中顺利流通。

（2）区块链完全去中心化，不受单一方控制。

NFT（非同质化代币）由于其独一无二、不可复制、不可拆的特性，可以用于元宇宙中记录和交易一些数字资产。在区块链上，数字加密货币分为原生币和代币两大类。原生币如大家熟悉的比特币、以太币等，拥有自己的主链，使用链上的交易来维护账本数据；代币则是依附于现有的区块链，使用智能合约来进行账本的记录，如依附于以太坊而发布的token。代币又可分为同质化和非同质化两种。同质化代币，即FT（Fungible Token），是互相可以替代、可接近无限拆分的token，类似于股票，如果我们买同一个公司同份数的股票，对应的虚拟资产是没有区别的。再比如，不同用户拥有的比特币，本质上没有任何区别，这就是同质化，就是同质化代币。而非同质化代币，即NFT，则是唯一的、不可拆分的token，如《加密猫》、token化的数字门票等。也就相当于带有编号的人民币，这个世界上不会有两张编号一样的人民币，也不会有两个完全一样的NFT。因此，相较于FT，NFT的关键创新之处在于提供了一种标记原生数字资产所有权（即存在于数字世界，或发源于数字世界的资产）的方法，且该所有权可以存在于中心化服务或中心化库之外。NFT（非同质化代币）由于其独一无二、不可复制、不可拆的特性，天然具有收藏属性，因此可以用于记录和交易一些数字资产，如游戏道具、艺术品等。玩家可以直接通过生产虚拟商品从而交易虚拟商品，就如同在现实世界的交易买卖一般。NFT可以脱离游戏平台，让用户之间可以自由交易相关NFT资产。再举一个我们都耳熟能详的例子，房子就是一个非常典型的实物NFT，每个人的房子都不一样，都是唯一的，还有具有非常好的流动性。

NFT可以成为元宇宙权力的实体化。如果实体钥匙一般，程序能够通过识别NFC来确认用户的权限，未来NFT能够成为信息世界确权的令牌（凭证），这将实现虚拟世界权力的去中心化转移。无需第三方登记机构就可以进行虚拟产权的交易，NFT提供解决思路，本质上是提供了一种数据化的钥匙，可以方便地进行转移和行权，且一系列相应权限可以存在于中心化服务或中心化数据库之外，大大增强了数据资产交易流转的效率，且流转过程不需要第三方程序参与。

（五）多样的文明形态：体验不同的人生

不同的元宇宙，很可能形成物理世界文明形态的不同投射，用户能够在元宇宙中体验不同的人生。所谓文明，是人类社会行为和自然行为的总和。不同的元宇宙，很可能形成物理世界文明形态的不同投射：Roblox里面也有自己的文明体系，人们在里面可以有生活，几个人可能组成社区，社区就组成了大的城市，认识乡村、城市，甚至各种规则——大家制定共同的规则，然后共同生活下去，演化成一个文明社会。游戏《第二人生》和《堡垒之夜》的文明形态显然不同。这些不同的文明形态，反映了物理世界中文明的复杂性、多样性。每个人都是“多面”的，孩子在父母面前的行为，与他和朋友在一起的行为是有很大的区别的。在元宇宙中，人们以“阿凡达”化身的面貌出现在朋友面前，很可能也代表了我们内心深处一些不一样的渴望，正因如此，我们才能体验到不同的人生。

1.4

如何看待元宇宙的本质及未来的发展趋势？

1.4.1 元宇宙是基于未来互联网的3D虚拟空间，元宇宙的本质就是下一代互联网

元宇宙的本质就是下一代互联网，“元宇宙”就是互联网的终极形态。行业所共识的一点是，元宇宙不会一夜之间出现。“元宇宙前”与“元宇宙后”不会有泾渭分明的界限，而且也不会是由一家公司打造与运行。元宇宙是互联网的下一代形态，将由许多独立工具、平台和由共享基础设施、标准和协议支撑的世界不断融合产生。

1.4.2 元宇宙发展需要经历三个阶段，终极形态是全真互联网

站在今天这个时点，我们粗略地去展望未来30年内元宇宙的发展，我们认为会有三个关键阶段（见图1–28）：

第一阶段（2021—2030年）——社交+娱乐：沉浸式体验形成雏形，在虚拟世界中可以实现基本的娱乐、社交功能，少部分

玩家对元宇宙形成归属感。第一阶段是近10年元宇宙概念将依旧集中于社交、游戏、内容等娱乐领域。其中，具有沉浸感的内容体验是这个阶段最为重要的形态之一，并带来较为显著的用户体验提升。软件工具上分别以UGC平台生态和能构建虚拟关系网的社交平台展开，底层硬件支持依旧离不开今天已然普及了的移动设备。同时，VR/AR等技术逐步成熟，有望成为新的娱乐生活的载体。

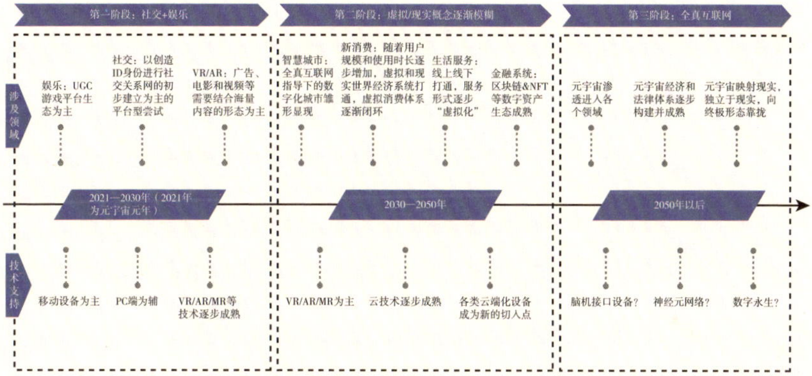

图1-28　元宇宙发展的三个关键阶段

第二阶段（2030—2050年）——虚拟/现实概念逐渐模糊：将消费、金融、生活服务等真实世界的元素接入虚拟网络中，用户基数、使用时间进一步提升，元宇宙成为社会生活中重要的一部分。第二阶段将发生在2030年左右。元宇宙的渗透主要发生在能提升生产生活效率的领域。以VR/AR等显示技术和云技术为主，全真互联网指导下的智慧城市、逐步形成闭环的虚拟消费体系、线上线下有机打通所构成的虚拟化服务形式以及更加成熟的数字资产金融生态将构成元宇宙重要的组成部分。其实我们翻开上一代互联网的历史不难看出，一个新型的网络平台的初期一定是以社交娱乐作为主要的吸引用户接入的方式，后续才会出现类似于腾讯会议、工业软件等提高人们办公、生产效率的工具。

第三阶段（终极形态，2050年以后）——全真互联网如《头号玩家》中“绿洲”级别的数字宇宙，虚拟和现实世界密不可分，用户基数和使用时长达到极大，在虚拟世界中形成新的文明。第三阶段元宇宙终局形成也许是在2050年，这其实是开放式命题。尽管目前各项前沿技术在快马加鞭，人类需求的升级节奏不断加快，一定程度上都加速了元宇宙的进度，但不确定性依旧很多。就好比曾经站在20世纪末的我们，也不会想象到30年后，人手一台手机、无纸化办公、开放式社交和数字化购物在今天已经实现。此外，我们和《头号玩家》的看法稍微有一些不同的是，未来的虚拟世界不会让我们完全沉迷，相反里面更多鲜活的想法会对现实世界的生产制造带来很多积极的影响。

元宇宙的终极形态是全真互联网，将会是开放性和封闭性的完美融合，全面带动数字经济的发展，就像在今天的移动互联网操作系统中苹果和安卓可以共存一样，未来的元宇宙不可能一家独大，但也不可能没有巨头。巨头会在封闭性和开放性之间保持一种平衡，这种平衡有可能是自愿追求的，也有可能是国际组织或政府强制要求的。因此，我们倾向于认为未来的元宇宙会是一个开放与封闭体系共存甚至可以局部连通、大宇宙和小宇宙相互嵌套、小宇宙有机会膨胀扩张、大宇宙有机会碰撞整合的“宇宙”，就像我们的真实宇宙一样。元宇宙终局将由多个不同风格、不同领域的元宇宙组成更大的元宇宙，用户的身份和资产原生地跨元宇宙同步，人们的生活方式、生产模式和组织治理方式等均将重构。这个全量版元宇宙将会承载更大的商家价值，就中国市场而言，也许会出现新的巨头，同时新的创业公司也会在细分领域崭露头角、百花齐放。元宇宙是现实世界的数字延伸，元宇宙的核心维度将越来越强，包括算力、响应力、逼真性、沉浸性、互动性、用户自主性、数字财产保护、数字货币支付等。元宇宙是数字技术和数字工程创新，不仅体现在今天所理解的游戏、社交和娱乐领域，在城市管理、社会服务、城市规划、生产制造业、商贸流通业、医疗等方方面面都有应用场景，且对人类世界将产生广泛和深远的影响。

METAVERSE +

2 元宇宙的产业框架

根据研发工具商Beamable公司创始人Jon Radoff的观点，Metaverse元宇宙市场的价值链可划分为如下7层：Experience（体验），Discovery（曝光），Creator Economy（创作者经济），Spatial Computing（空间计算），Decentralization（去中心化），Human Interface（人机交互），Infrastructure（基础设施）。这一价值链包含从用户端寻求的体验到能够实现这种体验的科技，并提出由创作者支撑的方法论以及建立在去中心化基础上的未来元宇宙愿景。前瞻性布局元宇宙的公司按照7层价值链同样可划分成为对应的产业图谱（见图2-1、表2-1、图2-2）。

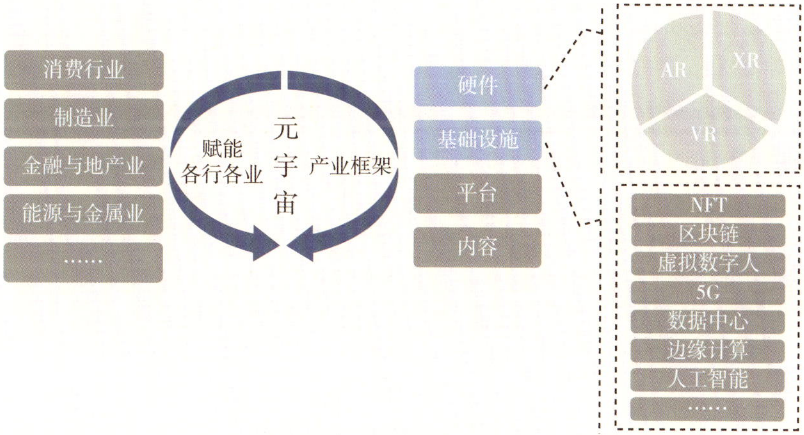

图2-1　元宇宙的产业框架

表2-1　　元宇宙7层价值链、内涵及布局公司

元宇宙价值链	内涵	布局公司
Experience（体验）	游戏、社交、电子竞技、戏剧、购物等体验	堡垒之夜、Niantic、拳头公司、腾讯、育碧等
Discover（曝光）	在线广告、社交、策展、应用商店、评分系统代理商等	Facebook、Google、Steam、App store等

续表

元宇宙价值链	内涵	布局公司
Creator economy（创作者经济）	设计工具、资产市场、工作流程、商业化等	Epic、Roblox、微软、Adobe、beamable等
Spatial computing（空间计算）	3D引擎、VR/AR/XR、多重任务处理UI、地理空间映射等	Unity引擎、虚幻引擎、Google AI、Open AI等
Decentralization（去中心化）	边缘计算、智能代理、微服务、区块链等	微软、IBM、Unbuntu、Ethereum（以太坊）等
Human interface（人机交互）	智能手机、智能眼镜、可穿戴设备、手势反馈、声音反馈、神经反馈等	Oclulus、苹果、Xbox、Play Station、华为等
Infrastructure（基础设施）	5G、WiFi6、6G、云端、芯片、微机电系统、GPU、新材料等	英伟达、AMD、英特尔、AWS、微软Azure等

资料来源：Medium，Gamelook。

图2-2　元宇宙7层价值链布局公司

资料来源：Medium。

参考清华大学发布的《2020—2021年元宇宙发展研究报告》，我们可以把元宇宙产业链分为三块（见图2-3、图2-4）：（1）底层技术，主要包括底层架构和后端基建；（2）前端设备平台，最主要的硬件为VR/AR，未来还会出现很多新的触感设备；（3）场景内容入口，包括游戏、社交、演唱会等。

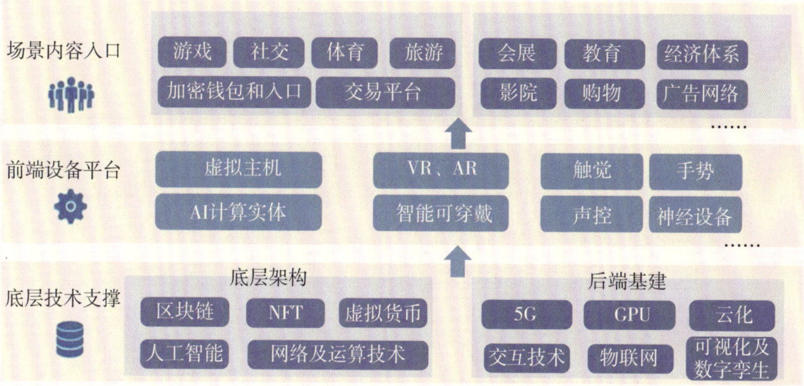

图2–3　元宇宙产业链

资料来源：清华大学《2020—2021年元宇宙发展研究报告》。

图2–4　元宇宙生态版图

资料来源：清华大学《2020—2021年元宇宙发展研究报告》。

我们将元宇宙产业链分为硬件、基础设施、平台和内容四部分。硬件是链接现实世界和虚拟世界的桥梁，基础设施是支撑虚拟世界发展和繁荣的底层技术的合集，平台提供了人们在元宇宙中进行内容创作的环境，而内容是人们在元宇宙中创造的各种各样事物的总和，随着创作内容的不断增加也将形成更多的经济行为（见图2-5）。

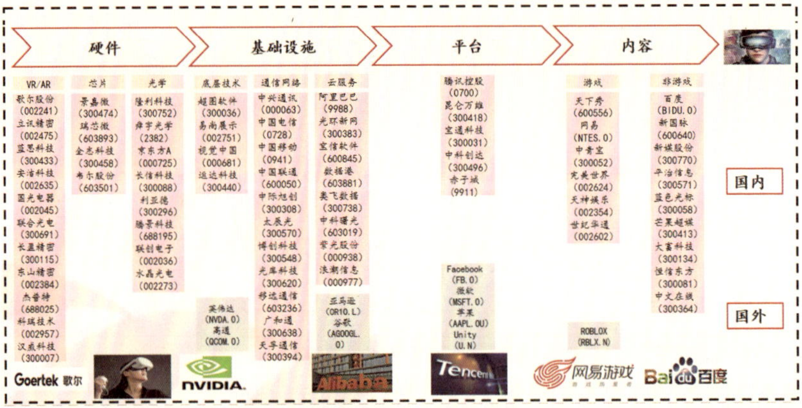

图2-5　元宇宙全产业链图谱

资料来源：各大公司官网。

2.1 硬件

2.1.1 VR/AR：VR/AR是元宇宙从概念走向现实的必经阶段

VR（Virtual Reality）与AR（Augemented Reality）互相竞争、互相成就。AR由于需要在用户真实视觉场景中构造出虚拟三维物体，本身就带有一定的VR色彩，因而AR与VR常统一为VR/AR概念一并进行讨论，此外我们看到苹果预计在2022年底发布的产品有可能也是一款融合类的产品。如图2-6所示，两者的区别主要体现在：

（1）两者的目的不同。VR的目的是提供一个完全的虚拟化三维空间，令用户深度沉浸其中。AR的目的是为用户在真实环境下提供辅助性虚拟物体，本质只是对用户视野内现实世界的延伸。

（2）两者的实现方式不同。现有的主流VR头显技术通过用户定位，利用双目视差分别为用户左右眼提供不同的显示画面，已达到欺骗视觉中枢制造幻象的目的。相比之下，AR技术则通过测量用户与真实场景中物体的距离并重构，实现虚拟物体与现实场景的交互。

（3）两者的技术痛点不同。VR的关键在于如何通过定位与虚拟场景渲染实现用户“以假乱真”的沉浸体验，目前的应用瓶颈在定位精度、传输速度和本地化的数据处理能力。AR的关键是如何通过在虚拟环境里重构现实世界的物体已实现“现实—虚拟”交互，目前的技术瓶颈主要在算法和算力上。

（4）两者的服务对象不同。VR产品经过多年发展，已逐步进入商品化流程，目前零售产品报价为500—4 000元，面向终端toC消费者。AR产品仍然处于发展的初期，相关新品的报价为20 000—50 000元，主要面向特定企业级用户预订，个人用户使用相对较少，大家简单一些理解就是透明的是AR设备，不透明的是VR设备。

图2-6　AR与VR的区别

资料来源：迅维网。

虽然VR、AR存在明显的差异，但它们并非完全独立的技术。VR和AR在互相竞争的同时，也在互相成就。VR利用计算机生成的图像完全取代现实世界，AR则将计算机生成的图像添加到用户周遭环境中。但最终两种技术的竞争将会模糊化，同一设备可以两种技术兼而有之，这也是为什么苹果预计发布相关二合一产品的原因所在。

从VR与AR的区别我们不难发现VR本质上是更先进的媒体形式，而AR却是强大的计算平台。VR主要应用于游戏、娱乐方面，如同将游戏机放在眼前；而游戏、娱乐仅仅是AR应用的子集，未来AR在医疗、工业、教育、零售等市场有巨大的发展潜力。

按照技术成熟度曲线拟合，VR/AR产业当前已走出泡沫破灭低谷期，位于稳步爬升复苏期。技术成熟度曲线（The Hype Cycle）专门用以拟合与描述新技术的发展阶段，曲线横轴是技术随着时间的推移的成熟度，纵轴则是技术的曝光度/业界的关注度。技术成熟度曲线能够揭示新技术的发展规律，我们以此将VR/AR产业分为五大发展阶段。

（1）技术萌芽期（1968—2012年）：VR/AR新技术被提出并开始逐步进入大众视野。1968年，美国计算机图形学之父Ivan Sutherlan组织开发首个计算机图形驱动的头盔显示器及头部追踪系统。

（2）期望膨胀期（2012—2016年）：大众企业/研究机构开始仓促进入VR/AR领域，意图抓住新的增长点以占领先机，VR/AR设备大量涌现。2012年，谷歌推出Google Glass的第一代眼镜产品。2014年，Facebook以20亿美元收购Oculus并推出VR头盈。2014年，VR/AR概念进入市场视野，被认为是替代智能手机的下一代通用计算平台。Facebook、微软先后进入VR/AR领域，Sony、三星、HTC等多家大厂也推出相关硬件产品。2015—2016年，VR/AR市场热度达到高点，2016年是产业元年，Sony、HTC、Oculus推出第一代面向大众消费市场VR终端“三剑客”（PS VR、HTC Vive、Oculus Rift）。谷歌以5亿美元投资MagicLeap。Microsoft推出面向垂直行业市场的AR终端Hololens。

（3）低谷期（2016—2019年）：受限于商业模式仍不明晰，网络、硬件及内容的瓶颈均未突破，人们逐渐修正对VR/AR“光明前景”的到达预期，资本市场热度下降、收紧投资，VR/AR行业退潮、进入寒冬。市场中缺乏竞争力的企业失去资本造血，留存企业积蓄力量、韬光养晦。直到2019年起Oculus、HTC、Valve、华为、Microsoft等密集发布新一代硬件产品，我们认为当时最主要的原因是相关产品的技术能力还不够成熟，另外当时出现了消费者定位不够明确，用户培养时间不足等问题。

（4）复苏期（2019年至今）：基于第一波产品的失败经验教训，新技术逐步改进、产业链趋于成熟，产品体验及性价比明显提升。2019年底随着全球5G正式展开部署，VR/AR作为5G核心的商业场景重新被认识及重视，行业重回升势；同年Qculus Quest发售，VR游戏《Beat Saber》全球销量超100万份。2020年，VR/AR行业产业链各环节成熟度提升，叠加疫情推动居家需求上升，以Facebook发布的Qculus Quest2为代表的消费级VR设备需求增长强劲，爆款VR游戏《Half-Life：Alyx》引爆行业。2020年，VR/AR产业投融资活跃，金额及数量均回到2016年的高点水平。

（5）生产稳定期：VR/AR新技术的性能/效果最终能满足消费者需求时，将进入实质的普及生产阶段。对照VR/AR产业的五大沉浸阶段，2016年、2019年、2021年是三大关键时间节点。中国信通院《虚拟（增强）现实白皮书（2017年）》参考国际上自动驾驶汽车智能化程度分级将虚拟现实技术发展划分为五大发展阶段，不同发展阶段对应相应沉浸体验层次：0——无沉浸、1——初级沉浸（2015—2017）、2——部分沉浸（2018—2020）、3——深度沉浸（2021—2025）、4——完全沉浸（2026—2030）。目前，VR/AR产业正处于部分沉浸期，此阶段的主要技术指标表现为1.5K—2K单眼分辨率、100—120度视场角、百兆码率、20毫秒MTP时延、4K/90帧率渲染处理能力、Inside-Out的追踪定位与沉浸声的声音交互等。对照VR/AR产业的五大沉浸阶段，2016年、2019年、2021年恰好落入初级沉浸期、部分沉浸期、深度沉浸期。2016年，VR/AR产业的火热昙花一现归于泡沫，主要系技术发展仍处于初级沉浸阶段，产品体验无法为大众所接受。2019年，VR/AR硬件体验持续进步，Oculus Quest、Valve Index等提升消费级VR的市场热度。2021年，系虚拟现实沉浸体验深度沉浸期的开局之年，各项技术指标均得到跨越式提升。2021年将成为VR/AR“产业规模化元年”：从产业发展进程来看，技术发展驱动市场渗透率加速提高，VR/AR产业正跨越低谷迎来复苏，关键标志是硬件市场渗透率大幅增长；从国内外投融资环境来看，国内外VR/AR资本热度回归且流向更加理性，国内政策大力引导产业规模化发展，意味着行业玩家有动力且有资源扩充产能（见表2-2）。

表2-2　虚拟（增强）现实沉浸体验等级以及参数

<table>
<tr><th rowspan="2">技术体系</th><th rowspan="2">技术指标</th><th colspan="4">体验层级</th></tr>
<tr><th>初级体验</th><th>部分沉浸</th><th>深度沉浸</th><th>完全沉浸</th></tr>
<tr><td rowspan="4">近眼显示</td><td>单眼屏幕分辨率门槛</td><td>接近1K</td><td>1.5K—2K</td><td>3K—4K</td><td>>8K</td></tr>
<tr><td>视场角FOV</td><td>90—100'</td><td>100—120'</td><td>140'</td><td>200'</td></tr>
<tr><td>角分辨率PPD</td><td><15</td><td>15—20</td><td>30左右</td><td>60左右（人眼极限）</td></tr>
<tr><td>可变焦显示</td><td>否</td><td>否</td><td>是</td><td>是</td></tr>
<tr><td rowspan="3">内容制作</td><td>360全景视频分辨率（弱交互）</td><td>4K</td><td>8K</td><td>12K</td><td>24K</td></tr>
<tr><td>游戏等内容分辨率（强交互）</td><td>2K</td><td>4K</td><td>8K</td><td>16K</td></tr>
<tr><td>虚拟化身</td><td>/</td><td>/</td><td>虚拟化身</td><td>精细化虚拟化身</td></tr>
<tr><td rowspan="4">网络传输</td><td>码率（Mbps）—弱交互</td><td>>40</td><td>>90</td><td>>290/>160</td><td>>1 090/>580</td></tr>
<tr><td>码率（Mbps）—强交互</td><td>>40</td><td>>90</td><td>>360</td><td>>440</td></tr>
<tr><td>MTP时延（ms）</td><td>20</td><td>20</td><td>20</td><td>20</td></tr>
<tr><td>移动性</td><td>有线连接</td><td>有线/无线并存</td><td colspan="2">无线</td></tr>
<tr><td rowspan="2">渲染处理</td><td>渲染计算</td><td>2K/60 FPS</td><td>40K/90 FPS</td><td>8K/120 FPS</td><td>16K/240 FPS</td></tr>
<tr><td>渲染优化</td><td>/</td><td>/</td><td colspan="2">注视点渲染</td></tr>
<tr><td rowspan="5">感知交互</td><td>跟踪定位</td><td>Outside-In</td><td colspan="3">Inside-Out</td></tr>
<tr><td>眼动交互</td><td>/</td><td>/</td><td colspan="2">眼球追踪</td></tr>
<tr><td>声音交互</td><td>/</td><td>沉浸声</td><td colspan="2">个性化沉浸声</td></tr>
<tr><td>触觉交互</td><td>/</td><td colspan="2">触觉反馈</td><td>精细化触觉反馈</td></tr>
<tr><td>移动交互</td><td>/</td><td colspan="2">虚拟移动（行走重定向等）</td><td>高性能虚拟移动</td></tr>
</table>

资料来源：中国信通院《虚拟（增强）现实白皮书》。

元宇宙旨在构建一个持久的虚拟共享空间，同时依然能够保持对现实世界的感知和体验。在元宇宙的构建过程中，沉浸式设备必将作为必要的交互手段。

沉浸式交互设备包括VR设备、AR设备以及脑机接口设备等。其中，VR/AR设备相对成熟、已经能够应用于部分商业场景，如3D电影、3D演唱会、模拟驾驶训练、线上虚拟旅游等。然而，仅仅依靠VR/AR设备远远无法达到完全理想的Metaverse元宇宙，尚无法为用户提供顺畅无阻、稳定持久及虚拟共享的大规模交互与共享体验。VR/AR 终端复杂沉重，只能赋予人们局部感官的超现实体验，并不能实现所有感官的共享与交互，脑机接口技术（Brain-Computer Interface，BCI）因此脱颖而出。脑机接口技术是指通过人脑与其他电子设备之间建立直接的信号通道，从而绕开语言和肢体的方式实现与电子设备的交互。由于人类的所有感官最终都是通过将信号传递到大脑才形成的，如果通过脑机接口技术，原则上将能够通过刺激大脑对应区域从而完全模拟所有的感官体验。相比于 VR/AR设备，直接与人类大脑皮层相连的脑机接口更有可能成为未来元宇宙时代中玩家与虚拟世界之间交互的最佳设备。

Metaverse从概念走向现实，VR/AR是必经阶段。一定程度上，VR/AR是Metaverse的技术基础。Metaverse是一个共享的虚拟空间，允许个人与数位环境中的其他用户进行互动，让人们可以以具体的虚拟形象存在其中，就如同活在与现实世界平行的世界。VR/AR技术将塑造网络呈现的新形态，VR 技术将让用户在虚拟的网络世界中获得更加真实、具体化的体验，使虚拟世界与真实世界的运行模式更加相似；AR技术则可以将虚拟世界与现实融合得更紧密。

全球VR/AR市场规模已近千亿元，未来五年CAGR达到54%。据IDC等机构统计，2020年全球VR/AR市场规模约为900亿元，其中VR市场规模620亿元，AR市场规模280亿元。中国信通院预测全球虚拟（增强）现实产业规模2020—2024年的年均增长率约为54%，其中VR增速约45%，AR增速约66%，2024年两者市场规模接近，均达到2 400亿元（见图2-7）。

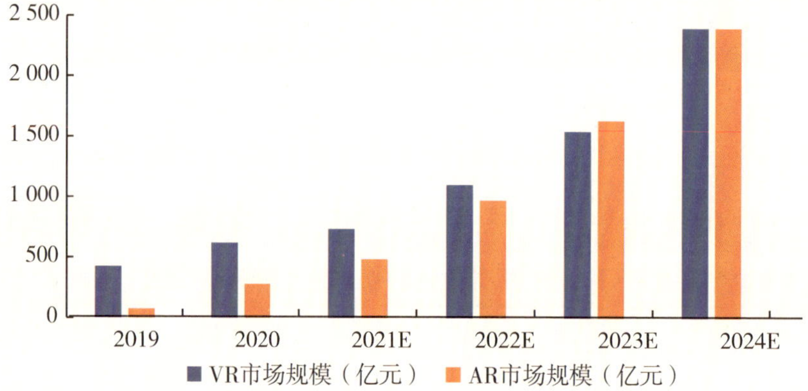

图2-7　2019—2024E VR/AR市场规模趋势图

资料来源：中国信通院。

为什么是由VR/AR开启并引领下一代数字经济，而非区块链、人工智能等革命性计算机技术？云计算、人工智能、大数据、区块链等计算机技术都需要依托其他产品而存在，其存在是为了补充强化其他产品，如更快捷、易用、强大的服务器，更聪明、智能的电子设备，更高效、准确的信息分析系统，更不易篡改的信息记录系统等。当前，所有未来的主要前沿计算机技术中只有VR/AR拥有“全新且独立的产品形态”，不需要依附于其他物品对象而存在。VR/AR将是继PC电脑、智能手机之后的下一代消费级计算机科技产品，其产品形态将会遵循类似从PC电脑（VR/AR头戴式显示器，简称“头显”）到智能手机（智能VR/AR眼镜）的发展路线。

2020年，VR/AR出货量增长显著，VR/AR产业发展按下加速键，已进入产业化放量增长阶段。2020年因新冠肺炎疫情造成的社交隔离激发了VR游戏、虚拟会议、AR测温等需求崛起，Steam平台VR活跃用户翻倍增长，虚拟会议，云端展览案例层出不穷。较之2018—2020年相对平缓的终端出货量，随着Facebook Quest2、微软 Hololens2等标杆VR/AR 终端迭代发售、电信运营商虚拟现实终端的发展推广，以及平均售价从当前2 500/9 700元进一步下降，2021—2022年VR/AR终端规模上量、显著增长。依据陀螺研究院报告显示，2020年VR头显全球出货量达670 万台（yoy+72.0%）；AR眼镜全球出货量达40万台（yoy+33.3%）；VR/AR全球出货量将持续高速增长，预计到 2022年VR/AR全球出货量将分别达1 800/140万台（见图2-8、图2-9）。

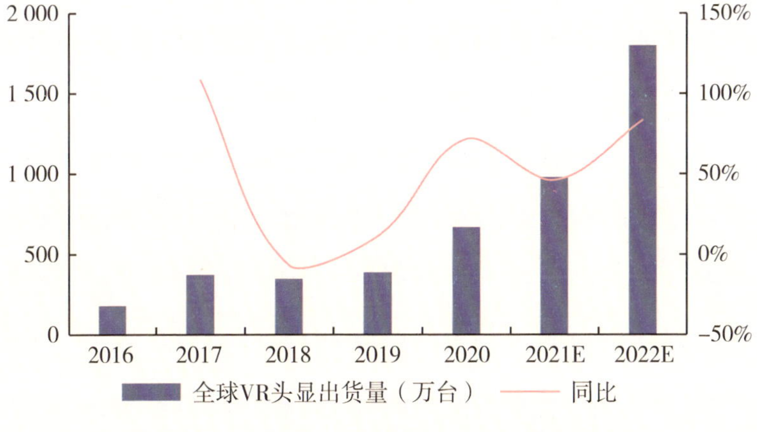

图2-8　2016—2022E全球VR头显出货量及预测

资料来源：IDC，陀螺研究院。

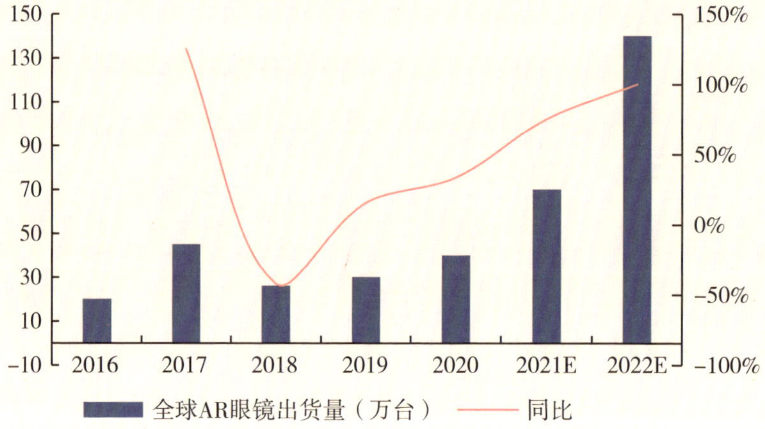

图2-9　2016—2022E全球AR眼镜出货量及预测

资料来源：IDC，陀螺研究院。

凭借消费级硬件产品、VR游戏逐步向C端市场渗透。（1）标杆VR头显Oculus Quest2在2020年完成迭代，同期销量超一代5倍以上，Quest热销促进了VR内容消费的繁荣，Quest平台累计销售收入超1.5亿美元，超60款VR游戏收入达100万美元。据Facebook Reality Labs副总裁Andrew Bosworth称，Oculus Quest2发售半年时间内累计销量就已经超过历代Oculus VR头显总和。据SuperData统计，Oculus Quest2在2020Q4单季度销量达109.8万台；RecRoom根据新增用户数预测2020Q4单季度销量为200万—300万台。假设2021Q1—2021Q3单季度销量维持100万台，Q4旺季销量200万台，得到2021年Oculus Quest2保守预计销量500万台；假设2021Q1—2021Q3单季度销量维持200万台，Q4旺季销量400万台，得到2021年OculusQuest2乐观预计销量900万台。综上所述，Oculus Quest2在2021全年销量有望达到500万—900万台（见图2-10、图2-11）。（2）《Half-Life：Alyx》VR游戏显著带动Valve Index头显销量，游戏宣布开售后Valve Index头显相继在31个国家售罄。2020年3月，在《Half-Life：Alyx》上线的推动下，steam平台Valve Index占头显设备比重从上月的7.69%增加至11.14%，环比增幅达3.48%。此外，RiftS、HTCVive占比均有所增加。在B端市场，VR同样在教育培训、文化旅游、展览展示等场景展示出强大的商业前景。

AR产业产品形态、价格尚未达消费级水平，仍在B端商业场景落地。2021年预计光波导镜片、MicroLED微显示屏幕良率及量产难题被突破，AR眼镜在功耗、体积、重量、视场角会有大幅的改善及提升，AR眼镜将越来越接近普通眼镜形态。基于AR的远程协作解决方案是AR在B端市场的重要落地场景，AR远程协作可通过AR眼镜或具备AR功能的手机等采集声音音频，并通过无线网络传输到后台协助端进行技术支持，具有低延迟、高画质的优良特性。AR产业进入C端市场尚待时日，须苹果、微软等巨头的推动及产业界共同努力。

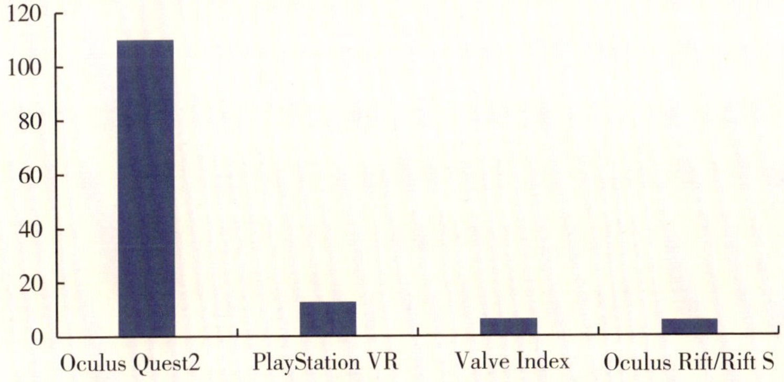

图2-10　2020年第四季度的VR市场销量（单位：万台）

资料来源：SuperData。

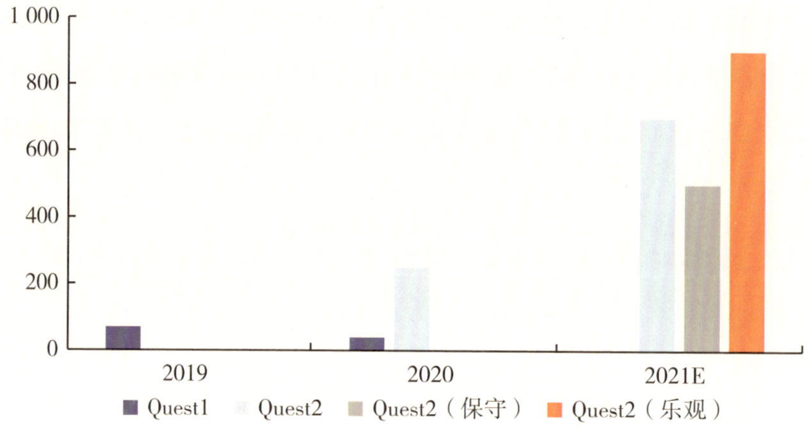

图2-11　2019—2021E Oculus Quest系列出货量及预测（单位：万台）

资料来源：RecRoom。

2.1.2　XR是元宇宙虚与实的交汇点

VR/AR的发展促进XR生态构建需求。XR是指通过计算机将真实与虚拟相结合，打造一个人机交互的虚拟环境，是VR（Virtual Reality，虚拟现实）、AR（Augmented Reality，增强现实）、MR（Mixed Reality，混合现实）等多种技术的统称。

VR和AR是XR概念的主体，两者都带来虚拟世界的体验，但技术实现路径存在较大差异：VR是利用设备模拟一个虚拟世界，利用计算机生成一种模拟环境，强调用户与虚拟世界的实时交互，带来封闭式、沉浸式的虚拟世界体验；而AR则借助计算机图形技术和可视化技术产生真实世界中不存在的虚拟对象，并将虚拟对象准确“放置”在真实世界中，使用户处于真实世界与虚拟世界的交融中，带来感知效果更丰富的环境体验。

总体而言，AR技术成熟度稍落后于VR。一方面，AR面临着与VR类似的发展难点，例如真实感、虚拟场景绘制、传感设备和交互设备的性能等；此外，AR还须解决虚拟物体和真实环境精准定位的问题，将虚拟场景与真实环境融为一体，在显示层面还将面对更多挑战。目前，市场已经推出了多款VR头显和眼镜设备，一定程度上获得了C端消费级市场的认可；而AR眼镜方面，依然需要克服诸多技术障碍。

从当前应用市场看，VR设备占近一半的市场份额，AR大约占三分之一，剩下的市场则由MR占据（见图2-12）。随着5G技术及5G网络的发展赋能更多的应用场景，AI技术和计算视觉融合驱动，以及行业玩家创新硬件功能驱动，VR、AR技术和应用也呈现融合互通趋势，MR、XR等概念应运而生。从最终用户感知看，VR、AR都是为用户的虚拟体验服务。以下将从市场需求与发展的角度探讨XR市场的投资潜力与投资机会。

图2-12　XR市场规模按技术应用占比（2020）

资料来源：德勤咨询。

（1）XR设备将构建起全新的世界

①工作场景。戴上一个头盔设备，工作中不再需要办公室的物理概念，所有的工作都可以通过虚拟环境完成。在虚拟世界中，我们有真实感的工位，更加高端与多样性的显示设备，高度定制化的工作环境。所有会议都可以通过线上的方式完成，不需要再有任何耗时耗力的线下通勤，仅需一个会议邀请就可以与客户、同事创建“面对面”的身临其境的体验。

②教育场景。学习将以一种全新的方式呈现。教育资源的线上化可以让所有学生最大化地享受到最优质的教育资源，虚拟世界中呈现方式的多样化也丰富了教学内容。例如，在做化学实验时，学生可以通过AR眼镜近距离地观察化学反应变化；在学习外语时，可以“面对面”地体验与母语使用者的互动对话；在学习文学时，可以通过数字化方式真实还原文字内容。教育将彻底变为一个有趣、高效、互动、个性化的过程。

③生活场景。在课余生活中VR可以带来的功能更加丰富多彩，虚拟世界构建的社交环境可以让人随时随地和朋友举办派对，举杯共饮，与远在他乡的亲人进行亲切交谈；游戏、影视作品也将极大地加强互动性与表现力。未来XR将整合所有的信息、社交、资讯、娱乐资源，人们不再需要电视机、游戏机、电脑、电子书等独立设备，在XR构建的世界中，可以方便地获取任何需要的内容，而且这个过程将大大降低设备的购置与换新成本：仅需要支付软件使用费即可购买虚拟大屏幕电视，而不是在客厅安装昂贵的实体机。

④医疗场景。XR在医疗领域将有广泛及深入的应用场景：

未来的医疗手术将更大程度上依赖AR设备及技术，虚拟影像和真实手术场景叠加，提供实时诊疗的最佳方案推送和操作支持，显著减少病情诊断时间，优化诊疗效果；在未来的医疗培训场景里，AR全息影像则可能成为培训的主角，大大提升医生之间的交流效率，实现医疗资源的有效复制。

（2）XR步入快速发展前的酝酿期（见图2-13）

①技术发展期。虚拟现实的概念最早在20世纪就诞生了。整个20世纪20年代及21世纪最初十年，社会各界对虚拟现实技术及相关应用作出了不断尝试，但由于技术远不成熟，一直没有成功的产品诞生。2012年，OculusRift的问世让公众第一次感受到虚拟现实的场景，同年GoogleGlass的发布也在AR领域掀起浪潮，两个标志性事件引导产业进入了下一个发展阶段。

②资本狂热期。2014年，Facebook以30亿美元收购Oculus引发了市场热议，引起了产业界和资本界的普遍关注，以Facebook、谷歌、索尼、HTC、三星为代表的智能终端大厂纷纷加码XR。作为全新形态的消费电子娱乐终端，XR引发的热潮快速袭来。根据IDC数据，2016年全球XR出货量同比攀升383%，至904万部，中国VR市场2016年出货量为20.4万台，环比增长367.9%。全球资本热钱快速涌入XR市场，2015年全球的XR融资事件达152起，中国大陆的XR融资事件也高达64起。

③退潮低谷期。2017年初，行业已经出现了投资过热迹象，仅2016—2017年，中国一年就出现了超过3 000支创业团队，VR相关应用数量增长十倍。然而，当时的技术及生态难以支撑市场的高速增长。受制于硬件、软件以及网络环境等因素，已经投入

市场的XR终端设备并未能满足用户的佩戴感受及使用体验，销量不理想，2018年，全球VR头显出货量从上年的375万台下滑至350万台，而AR眼镜出货量则从45万台暴跌至26万台，XR市场由此进入低迷期。

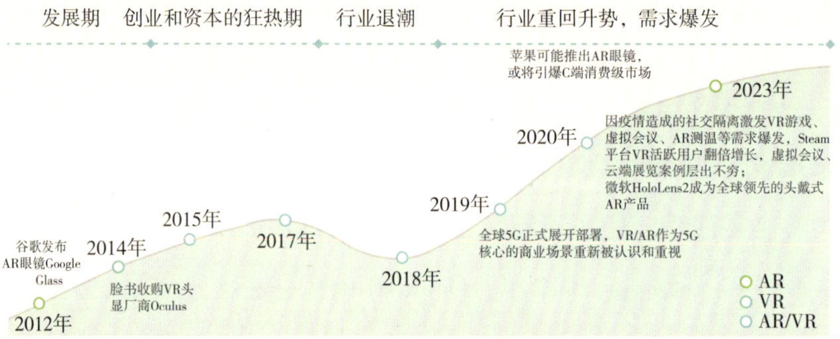

图2–13　XR的发展阶段

资料来源：德勤咨询。

类比智能手机发展历程，逼近高速发展的拐点阶段。梳理XR和智能手机的发展历程，两者存在较多相似之处（见图2–14）。智能手机早在1993便有了雏形，2007年苹果发布初代iPhone，统一了智能手机的标准，行业经历了百花齐放的技术突破期；2010年苹果发布iphone4，标志着智能手机行业出现高速发展期的拐点，智能手机出货量呈现爆发式增长，头部效应逐渐显现，最终形成“苹果华米OV”的格局；当前，行业正处于成熟稳定期，智能手机厂商也开始积极寻找新的硬件载体。

XR作为下一代硬件载体，当前的发展的状态十分类似于智能手机进入高速发展期的拐点阶段，且随着元宇宙概念的出圈，诸如游戏《半衰期：爱莉克斯》等爆款内容及市场反馈较优的硬件产品的上市，市场已接近高速发展的拐点。以下，我们将从操作系统、硬件终端、交互方式三个维度展开分析。

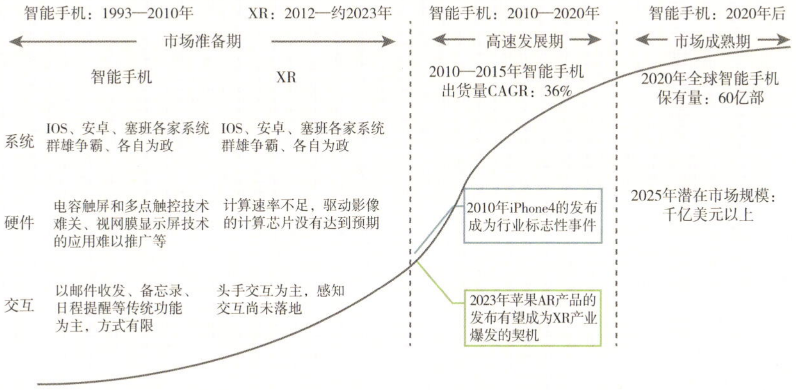

图2–14　智能手机及XR的发展轨迹

资料来源：德勤咨询。

第一，操作系统方面。早期智能手机操作系统市场各家系统群雄争霸、各自为政。在此期间，IOS和安卓尚未对市场形成垄断，塞班系统、微软WM、诺基亚Meego、黑莓BBOS等都在竞相抢占市场份额。早期手机霸主诺基亚发布的塞班系统，2007年还占据全球智能手机操作系统63.5%的市场份额；谷歌发布的安卓系统，通过搭载开源系统，吸引了众多手机品牌，依靠三星智能手机系列的强势崛起，一路抢占市场份额。而日后成为新一代智能手机霸主的苹果也仅在2007年才发布自研IOS，随着第一代iPhone打开市场。反观XR市场，目前安卓系统仍然占据主流，剩余市场份额由微软发布的WMR、索尼发布的PS以及其他少数独占平台占据，硬件尚未爆发前，谁是主流的操作系统平台也尚未有定论。

第二，硬件层面，早期智能手机也面临了一系列难以突破的技术瓶颈。大屏幕带来了电容触屏和多点触控的技术难关，视网膜显示屏技术的应用难以推广，导致早期智能机屏幕分辨率低（800×400），显示屏幕小，信息承载能力差；早期高性能芯片也没有应用到小设备上的经验，芯片性能欠佳。从产业配套层面看，2010年前3G在中国普及率有限，移动通信基站及终端设备数量还没有形成规模，而当年3G网络的数据传输速率也仅能支持图片、语音和互联网接入，无法支持传输高质量的视频图像。目前XR产业在技术层面虽有所突破，但距离良好的沉浸体验仍存在一定差距。以VR为例，VR内容依然需要依赖PC计算机、智能手机或者VR一体机为载体呈现，而现有主机计算速率不足，不能完全虚拟出一个能够足以欺骗大脑的环境来反馈互动，且驱动影像的计算芯片也没有达到成熟的水平。此外，移动设备存储空间、传输速度、电池技术、散热等方面也尚不成熟，限制了VR的使用场景。

第三，交互方式层面。如今，智能手机已经广泛运用于生活的方方面面，但在早期受制于硬件、应用、基础设施等问题，人机交互的方式也十分有限。智能手机诞生之初仍以邮件收发、备忘录、日程提醒等传统商务信息应用功能和简单的娱乐功能为主，由于系统的闭塞与第三方场景的交互难度也较高，仅能作为传统手机的进阶版，远远没有达到颠覆的程度。如今，XR面临的场景也极为类似。以VR为例，目前融合头动（Inside-out 6DOF）及手柄（6DOF）交互的“6+6”的交互路线仍是主流方案，但略显笨重的头显设备及相对简陋的手柄操作还难以给用户带来“沉浸式”的体验。在感知交互层面，已经有多家公司在空间扫描建模、空间定位追踪、全身动捕、眼动追踪、手部追踪、面部追踪等前沿技术领域潜心研究，但目前尚未有较为落地的方案产生。

在智能手机的发展历程中，iPhone4的发布是具备跨时代意义的事件，其引发了大屏幕、多点触摸、应用商店等风潮，促进了应用生态的丰富和人机交互方式的迭代。首先，iPhone4自带正面摄像头和500万像素摄像头，手机的拍照功能摆脱了之前的从属地位，成为手机硬件配置中最被消费者重视的一环。其次，拥有极高屏幕分辨率的Retina显示屏在iPhone4上实现大规模商用，以屏幕为突破口，“超大屏幕+多点触控”的双重创新引爆了消费者的手机替换需求。而应用商店的兴起驱动手机的生态边界不断拓展，众多内容供应商将其提供的内容和应用从电脑终端融入了通信终端，丰富的软件功能以应用程序的形式存在，手机从通信工具成为万能的场景性工具。GPS、陀螺仪、电子罗盘、NFC等各种传感器的加持，让衣食住行、医疗、健身等生活信息和交易信息也成为手机所能提供的重要内容。

事实证明，iPhone4的大获成功带领智能手机进入全面爆发增长期，智能手机年出货量在2010年后屡创新高，2017年出货量已经超过15亿部，智能手机渗透率超过八成。在XR领域，苹果也很早就开始在硬件、软件、内容生态等方面全面布局，并在手机生态的良好基础上拓展XR生态。苹果预计将在2023年推出的AR头戴式显示设备，有望成为取代iPhone的颠覆性产品，预计此后XR也将进入与智能手机类似的爆发式增长轨道。

科技巨头纷纷布局XR产业，卡位下一代计算平台。2021年8月，VR（虚拟现实）创业公司Pico披露该公司被字节跳动收购。此前，字节跳动已在VR/AR领域进行了长期的研发投入，在交互系统、环境理解等方面收获许多技术成果。字节跳动本次的巨资收购引发市场热议，体现了进军XR领域的决心，也让科技公司纷纷布局XR产业的战略举措进入大众视野。苹果、脸书（Meta）、微软、谷歌、华为、腾讯、字节跳动等都在纷纷构建XR生态，战略卡位“下一代计算平台”。在XR产业生态的布局上，不同科技巨头依据自身特征从不同角度切入市场，拥有不同的发展路径，构建差异化的XR生态版图。

技术的持续突破助力硬件体验和生态完善。XR作为众多前沿技术的集成者，当前产业发展受限也源于技术的限制。XR产业包含近眼显示技术、感知交互技术、网络传输技术、渲染计算技术以及云内容制作与分发五大关键技术。每类技术又是多项技术的集成或存在多条技术路径，须满足各类应用场景需求尤其是C端消费级体验需求（见图2-15）。

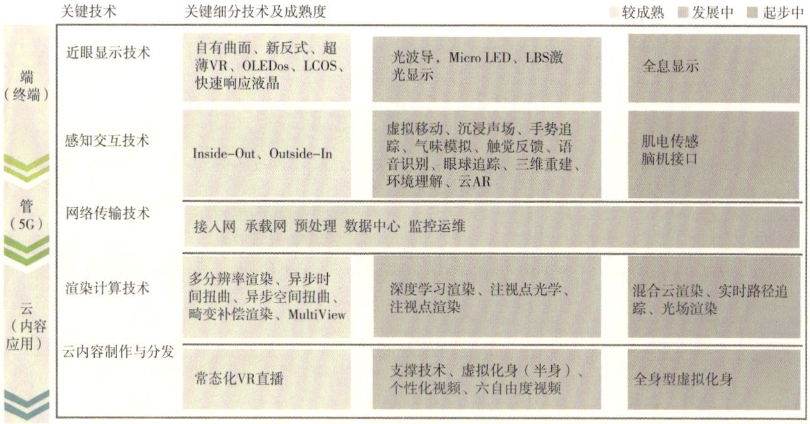

图2-15 XR五大关键技术

资料来源：德勤咨询。

XR的五大关键技术可以从云、管、端的架构来看。“端”主要包含近眼显示技术和感知交互技术。终端硬件上近眼显示和感知交互技术的优化，能有效解决当前硬件画质清晰度不足、视角场视觉体验受限、晕眩感等主要体验痛点，带来更优秀的终端沉浸体验。

XR被称为“下一代计算平台”，相较于当前计算环境的提升，主要体现在维度和感知的提升，要求XR设备必须具备空间扫描建模、空间定位追踪、全身动捕、眼动追踪、手部追踪、面部追踪等前沿技术集成能力，这主要体现在感知交互技术能力。感知交互系统的优化也能有效改善“晕动症”，缓解辐辏调节和多感官冲突。当前，眼球追踪及相关衍生技术是发展热点（见表2–3）。

表2–3　　感知交互技术类型及发展阶段

感知交互技术	发展阶段
追踪定位	感知交互的基础能力，各厂商都积极投入，日趋成熟
沉浸声场	听音辨位、空间混响、通感移觉等成为发展重点，脸书、微软、英伟达、杜比、谷歌、高通等厂商都在积极投入
手势追踪	初步成熟，将成为AR/VR输入交互新模式
眼动追踪	AR/VR终端的新标配，眼球追踪+多焦显示+注视点渲染的技术组合有望成为提升虚拟现实沉浸感的关键技术组合
环境理解和3D重建	将成为AR/VR感知交互领域技术内核之一
肌电感EMG	研发阶段，脸书在研发EMG加速腕带式神经接口与AR/VR结合
脑机交互	脸书、Valve、Neurallink都有所布局，未来长远发展的交互方式

资料来源：冰鉴科技。

下游应用场景日渐丰富（见图2–16）。不同于5年前VR刚诞生时的情景，XR目前已经形成了广阔的下游应用，不断渗透进多个场景。2020年XR支出最多的下游应用来自To C消费级，占超过一半的份额，包括VR/AR游戏、影视、娱乐教育等。2B级的应用则以工业制造、医疗、零售业为主。

C端市场想象空间巨大，脸书积极布局XR领域，打造虚拟世界社交生态的构想引发了行业对于XR在C端应用的美好想象。此外，XR带来的高度沉浸感强、私密性高、定制化个人体验等特点，使其天然适用于C端场景应用，例如游戏、社交、视频娱乐等。当前“元宇宙”概念已成功“出圈”，视频娱乐领域更是实现了较多的落地应用。基于当前市场热度较高的游戏和影视场景挖掘个性化推荐内容，触发用户购买行为和付费意愿并引发用户黏性和自发传播等行为，打造爆款内容形成流量入口是当前业内XR企业的主流模式，并有望在短期内持续解锁直播、购物、旅游等消费场景。

B端用户的需求则以更好地服务于生产经营为导向，更关注如何通过XR实现降本增效、营销推广等，寻求定制化、专业化解决方案，应用场景分散且差异较大。按照市场渗透率、未来XR产业增速及现有XR产值来看，XR在医疗、工业制造以及零售业具有相当大的发展潜力，其中涉及远程培训、实施指导、流程管理以及知识沉淀等场景，XR都是重要的生产力工具，且不断在更多的场景加速渗透。

根据Capgemini2020年展开的一项针对企业级的XR应用调研，在709位企业用户的受访者中，有40%的受访者表示自身企业正在积极地参与通过XR展开的活动中，其中57%的受访者认为XR的应用提高了企业效率，53%的受访者则认为提高了企业安全性。根据微软Hololens数据，HoloLens在B端应用能带来30%的装配耗时改进，50%的店铺空间节省，80%的设计验证时间节省，85%的整体培训时间节省，90%的服务维修工作更高准确性，97%的信息传递时间节省；且目前绝大部分财富500强公司都购买了Hololens AR产品。

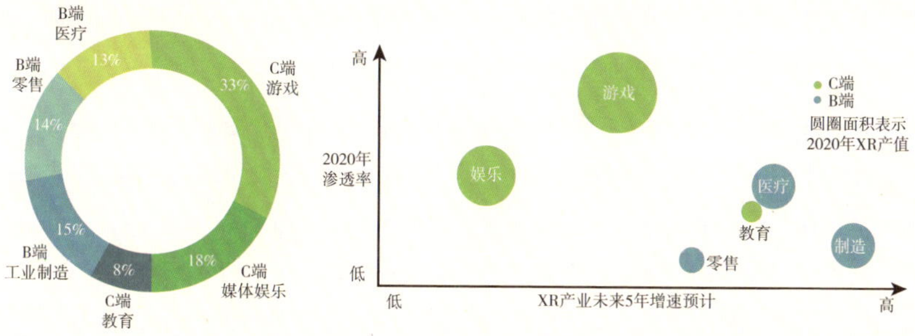

图2-16 全球XR下游应用行业支出占比与下游应用概览

资料来源：Motor Intelligence、BIS Research、Statista、World Bank。

C端应用：元宇宙"出圈"、游戏娱乐XR引领新风潮。2021年3月10日，"元宇宙概念第一股"Roblox上市，作为全球最大的互动社区之一及大型多人游戏创作平台，Roblox积极布局VR领域，早在2016年就开放了VR功能，并逐步实现了VR游戏的跨平台、跨设备适配，游戏玩家们可以通过电脑、手机、Xbox、Oculus等各终端设备体验VR游戏。Roblox的商业模式是创造一个元宇宙世界，通过游戏将全世界连接在一起，让任何人都能探索全球社区开发者建立的数千万个沉浸式3D游戏，因此承载沉浸体验和互联网具象化的沉浸感至关重要，通过XR乃至脑机互联真正实现未来线上与线下、真实世界与模拟世界之间的无缝融合，使得Metaverse广泛渗透进日常生活。

B端应用：工业领域应用深入，医疗行业想象空间巨大。B端应用方面，XR能否有应用前景，要看三个方面：XR解决方案能否场景化、产品化，具备可复制性；能否真正解决痛点问题，而非伪装需求；场景市场空间是否足够大，从而支撑技术开发。

在工业领域，XR已经成为基于工业互联网、物联网平台实现数字孪生的核心技术之一。以工业软件巨头PTC为例，PTC将其在产品设计、PLM领域积累的核心优势整合至内部XR平台，依托开放生态中的平台软件，推出以数字化映射为基础的整体框架和整套解决方案。数字孪生帮助PTC在虚拟空间中构建出与物理世界完全对等的数字镜像，通过收集产品研发、生产制造、商业推广等维度的数据并进行分析，为下一步的产品设计、生产工艺、市场投放等关键环节打下基础。

XR在医疗行业亦带来了巨大的价值。在手术操作训练中，XR技术可以通过显示、触感、力反馈等设备，使接受培训的医生沉浸在虚拟场景中，进行手术操作和练习，体验真实的临床手术过程，可以有效提高医生诊断病情和制订治疗方案的能力，同时能够大幅降低传统培训中的器材、标本等成本。此外，XR在远程医疗、诊疗技术提升等方面也将发挥重要作用，改善医疗资源不均的问题。

XR生态趋于完善（见图2-17）。在市场蓬勃发展中，XR已经逐渐构建出由计算平台、硬件供应商、内容应用厂商和用户等多方参与者构成的完善的生态体系，移动运营商、云服务供应商、网络服务供应商等基础设施供应商也是生态良性发展的重要根基。

①计算平台。包括苹果、谷歌、索尼等拥有一定产业基础的巨头公司。

②设备厂商。包括芯片、传感器等核心器件、感知交互、终端设备及设备外设为主的独立厂商和OEM厂商。

③内容应用厂商。C端主要为各大影视平台、游戏公司、社交媒体，B端主要为教育机构、医疗机构、广告公司等。

④用户。包括为XR设备、内容应用买单的C端消费者和B端企业级用户。

⑤生态合作伙伴。主要包括提供5G网络产品或解决方案的移动运营商，提供云服务的云厂商，提供AI、物联网等技术支持的科技公司等。

经历了早期的技术研发与突破、资本入场、轻量化硬件出产、初步用户群体产生等重要阶段，在XR产业中，已经由过去的硬件厂商、应用开发商等少数公司单打独斗发展为多方共建的生态合作局面，参与方共同努力共筑蓬勃发展的生态环境，生态各方正在加速融合创新。

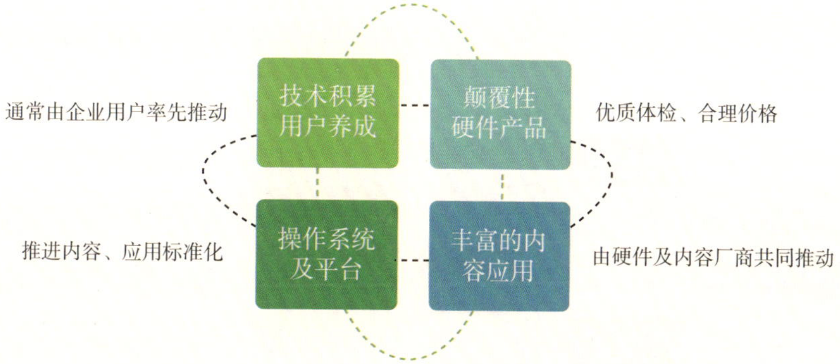

图2-17　XR产业生态

资料来源：行业调研。

2.2 基础设施

2.2.1　NFT：为元宇宙经济提供底层支持

NFT，即Non Fungible Token，即非同质化代币，是基于区块链技术的一种资产类型（见图2-18）。在加密资产中与之相对的是同质化代币（Fungible Token，FT）。比特币或以太坊等就是同质化代币，类似传统金融中的“标准化产品”。与同质化代币相比，NFT更“个性化”，类似传统金融中的“非标产品”。两者的不同在于：同质化通证的特点是每一份资产都毫无差别且可互相替换；而每一枚NFT代表了某种独一无二的具体资产的所有权，比如数字艺术品、虚拟游戏物品、稀有收藏品或其他数字或实体资产等，因此不能被另一种NFT直接取

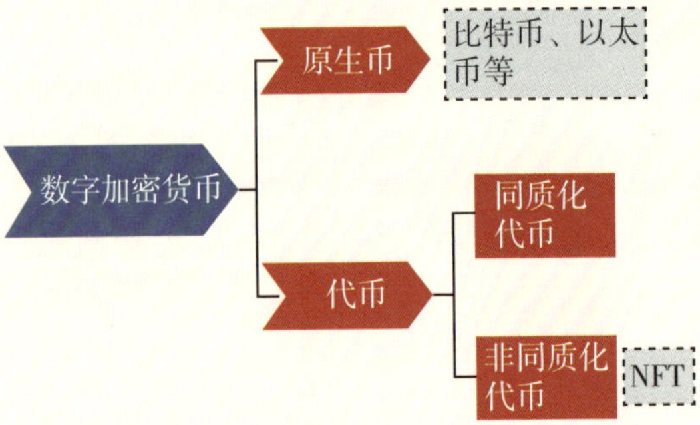

图2-18　NFT

资料来源：本书作者自行整理。

代，不能以一换一，因为没有两个NFT是相同的。此外，同质化代币可以分割为非常小的单位进行交易流通，而非同质化代币是一种不可分割、独一无二的通证。

NFT可以代表艺术品、收藏品或游戏物品等等，与传统游戏经济体系中的收藏品相比具有不同的特征：

（1）所有权：中心化机构（比如游戏运营方）可以随意掌控甚至夺走虚拟资产，而NFT是玩家钱包中真正拥有的资产。

（2）永久性：一旦NFT被铸造，就可以永远存在于区块链上。

（3）稀缺性可证明：由于所有记录都可公开访问，因此可以随时确认NFT现存的数量。

（4）出处可证明：可以确切知道谁曾持有过该NFT，一直追溯到NFT的创作者。

（5）可编程性：使用智能合约技术，NFT可以在玩家之间甚至与其他游戏或应用之间进行交易。

（6）去中心化：经济以完全信任的方式保持其完整性，一旦启动，即便离开游戏项目方仍然可以由社区自发推动运行。

NFT的发展历经了三个阶段，目前正处于爆发初期，且未来将随着元宇宙的崛起而爆发。萌芽期为2012—2016年；发展期为2017—2020年；爆发初期为2021年至今。

NFT市场的爆发经历了几次标志性事件：（1）2021年3月11日，世界上最大的传统拍卖行之一——佳士得，历史上首次以NFT形式拍卖了数字艺术家Beeple的NFT作品《每一天：前5 000天》（Everydays：The First 5 000 Days），底价100美元，最终以6 934.6万美元成交，一举成为在世艺术家成交作品第三高价。此次拍卖让NFT也开始被圈外人了解。(2)2021年3月22日，Twitter的首席执行官杰克·多西(Jack Dorsey)更是为NFT的繁荣进行了助推，以近300万美元的价格出售了他在2006年的第一条推特消息的NFT副本。(3)2021年5月，佳士得拍卖了CryptoPunks的NFT作品，包含9个24×24、8位元风格像素的朋克头像，该拍品以1 696.25万美元成交。

NFT出圈步伐加快。加密圈外各行业的公司和机构都开始重视NFT可能对其战略产生的影响，加快研发NFT产品。

2019年，NIKE申请了Crypto Kicks的专利。它会生成唯一的ID并为鞋子创建以ERC-721为标准生成的NFT。

2020年，NBA开发NFT收集游戏NBA Top Shot，主打球星卡NFT的收藏，创下销售佳绩。

2021年5月，美国电商平台eBay宣布允许在其平台上销售交易卡、图片或视频片段等数字收藏品的NFT。

2021年6月，支付宝与敦煌美术研究所及动画《刺客伍六七》共同推出基于蚂蚁链发行的“NFT”版付款码皮肤。8月初，腾讯上线NFT交易App“幻核”，首期限量发售300件《十三邀》NFT数字藏品。

NFT应用场景快速扩展。NFT种类可以细化为艺术、收藏，游戏、DeFi，元宇宙，运动，公共设施，Avatar，音乐等类别。

(1)数字艺术品(Art)。艺术家用token代表其数字艺术品的所有权，将艺术品制作成为NFT进行流通交易。例如，NFT作品《每一天：前5 000天》(Everydays：The First 5 000 Days)(见图2-19)。

（2）数字收藏品（Collectible）。与球卡和邮票等实物收藏品一样，数字收藏品的藏家会收藏他们认为有价值的电子物品，以表示对某一公司、品牌或游戏的支持。实物收藏品运输和维护都需要成本。NFT收藏品完全是电子化的，只需几秒就可转移，且永远不会折旧，例如Axie Infinity和CryptoPunks（见图2-20、图2-21）。其能为很多人的回忆或者理想留下数字化的纪念。比如，当年我们看了《黑客帝国》，我们对于其中很多内容确实是非常有感情的，但是又缺乏手段和途径，这就需要未来通过这些数字化的方式记录我们逝去的美好回忆。

图2-19　NFT作品《每一天：前5 000天》

资料来源：搜狐网。

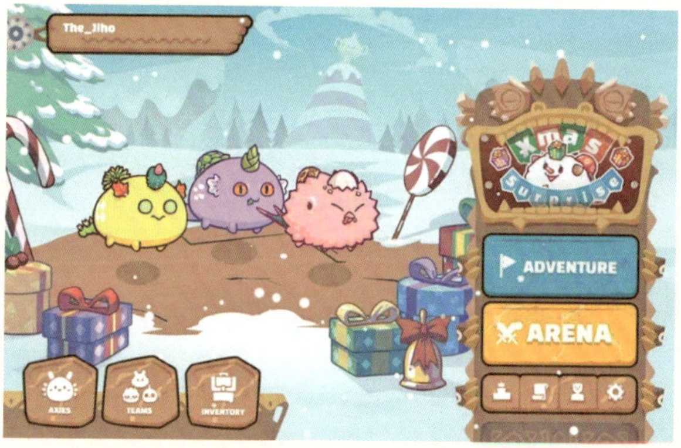

图2-20　区块链游戏——Axie Infinity

资料来源：链闻网。

图2-21　区块链名片——Cryptopunks

资料来源：Facebook网站。

（3）游戏物品（Game）。NFT是区块链游戏的基础，通证化、追踪并转移独一无二的游戏物品，并且无需托管。NFT不仅让游戏玩家可以完全掌控自己的游戏物品，还创造了全新的游戏体验。特别是Axie Infinity引入“Play-to-earn”（P2E）（边玩边赚），颠覆了传统游戏的商业模式，把区块链、NFT、游戏、元宇宙等概念融合起来，创造了NFT大规模落地应用的真实场景。

（4）元宇宙（Metaverse）。元宇宙中多种资产，比如The Sandbox、Decentraland、Crypto Vexels、Somnium Space等游戏中，虚拟土地都是以NFT形式进行（见图2-22、图2-23）。Axie Infinity也可以归于元宇宙的类别中。近期元宇宙概念热度非常高，特别是元宇宙为将来人类社会数字化转型提供了新路径，未来发展可期。很多人觉得虚拟土地就是炒作，其实我们看到不论是现实世界还是虚拟世界里面的核心资产都是稀缺的，人们可以关注的流量就那么多，那么如何吸引并且导流其中的核心资产对任何场景来说都是非常重要的。

图2-22 游戏《The Sandbox》

资料来源：链闻网。

图2-23 游戏《Decentraland》

资料来源：Decentraland官网。

（5）体育（Sports）。体育NFT主要包括体育游戏、体育收藏品以及粉丝经济等方面。其中，NBA Top Shot就是一款让球迷收集和交易NBA数字球星卡的应用，有超过230 000名NBA球迷加入其中。NBA Top Shot于2020年10月向公众推出，2021年出现了爆炸性增长。截至目前，NBA Top Shot 的交易总额已超过4.4亿美元。举个例子：NBA推出乔丹的50大精彩瞬间的数字资产，以前很多人都会说多么崇拜他等，未来通过这种数字资产的方式可以将人们的爱好进一步分层。

NFT产业价值链可分为基础设施层、协议层以及应用层三层。A&T Capital合伙人与投资经理Jasmine Zhang与Fiona He按照NFT流动性，将NFT产业价值链整体分成三层，由下至上依次为基础设施层、协议层以及应用层。NFT生态也更加完善，既有基础设施，也涵盖了各品类的NFT产品（见图2-24）。

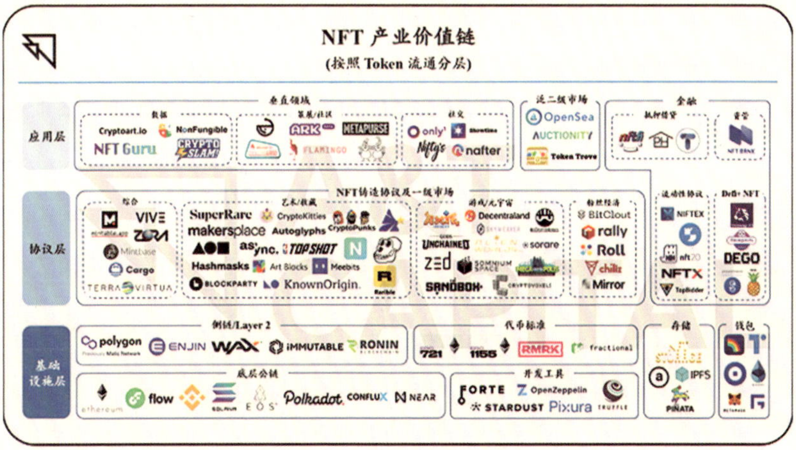

图2-24　NFT产业价值链

资料来源：Jasmine Zhang与Fiona He《从铸造到流通：全方位梳理NFT产业价值链》。

NFT实现了去中心化的、通用的数字所有权的证明体系，可实现元宇宙内部的数字资产流通交易。为了让元宇宙的经济蓬勃发展，首先必须形成被广泛认可的虚拟商品发行和流通的共享标准和协议。内容创作者所生产的数字作品、虚拟地块、游戏皮肤、装备等都将成为数字资产并进行流通交易，同时NFT的通用性允许该数字资产在元宇宙中的其他平台同样生效。

2021年3月，Twitter创始人杰克·多西将自己有史以来第一条推特以NFT形式出售，内容仅为五个单词——“just setting up my twttr”，拍卖价高达250万美元；特斯拉CEO马斯克拟以4.2亿枚DOGE出售其NFT音乐作品（见表2-4）。随着这些现象级的NFT产品出现以及元宇宙概念的兴起，NFT的关注度和整体规模达到前所未有的高度。2021H1，NFT的整体市值和交易规模分别达到127亿美元和7.54亿美元。而在2020年，NFT的整体市值才3.38亿美元，可见NFT规模增长迅速（见图2-25）。

表2-4　　NFT交易大事记

对象	事件
Twitter创始人杰克·多西	将自己有史以来第一条推特以NFT形式出售，拍卖价高达250万美元
著名加密艺术家Beeple	NFT作品《Everydays：The First 5 000 Days》在佳士得以近6 935万美元出售
特斯拉CEO马斯克	拟以4.2亿枚DOGE出售其NFT音乐作品

资料来源：Twitter。

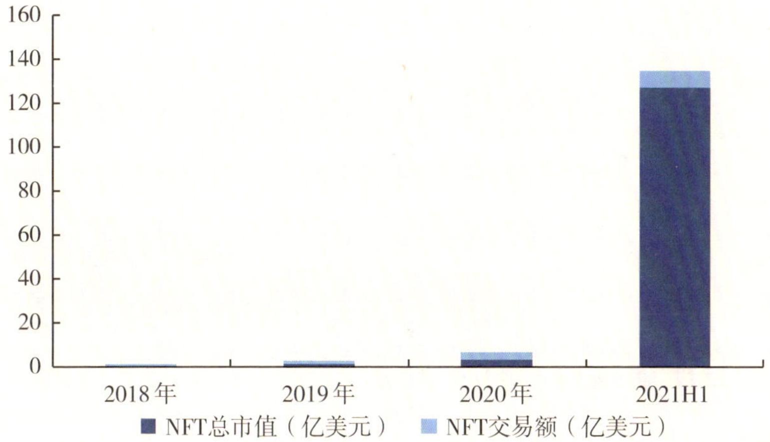

图2-25　2018—2021 H1 NFT的整体市值和交易规模

资料来源：CoinGecko、NonFungible。

NFT为元宇宙经济系统提供底层支持，元宇宙为NFT提供了应用场景，两者相互促进。根据Nonfungible数据，至2020年底，区块链元宇宙占据NFT市场份额25%，稳居2020年NFT资产份额第一，其历史销售额超5 500万美元，其中2020年全年销售额就达到2 000万美元，而在2021年度第一季度，元宇宙的销售额就已超3 000万美元，超过2020年度销售总和（见图2-26、图2-27）。元宇宙是沉浸式的虚拟世界，在元宇宙中可以进行社会生活所必需的社交、交易等活动，而交易的对象物品便是NFT。NFT构建了元宇宙的基本交易秩序，确定了虚拟资产的唯一性和可确权性，这优于现实中的资产特性，因为现实生活中的资产可能会被偷走、假冒、混淆所有权，但元宇宙中的资产因为使用了NFT这一工具，便能杜绝仿造品，且能明确物品的所有权。此外，NFT改变了以往虚拟资产的发放者，它可以让用户自己铸造

NFT并获得收益，允许用户跨平台转移资产，维护了元宇宙的去中心化。

图2-26　2020年底元宇宙累计销售额

资料来源：NonFungible。

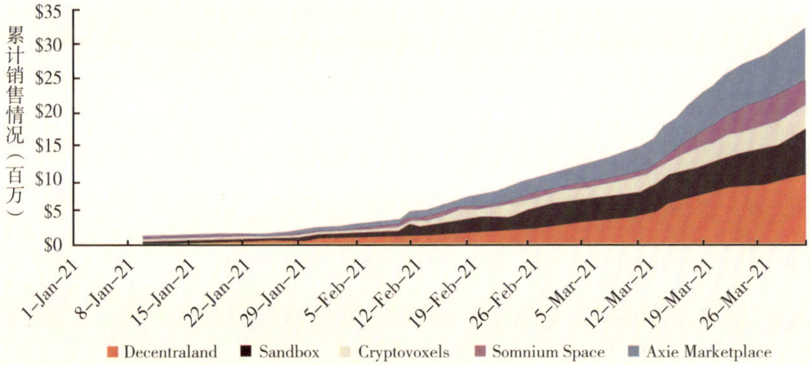

图2-27　2021年第一季度元宇宙销售额超3 000万美元

资料来源：NonFungible。

2.2.2　区块链：构建元宇宙经济系统的基础

区块链是一种按时间顺序将不断产生的信息区块以顺序相连

方式组合而成的一种可追溯的链式数据结构，是一种以密码学方式保证数据不可篡改、不可伪造的分布式账本。区块链是非对称加密算法、共识机制、分布式存储、点对点传输等相关技术通过新方式组合形成的创新应用。区块链技术的最大优势与努力方向是“去中心化”，通过运用密码学、共识机制、博弈论等技术与方法，在网络节点无须在相互信任的分布式系统中实现基于去中心化信用的点对点交易（见图2-28）。区块链具有四大特点：（1）利用块链式数据结构验证、存储数据；（2）通过分布式节点与共识算法生成、更新数据；（3）利用密码学方式保证数据传输与访问安全；（4）利用由自动化脚本代码组成的智能合约来编程和操作数据。

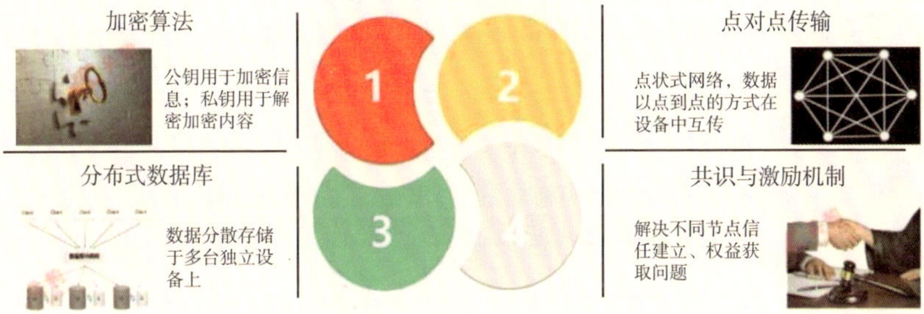

图2-28　区块链核心技术

资料来源：头豹研究院。

区块链核心技术主要有四个，即共识算法、非对称加密算法、分布式存储技术以及点对点传输技术。

（1）共识算法。共识算法可被定义为使区块链网络达成共识的机制。去中心化的区块链不依赖于中央权威，须建立一个使各分散节点就交易有效与否达成一致的机制，确保所有节点遵守协议规定并保证所有交易能以可靠的方式进行，共识算法可用于保证系统中不同节点数据在不同环境下的一致性和正确性。在共识机制协调下，各节点实现节点选举、数据一致性验证和数据同步控制等功能，使区块链系统具有信息透明、数据共享的特性。目前，广泛应用的共识机制包括PoW、PoS、DPoS和PBFT等。不同的共识机制会对区块链系统整体性能产生不同影响，一般采用安全性、扩展性、性能效率和资源消耗四个性能指标评价共识机制的技术水平（见表2–5）。

表2–5　　区块链共识机制简介

共识机制	技术水平
PoW	依赖机器进行数学运算获取记账权资源消耗相比其他共识机制高、可监管性弱，每次达成共识需要全网共同参与运算，性能效率较低，容错性方面允许全网50%节点出错
PoS	节点记账权的获得难度与节点持有的权益成反比，相比PoW共识机制，一定程度上减少了数学运算带来的资源消耗，性能也得到相应提升；基于哈希运算竞争获取记账权可监管性弱，允许全网50%节点出错
DPoS	与PoS主要区别在于节点选举若干代理人，由代理人验证和记账，合规监管、性能资源消耗和容错性与PoS相似
PBFT	采用许可投票、少数服从多数来选举领导者进行记账，该共识机制允许拜占庭容错，每轮记账都由全网节点共同选举领导者，允许强监管节点参与，具备权限分级能力，性能更高，耗能更低，容错性为33%

资料来源：头豹研究院。

（2）非对称加密算法。非对称加密算法利用一对密钥（公开密钥和私有密钥）对数据的存储和传输进行加密和解密，利用其中一个密钥把明文加密后得到密文，另一个对应密钥用于解开密文得到原本的明文。如区块链系统基于非对称加密算法生成公钥和私钥对，若公钥用于数据信息加密，对应私钥则用于数据解密；若用私钥对数据信息进行数字签名，对应的公钥则用于验证数字签名。密钥对中的其中一个可公开，称为公钥，可任意对外发布；另一个密钥则为私钥，由用户秘密保管，无须透露给任何信息获取方。

在非对称密码体制中，公钥和私钥的配对使用是明文加解密的关键，密钥对的使用大幅提高数据加密安全性，由公钥推出私钥在计算上是极为困难的，公钥密码体制的建立，对密码学具有革命性的意义。常见的公钥加密算法有RSA、Elgamal、椭圆曲线加密算法等，其中目前使用最广泛的公钥加密算法为RSA。对称与非对称加密方法对比见图2–29。

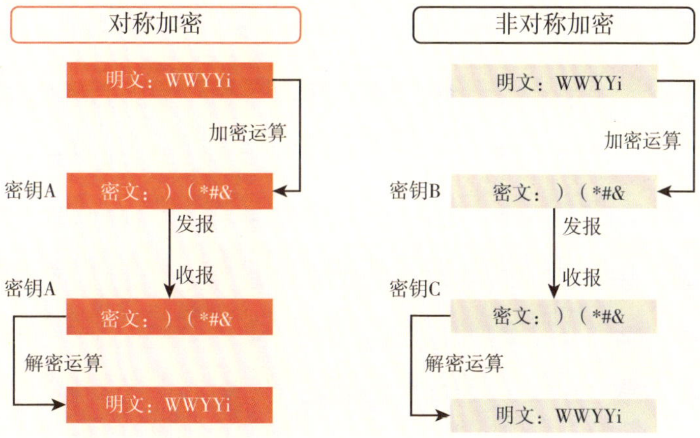

图2–29　对称与非对称加密方法对比

资料来源：头豹研究院。

（3）分布式存储技术。分布式存储是将数据分散存储于网络中的多个数据节点上，数据库中的所有数据实时更新并存放于所有参与记录的区块链网络节点中，每个节点都有数据库中的完整数据记录以及数据备份，形成一个大规模的存储资源池。在分布式存储方式下，黑客破解和数据篡改的成本较高，篡改者需要同时修改网络上超半数系统节点的数据才能实现数据篡改，操作量过大，导致篡改无法真正执行。中心式和分布式存储对比见图2–30。

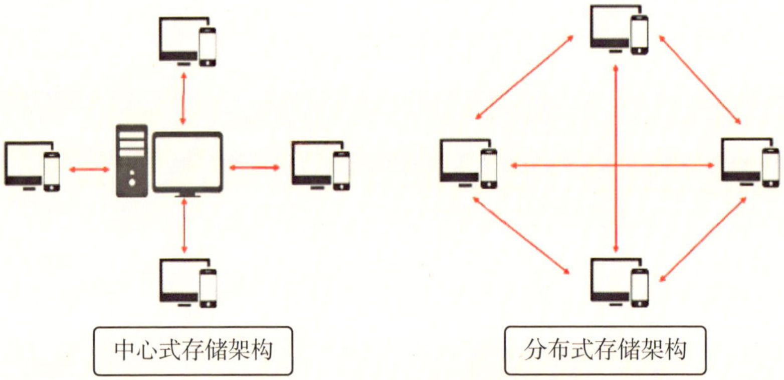

图2–30　中心式和分布式存储对比

资料来源：头豹研究院。

（4）点对点网络技术。点对点网络技术使网络上的各节点无须经过中央权限授权，即可直接相互访问并共享节点拥有的资源，如存储能力、网络连接能力和处理能力等。网络中的所有节点可互相传输，整个网络中没有任何中心，任意两节点都可进行数据传输（见图2–31）。

相比各种单一技术应用，区块链技术具有如下五大优势（见图2-32）：（1）去中心化的分布式记账。区块链上的信息计算与记录不集中于单一服务器中，而是分布于网络上的区块中，各区块间独立且互相连接，可直接进行信息与价值交换。（2）不可篡改。信息经验证添加到区块链上后将被永久存储，系统中各节点都拥有最新的完整数据库，单个节点无法对数据进行篡改，保证区块链的数据稳定与可靠性。区块链系统中每生成一个新区块，都会产生对应时间戳，并依照区块生成时间的先后顺序相连成区块链，各独立节点通过点对点网络建立联系，为信息数据记录形成去中心化的分布式时间戳服务系统。时间戳使更改记录的困难程度随时间流逝呈指数倍增加，区块链运行时可越久，数据篡改难度越高。（3）集体维护。系统由所有具有维护功能的节点共同维护，所有节点都可通过公开接口查询区块链数据和开发相关应用。

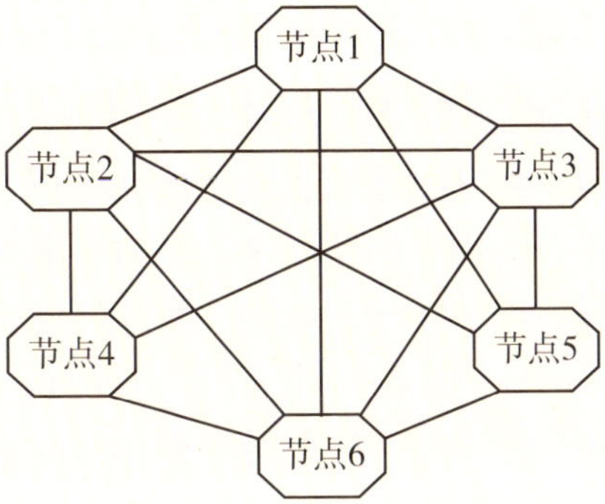

图2-31　点对点网络传输路径

资料来源：头豹研究院。

图2-32　区块链技术的五大优势

（4）有限访问。各方仅在经过认证、拥有权限的情况下可对共享账本进行访问。访问权限类型与范围均可在系统控制下进行分配，保障数据的安全性。（5）匿名性。区块链各节点数据交换在固定算法下进行，由区块链程序规则判断交易的有效性，交易方可在不公开身份的情况下获取交易对手方信任，有利于在保护用户隐私前提下保障交易信用。

中国区块链行业正处于2.0时代。区块链技术应用起源于2008年比特币的提出，2014年以太坊推出智能合约，将区块链技术推到2.0时代。3.0时代实现了区块链行业应用的普及，区块链与各行业结合，在各行业中广泛应用。中国的区块链行业仍处于2.0时代，目前较为成熟的区块链应用集中于金融和防伪溯源行业，但市场规模较小，仍属于初期发展阶段，其他行业领域普及较少。由于众多应用场景尚未被开发，规模化行业应用尚未诞生，截至2018年底，中国共有703家以区块链为主营业务的企业，其中90%的企业处于创业阶段，可商业化的区块链应用屈指可数，区块链3.0时代的到来尚需时间（见图2-33）。

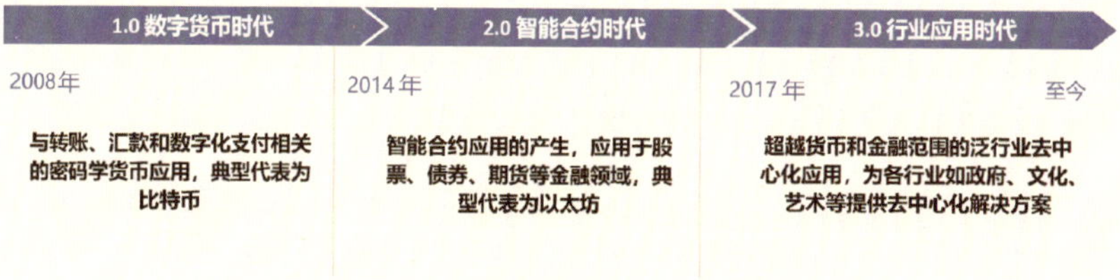

图2-33 中国区块链行业发展历程

区块链产业链由上游基础设施层、中游技术扩展层以及下游的行业应用层组成。其中，基础设施层包括硬件基础设施及区块链基础协议，负责为技术扩展层和行业应用层提供必要基础设施服务，市场主体主要涉及硬盘、交换机、芯片、路由器等硬件供应商。技术扩展层主要负责区块链通用技术及技术扩展平台研发，为行业应用层提供技术支持，主要涉及提供智能合约、快速计算、信息安全、数据服务、BaaS平台等服务的企业。行业应用层主要为不同行业用户提供针对性的区块链行业应用服务（见图2–34）。

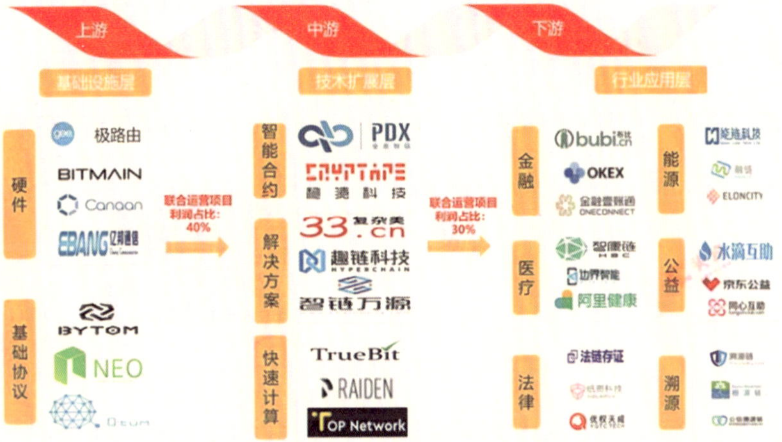

图2–34　中国区块链产业链

资料来源：头豹研究院。

基础设施层提供区块链系统正常运行所需的操作环境和硬件设施，具体包括网络资源（如网卡、交换机、路由器等）、存储资源（如硬盘和云盘等）以及计算资源（CPU、GPUASIC等芯片）。上游基础设施层为中游的技术扩展和下游的行业应用层提供物理资源和驱动，是区块链架构的基础。

（1）硬件。区块链硬件主要包括矿机、路由器和存储硬盘。

其中矿机是区块链应用中最主要的硬件设备，其功能单一，核心为芯片，主要为区块链应用提供算力，路由器、存储硬盘等硬件则起充分利用用户闲置的网络带宽与存储资源的作用。随着区块链应用的推广，分布式记账对网络节点的算力要求大幅提高，矿机芯片开始从CPU、GPU、FPGA向ASIC专用芯片发展转变，目前ASIC是区块链应用中的主流运算芯片（见图2-35）。中国本土企业在区块链硬件领域具有绝对优势，全球大部分区块链硬件均由中国厂商生产，世界排名前三的区块链硬件设备厂商比特大陆、嘉楠耘智和亿邦科技均为中国企业。

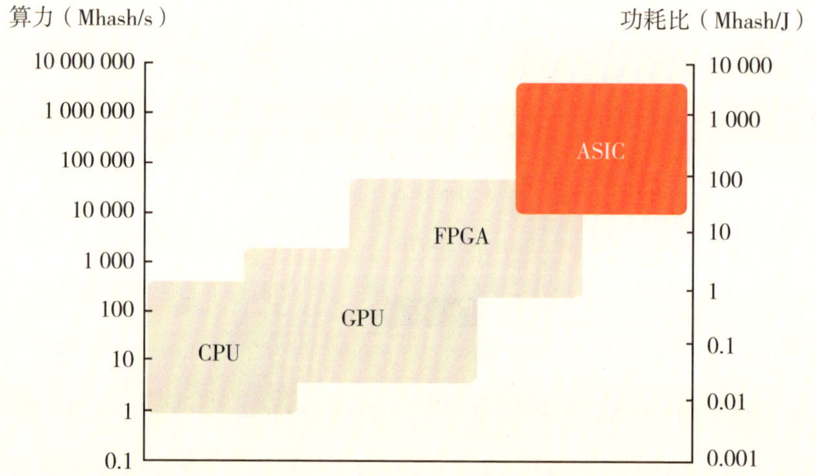

图2-35　ASIC芯片相对其他芯片在算力及能耗层面表现

资料来源：头豹研究院。

（2）基础协议。基础协议作为区块链的操作系统，负责维护网络节点，为各节点提供AI调用，通常采用P2P网络组网，结合各类密码学安全机制和共识机制，为区块链应用构建对等、安全、信任的网络和通信基础。通过共识机制，未建立信任关系的区块链节点遵循多数节点达成一致的信任构建方式，共同对数据写入等行为进行监管，舍弃传统中心化网络中心集权的模式，摆脱对网络中心的依赖。基础协议是区块链运行的基础，无论何种区块链应用均须基于区块链基础协议运行。目前，无论是创业企业还是大企业，均积极布局区块链基础协议，以求抢占行业发展先机，典型代表企业有NEO和迅雷。

随着区块链技术架构的完善以及区块链应用的普及，中游技术扩展层开始出现，专门为区块链技术或应用开发者提供服务，使开发者可在基础设施层和行业应用层间，以可执行代码的方式调用通用区块链技术应用，在此基础上继续开发区块链应用，大幅降低区块链技术开发门槛，缩短区块链技术开发时间，使区块链应用可快速、蓬勃兴盛。

（3）快速计算应用。如闪电网络系统，主要用于优化基础区块链算力不足问题，提高区块链的交易速度。添置闪电网络系统使区块链扩容，在不改变区块链底层架构的基础上，提高链上交易处理速度。

（4）智能合约技术。智能合约是自动执行合约条款的计算机化程序，通过智能合约技术，区块链系统可自动完成既定规则的条件触发和任务执行，减少人工干预程度。智能合约与区块链结合，优化了区块链的执行功能，使区块链在各类应用场景中能自动执行任务，提高交易效率和公平性，降低系统运行成本。目前，研发智能合约技术的代表企业有秘猿科技和全息互信。

（5）BaaS平台。BaaS是一种区块链与云计算深度结合的服务形式，是一个基于云服务的企业级的区块链开放平台，接受用户一键式快速部署接入，拥有去中心化信任机制，支持私有链、联盟链或多链，拥有较强私有化部署和运维管理能力。在BaaS平台建设方面，大企业较为活跃，典型代表企业有百度、腾讯和华为。

（6）区块链解决方案。区块链解决方案在基础区块链架构上，为客户提供针对具体业务场景的解决方案，方便开发者基于区块链技术开发产品和应用。区块链解决方案为企业级应用，对于多数传统企业和中小型企业而言，在推动区块链技术落地的过程中，须克服许多技术障碍，完全依靠自主解决耗时费力，采用解决方案服务商提供的区块链解决方案，可有针对性地解决难题或避免难题，降低技术落地难度，例如百度推出的超级链解决方案，适用于众多行业，开发区块链行业应用的企业可利用超级链解决方案研发区块链行业应用，免去基础区块链架构部署环节。目前，提供区块链解决方案的企业较多，包括BAT等大型科技企业以及区块链创业企业，如复杂美、智链、趣链等。

2018年底，金融区块链应用市场份额约占整体区块链应用市场份额的45%。行业应用层主要为不同行业或各类应用场景提供区块链应用服务，覆盖金融、物流、医疗、能源、公益、娱乐、法律等行业，具体应用包括区块链跨境支付、数字货币、区块链供应链金融、区块链公益、区块链版权保护等。与区块链基础设施层和区块链技术扩展层相比，行业应用层直观地体现了区块链技术的应用价值，目前中国企业对区块链行业应用探索逐渐活跃，区块链应用布局的行业领域逐渐扩张。当前区块链在金融行业的应用探索表现最为亮眼，2018年底，金融区块链应用市场份额约占整体区块链应用市场份额的45%，其中涉及数字票据，智能合约、供应链金融、支付交易清算、权益登记和转让等众多金融细分场景的区块链应用，以及物流、医疗、电商、娱乐、交通等领域的区块链应用。区块链应用场景的不断扩展一定程度彰显了数字经济发展潜力。

2014—2018年，中国区块链行业营收增长主要受到加密货币市场驱动，从6亿美元增长至152亿美元，其间年复合增长率达124.3%。中国区块链行业处于初期发展阶段，区块链行业应用尚未成熟，能真正产生商业化收入的项目屈指可数，因此行业应用类项目的市场营收有限。但区块链应用发展前景较为明朗，市场需求旺盛，企业愿意相信区块链拥有未来，不断加入区块链的研发行列。在金融、物流、医疗、电商、娱乐、交通等领域对区块链技术的需求增长的形势下，区块链市场营收规模将继续增长（见图2-36）。

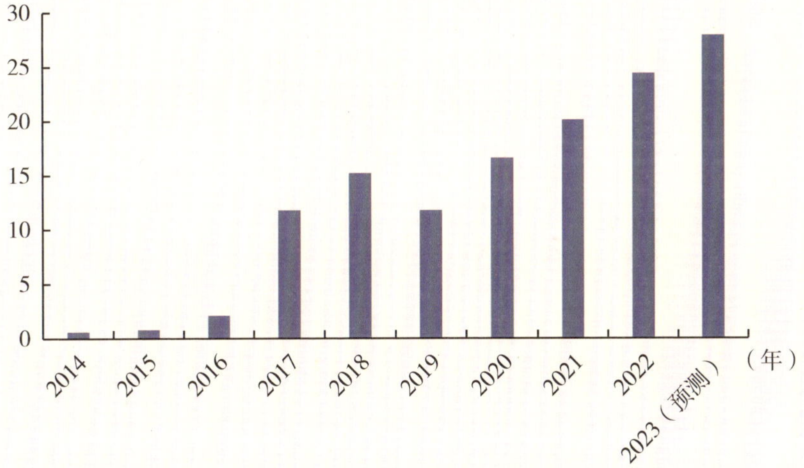

图2-36　2014—2023年中国区块链行业营收规模（单位：十亿美元）

资料来源：头豹研究院。

2.2.3 虚拟数字人：虚拟世界的参与者

虚拟数字人是具有数字化外形的虚拟人物。根据头豹研究院的定义，虚拟数字人是指通过计算机图形学、图形渲染、动作捕捉、深度学习、语音合成等技术手段，打造出存在于物理世界中并具有数字化外形的虚拟人物（见图2–37）。虚拟数字人具备如下三方面特征：（1）人的外观，即具备特定相貌、性别和性格等人物特征；（2）人的行为，即具有用语言、面部表情和肢体动作表达能力；（3）人的思想，即具有识别外界环境，并与人交流互动的能力。

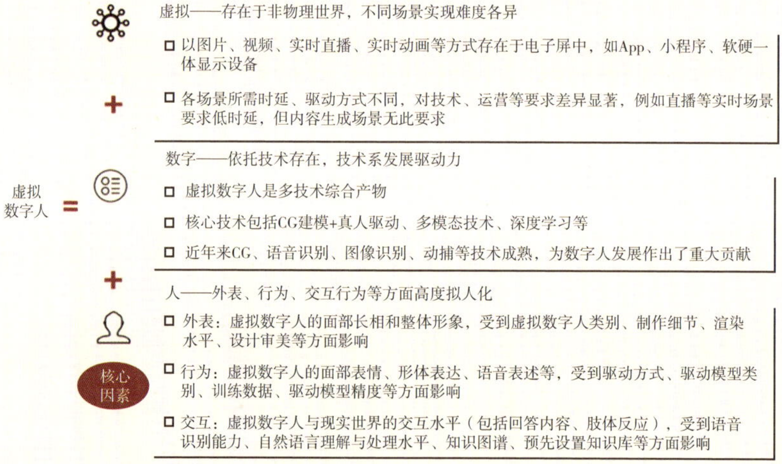

图2–37 虚拟数字人的定义

资料来源：头豹研究院。

技术推动下，虚拟数字人已进入发展成长期。得益于电脑绘图和人工智能等技术推动，虚拟数字人发展经历萌芽、探索、初级和成长四个阶段，目前正处于快速成长期，未来将向着智能化、便捷化、精细化和多样化的方向发展（见图2–38）。此外，从运用领域看，虚拟数字人的应用领域也从文娱领域拓展至金融、医疗、教育、通信等千行百业。很多人把其当作简单的一个人物形象的替换，但其实他的作用有很多，比如医美行业，可以用虚拟人规避很多法律方面的风险。

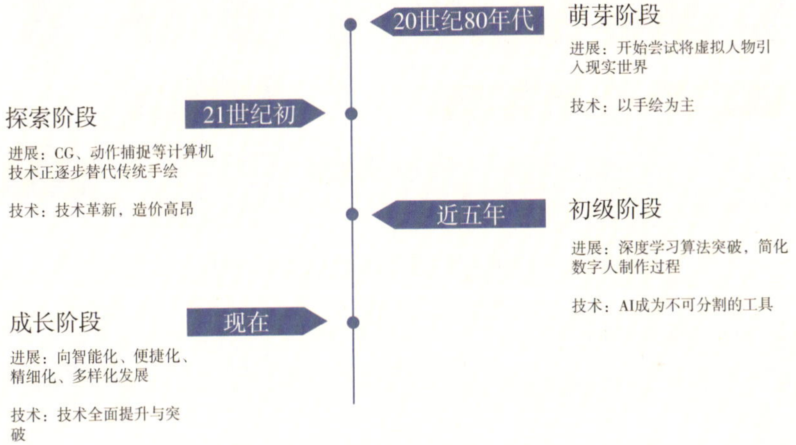

图2–38　虚拟数字人历史发展阶段

虚拟数字人可分为非交互型虚拟数字人、智能驱动型虚拟数字人和真人驱动型虚拟数字人三种（见图2–39）。虚拟数字人作为新一代人机交互平台，一般包括人物形象、语音生成、动画生成、音视频显示、交互等五个模块构成，并根据不同交互模块可分为非交互型虚拟数字人、智能驱动型虚拟数字人和真人驱动型虚拟数字人。非交互型虚拟数字人系统运作流程较简单，系统根据目标文本生成对应的人物语音及动画，并合成音视频，通过终端呈现给用户。智能驱动型虚拟数字人的语音表达、面部表情、具体动作主要通过深度学习模型的运算结果实时或离线驱动，在渲染后实现最终效果。真人驱动型虚拟数字人运作是通过真人来驱动数字人，技术流程中须根据真人演员进行形象设计与建模，同时真人演员为数字人提供动作与语音等内容。

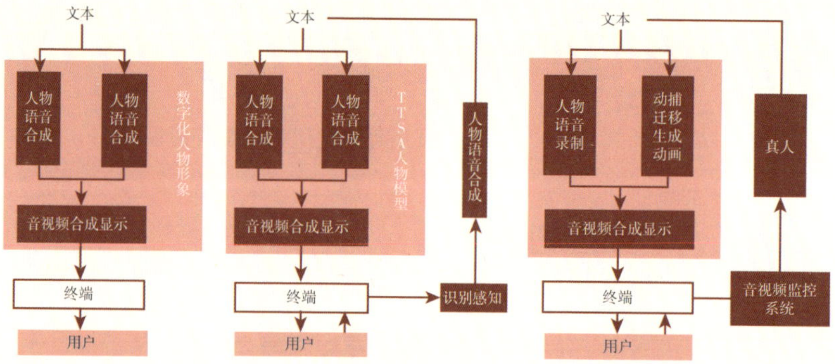

图2-39 各类型虚拟数字人的运行流程

注：图中从左到右依次是非交互型虚拟数字人、智能驱动型虚拟数字人和真人驱动型虚拟数字人。

资料来源：头豹研究院。

虚拟数字人产业链上游是内容制作类、工具类和P策划类公司，中游是虚拟人厂商、综合类/互联网技术商、专长类AI厂商、CG厂商和XR厂商，下游主要是企业服务、文娱等各类公司（见图2-40）。

虚拟数字人产业链上游包括显示设备、光学器件、传感器、芯片等硬件制造商以及建模软件、渲染引擎等软件制造商（见图2-41）。（1）显示设备：数字人载体，既包括手机、电视、投影、LED显示等2D显示设备，也包括裸眼立体、AR、VR等3D显示设备；（2）光学器件：用于视觉传感器、用户显示器制作；

（3）传感器：用于数字人原始数据及用户数据采集；（4）芯片：用于传感器数据预处理和数字人模型渲染、AI计算。

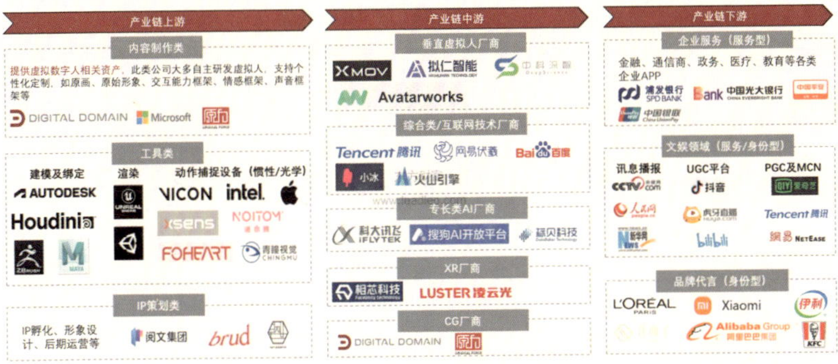

图2-40　虚拟数字人产业链

资料来源：头豹研究院。

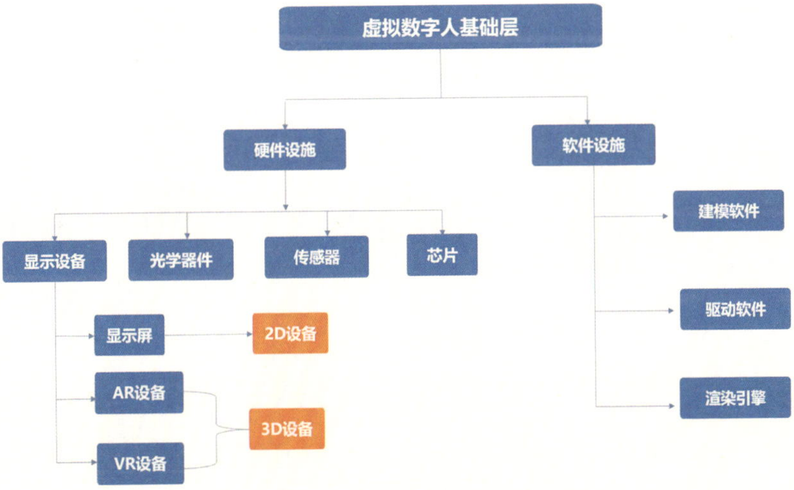

图2-41　虚拟数字人底层技术

资料来源：头豹研究院。

虚拟数字人产业链中游包括软硬件系统、生产技术服务平台和AI能力平台，为虚拟数字人制作及开发提供技术能力，其中最重要的技术为人工智能技术。人工智能技术作为虚拟数字人行业核心驱动力量，已成为各国经济发展新引擎。经过多年积累，中国在人工智能领域取得突破进展，人工智能理论和技术日益成熟，应用范围不断扩大，全产业链逐步形成，商业模式也逐步进展中。据头豹研究院的数据，2019年，中国人工智能相关产业规模近6 400亿元，同比增长21%，已成为全球人工智能第二大力量，2020年中国人工智能相关产业规模超万亿元，其核心产业规模已达3 251亿元，人工智能的快速发展为提升AI语音交互能力带来了极大的便利（见图2–42、图2–43）。

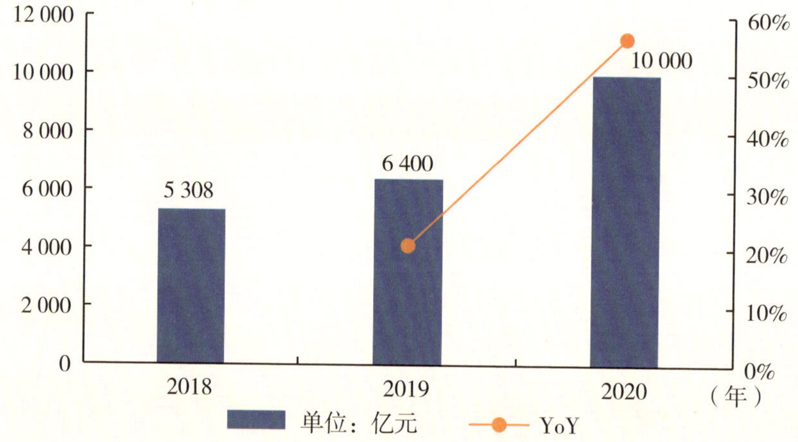

图2–42　2018—2020年中国人工智能行业规模

资料来源：头豹研究院。

虚拟数字人产业链下游为虚拟数字人技术结合实际应用场景领域，包括传媒、游戏、影视、金融、文旅等行业，形成行业整体解决方案，赋能各领域发展。根据不同行业及应用领域，虚拟数字人可分为娱乐型数字人（虚拟主播、虚拟偶像等）、教育型数字人（虚拟教师）、助手型数字人（虚拟客服、虚拟导游、智能助手等）、影视型数字人（替身演员、虚拟演员等）。虚拟数字人技术、产品与不同行业相结合，与人们生产生活相融合，其规模化、可定制化、可复制化的能力可推动改善传统环节流程、提升效能、降低成本等，人幅提升业务效率，增强用户体验感，给传统领域带来变革。除了传统领域外，虚拟数字人还可应用于政务领域，主要为语音机器人（仿真类型），理解人们说话意图以及背后的含义（见图2-44）。

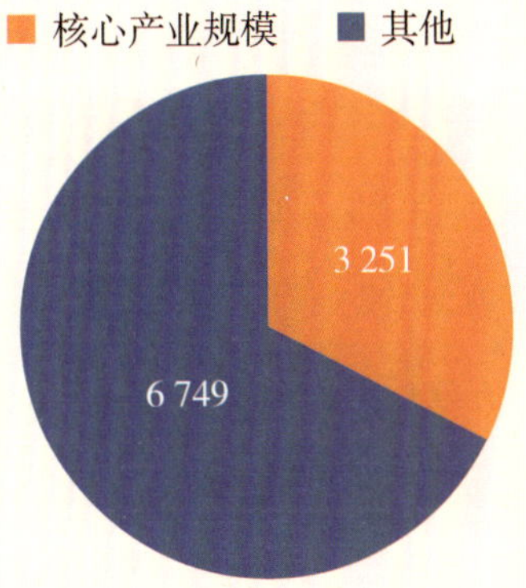

图2-43　中国人工智能行业规模（单位：亿元）

资料来源：头豹研究院。

领域		场景	角色
泛娱乐	传媒	定制化虚拟主持人/主播/偶像，支持从音频/文本内容一键生成视频，实现节目内容快速、自动化生产。打造品牌特有IP形象、增强观众互动体验	虚拟主持人 虚拟主播 虚拟偶像
泛娱乐	游戏	更真实的数字人角色使游戏者有更强的代入感，可玩性变得更强	数字角色
泛娱乐	影视	数字替身特效可帮助导演实现现实拍摄中无法表达的内容和效果，已成为特效商业大片拍摄中重要技术手段和卖点	数字替身
金融		通过智能客服、智能理财顾问等角色，实现以客户为中心、智能高效的人性化服务	智能客服 智能理财顾问
文旅		博物馆、科技馆、主题公园、名人故居等虚拟剧场、虚拟导游、虚拟讲解员	虚拟导游 虚拟讲解员
教育		VR/AR场景式教育、虚拟导师帮助构建自适应/个性化学习环境	虚拟导师
医疗		实现家庭陪护/家庭医生/心理咨询，实时关注家庭成员身心健康，并及时提供应对建议	心理医生 家庭医生

图2-44　虚拟数字人下游细分领域

资料来源：头豹研究院。

预计至2030年，虚拟数字人市场规模将实现2 703亿元。根据头豹研究院测算，基于2019年影视、直播、游戏金融领域所贡献收入和虚拟数字人在各领域所贡献比例，当前虚拟数字人市场规模已超2 000亿元（见图2–45）。根据产业应用，虚拟数字人可划分为服务型虚拟数字人和身份型虚拟数字人；受益于虚拟IP潜力巨大以及虚拟第二分身起步发展，身份型虚拟数字人在未来发展中占据主导地位，根据专家预测，2030年市场规模达1 747亿元；服务型虚拟数字人发展较为稳定，未来AI助手将在金融、政务、文旅等领域逐步发展，预计到2030年，服务型数字人市场规模达95亿元。综合两类虚拟数字人，预计2030年虚拟数字人市场规模将实现2 703亿元。

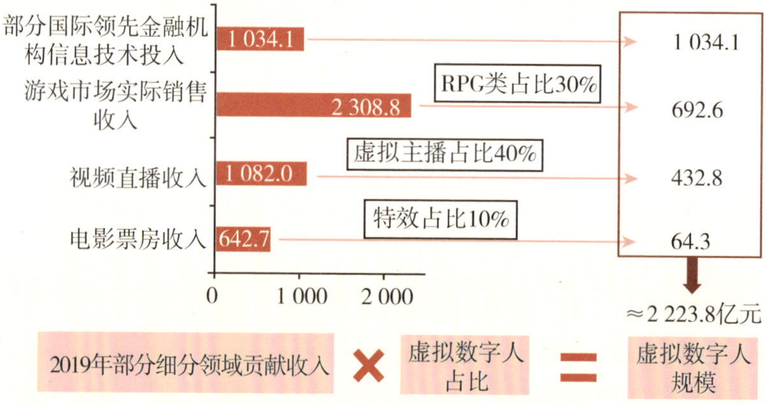

图2–45　2019年虚拟数字人市场规模

资料来源：头豹研究院。

11月19日，新华社旗下青年演说品牌“新青年”推出虚拟偶像“热爱”，目前高瓴、Motphys谋先飞、河南卫视已加入“热爱联盟”，成为合作伙伴（见图2–46）。

图2-46　新华社推出虚拟偶像“热爱”

资料来源：新华社。

2.2.4　5G：提供低延时、高拟真的体验

第五代移动通信技术（5th Generation Mobile Communication Technology，5G）是具有高速率、低时延和大连接特点的新一代宽带移动通信技术，是实现人机物互联的网络基础设施。国际电信联盟（ITU）定义了5G的三大类应用场景，即增强移动宽带（eMBB）、超高可靠低时延通信（uRLLC）和海量机器类通信（mMTC）（见图2-47）。（1）增强移动宽带（eMBB）：主要面向移动互联网流量爆炸式增长，为移动互联网用户提供更加极致的应用体验；（2）超高可靠低时延通信（uRLLC）：主要面向工业控制、远程医疗、自动驾驶等对时延和可靠性具有极高要求的垂直行业应用需求；（3）海量机器类通信（mMTC）：主要面向智慧城市、智能家居、环境监测等以传感和数据采集为目标的应用需求。为满足5G多样化的应用场景需求，5G的关键性能指标更加

多元化。ITU定义了5G八大关键性能指标，其中高速率、低时延、大连接成为5G最突出的特征，用户体验速率达1Gbps，时延低至1ms，用户连接能力达100万连接/平方公里。5G技术、架构体系及产业链见图2-48。

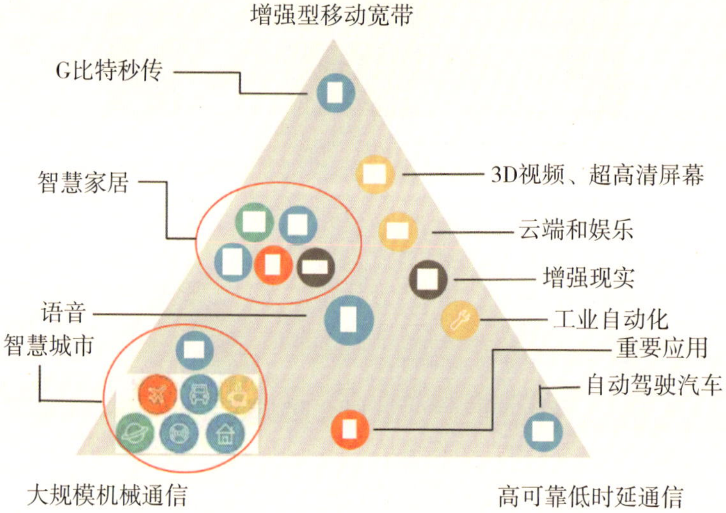

图2-47　5G三大类运用场景

资料来源：中国信通院。

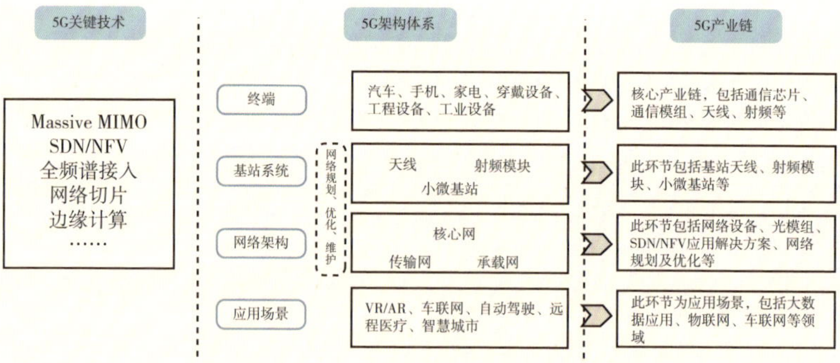

图2-48　5G技术、架构体系及产业链

资料来源：中国信通院。

5G的发展速度飞快，且运用场景广泛。截至2021年9月，全球已经部署了150多万5G站点，有176张5G商用网络提供5G服务，帮助超过5.2亿用户实现跨代体验升级；得益于快速成熟且不断加速发展的终端产业，全球已经有超过1 000款5G终端发布，涵盖了个人手机、家庭CPE和行业模组等，为5G的多样化业务提供了丰富生态。根据华为发布的《5G时代十大应用场景白皮书》，未来5G运用领域宽广，运用范围广泛（见图2–49）。

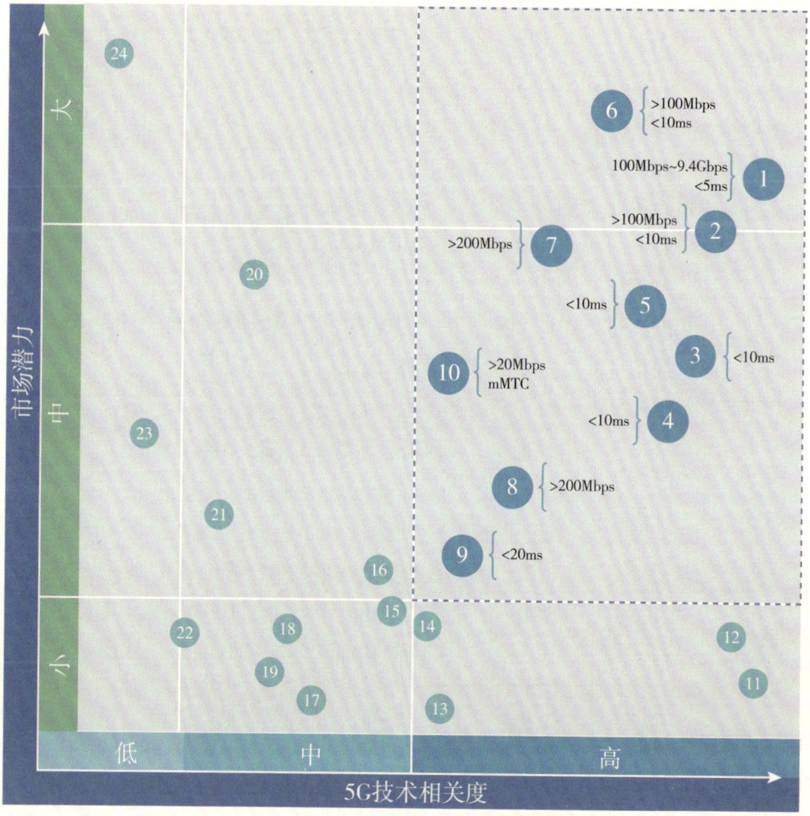

图2–49　5G运用十大场景

资料来源：华为。

5G网络具有高传送速率、低延时等特点（见表2–6）。尽管关于5G的具体标准和参数尚未定论，但TU已经发布了5G的参数标准，其中对比4G的主要提高之处如下：5G的速度将达到4G的100倍（1Gbps），和Google Fiber相同，峰值速率达到20Gbps，意味着用户下载8GB的HD电影只需要6秒，而3G网络下需要70分钟，4G网络需要7分钟（见图2–50）。

表2–6　移动通信技术的发展

移动通信技术	1G	2G	3G	4G	5G
时间	1980s	1990	2003	2009	2020之后
技术特征	频分多址（FDMA）	时分多址（TDMA）	码分多址（CDMA）	正交频分多址（OFDMA）技术	NFV云平台
应用	基础语音通信	文本、语音通信	实现多媒体应用	移动互联网应用	万物互联
业务	语音通信	语音通信、文本通信	音乐、图片、视频	直播、移动购物、移动社交	车联网、无人机、远程控制
用户体验速率	2.4kb/s	64kb/s	用户峰值速率达到2Mbps至数十Mbps	用户峰值速率可达100Mbps至1Gbps	用户体验速率应达到Gbps量级
下载视图					

资料来源：豆丁网。

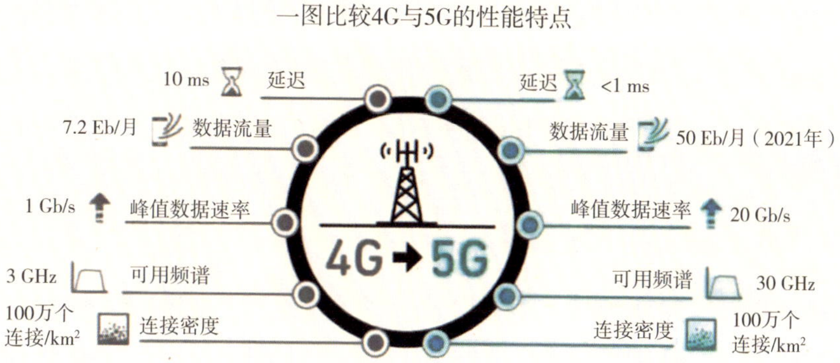

图2-50　5G与4G关键能力对比

资料来源：豆丁网。

元宇宙的海量实时信息交互和沉浸式体验的实现需要通信技术和计算能力的持续提升作为基础，而5G技术的普及可在一定程度上解决该问题。5G带来的传输速率提升、时延减少以及连接数提升等通信能力升级，以及GPU浮点计算能力不断提升和云计算以及边缘计算技术等在算力上的不断升级将推动元宇宙发展。

我国5G加速普及。根据工信部新闻发言人在2020年工业和信息化发展情况发布会上的发言可知，2020年5G建设加速，全年新开通5G基站超60万个。当前5G渗透率仍处于快速提升阶段，根据工信部《5G应用“扬帆”行动计划》，预计2023年5G个人用户普及率目标超过40%，用户数超过5.6亿人，5G网络接入流量占比超50%。5G的普及为数字经济发展奠定基础。

2.2.5　数据中心：保证更强算力的基础设施

数据中心（Data Center，DC），即一个组织或单位用以集中放置计算机系统和诸如通信和存储这样的相关设备的基础设施，也可能是以外包方式让许多其他公司存放它们的设备或数据的地方。互联网数据中心（Internet Data Center，IDC）是指一种拥有完善的设备（包括高速互联网接入带宽、高性能局域网络、安全可靠的机房环境等）、专业化的管理、完善的应用的服务平台，其与数据中心的区别在于有网络的接入，且对外提供服务。云计算数据中心是指可适应云计算的数据中心，通过软件定义数据中心，并对外提供弹性服务。因为狭义的IDC产业只出租到机柜层级，而服务器和存储由客户自己提供，因此云计算数据中心和传统互联网数据中心的差异主要体现在网络设备和网络架构上，以满足云计算数据中心内部流量（东西向流量）大于外部流量（南北向流量）的特点。云计算数据中心具有以下特点：（1）与大规模数据中心相伴，细节的优化意义重大；（2）将软硬件资源全部抽象为服务，灵活、弹性、可扩展。（3）加速了基础设施的技术演进。数据中心、互联网数据中心和云计算数据中心关系见图2-51。

图2-51　数据中心、互联网数据中心和云计算数据中心关系

资料来源：艾瑞咨询。

数据中心规模，按标准机架数量，可分中小型（$n<3\ 000$）、大型（$3\ 000\leq n<10\ 000$）和超大型（$n\geq 10\ 000$）。数据中心可用性，可按《GB50147——2017数据中心设计规范》分为A级、B

级和C级，业内也常按TIA——942标准分为T1、T2、T3和T4。也有数据中心服务商的宣传材料中，宣称级别为“n星级”或者“Tn+”，均为非标准说法（见表2-7）。

表2-7　数据中心按照级别和容量的不同进行划分

共识机制	C级	B级		A级
	T1	T2	T3	T4
可用性（%）	99.671%	99.749%	99.981%	99.995%
年宕机时间（小时/年）	28.8	22	1.6	0.4
冗余主干路径	没有，N	没有，N+1	有，N+1	有，2（N+1）
冗余接入运营商	否	否	是	是
供电电源	两回线路供电	两个电源供电	两个电源供电	两个电源供电
变压器冗余	N	M（1+1）	M（1+1）	M（1+1）
UPS冗余及时间	N，15min	N+1，30min	N+1，30min	2N，30min
发电机规格	满足计算机和电信	满足计算机和电信	满足计算机和电信+1备用	全建筑负荷+1备用
发电机冗余及储油量	N，8h	N，24h	N+1，72h	N+1，96h
机房专用空调冗余	N	M（1+1）	M（1+1）	M（1+1）
建设周期（月）	3	3—6	15—20	15—20

资料来源：艾瑞咨询。

数据中心按自身的生命周期可以分为规划、设计、建设和运营四个阶段。在每个阶段，均有不同的产业链上下游，其中，建设阶段涉及面较广，包含用地、用电、用水、用网、IT设备、非IT设备、土建及其他工程、软件系统等多个方面（见图2–52）。

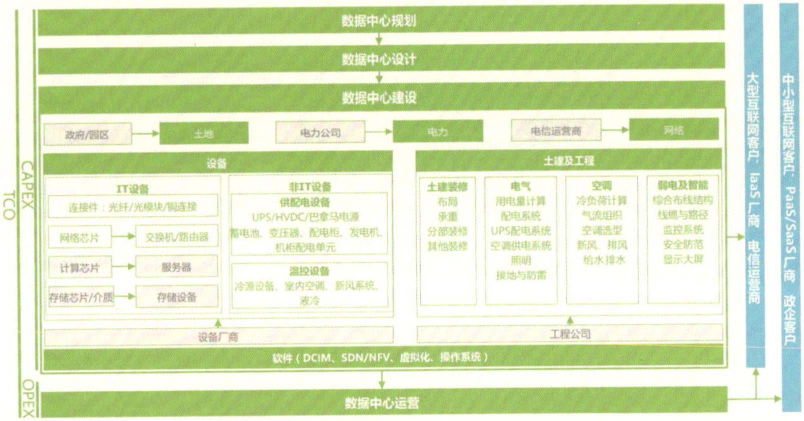

图2–52　数据中心全产业链梳理

资料来源：艾瑞咨询。

数据中心的业务模式包括批发型和零售型两种。批发型主要针对大客户，一般以模块为最小出租单位。针对超大型客户的订制型数据中心可以看作批发型的延伸，近几年发展较为迅速。零售型主要针对小客户，一般以机柜为最小出租单位，早期也有服务商以机柜单元（U）为出租单位服务微型客户，但目前这种微型客户多以Web自助服务的形式，转向公有云。一般来说，批发型考验的是资源整合能力、快速建设和扩张能力，而零售型考验的是精细运维及运营能力。从国内外厂商来看，批发和零售均可取得成功。目前国内，受新基建政策等影响，批发型更受快进快出的资本市场青睐。但从长期看，零售型更具有成长的韧性（见表2–8）。

表2-8　数据中心企业划分

	零售型	批发型
目标客户	大型客户，当前主要为互联网	中小型客户，类型多元（含云计算）厂商，电信运营商
客户集中度	低	高
租期	通常为1年	通常为5年及以上
用户流动性	较高	极低
销售单位	单机柜起租	单模块起租
单机柜价格	较高	较低
平均单机柜电力和制冷密度	低（2—3.5kW）	高（4.5—8kW）
数据中心启用到满租时间	一般2—4年	1年
上架率	取决于地段和运营能力	取决于大客户
能效	不确定	一般较高
区位	综合考虑，一般选择一线城市核心区域，近年向一线城市周边及二线城市延伸	成本优先，一般选择一线城市周边
定制性	较低	较高

资料来源：艾瑞咨询。

数据中心同时具有地产属性和IT属性，因此业内常称其为“IT中最像地产的，地产中最像IT的”。地产属性即场地和风火水电，IT主要用于管理和处理信息所采用的各种技术的总称。它主要是应用计算机科学和通信技术来设计、开发、安装和实施信息系统及应用，主要包括传感技术、计算机技术和通信技术。两种属性具有统一和对立的特点：一般情况下，IT属性会受地产属性的限制，如云计算数据中心和大规模数据中心相结合更具有意义。IT属性也会反作用于地产属性，如采用高性能芯片的整体机柜，在未来有可能使得数据中心面积的需求大幅降低（见图2-53）。

图2-53 数据中心的四层架构和两种属性

资料来源：艾瑞咨询。

数据中心被写入新基建，将有更多“国家队”上场。在2020年4月，官方明确给出了新基建的范围，其中包括数据中心。这对数据中心整体利好，但也带来阿里巴巴、腾讯等大型互联网公司以及更多国企的高举高打，原有小型且低端的数据中心不仅难以吃到红利，而且会加快淘汰出局（见图2-54）。

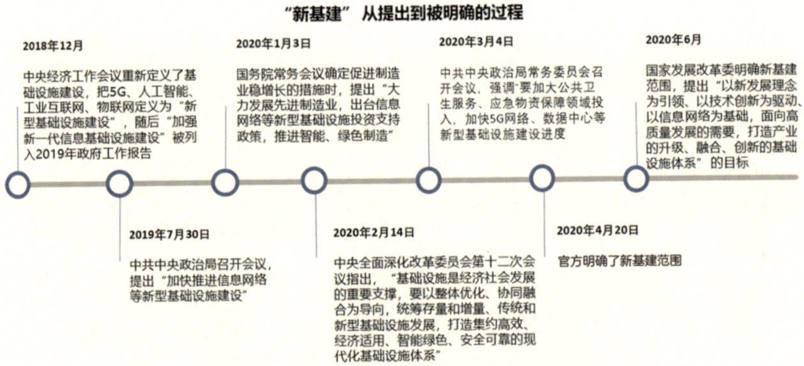

图2-54 “新基建”从提出到确定的过程

资料来源：艾瑞咨询。

REITs将推动IDC行业向好。REITs（Real estate investment trusts，不动产投资信托基金），是一种金融工具，是不动产证券化的重要手段。不动产证券化是把流动性较低的、非证券形态的不动产投资，直接转化为资本市场上的证券资产的金融交易过程。2020年4月30日，证监会与国家发展改革委联合发布了《关于推进基础设施领域不动产投资信托基金（REITs）试点相关工作的通知》，标志着境内基础设施领域公募REITs试点正式起步。从美国REITs市值占比看，数据中心排位靠前，因中国的REITs试点聚焦于基础设施领域（排除了商业地产等），因此，占比或将更高（见图2–55）。

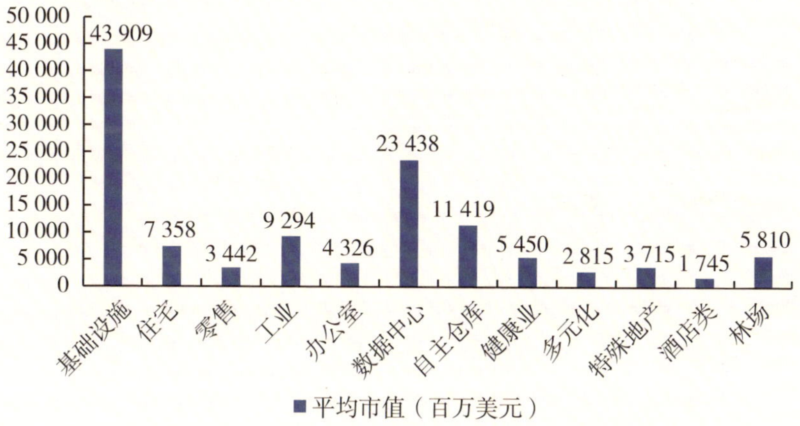

图2–55　2020年6月美国各类成分股REIT平均市值

资料来源：艾瑞咨询。

2019年，数据中心市场规模已超千亿元。2019年，中国IDC业务的总体营收已达1 132.4亿元。未来，受益于5G技术的日益成熟与普及、互联网行业的持续高速发展等，国内IDC行业仍将保持30%以上的年复合增长率（见图2–56、图2–57）。

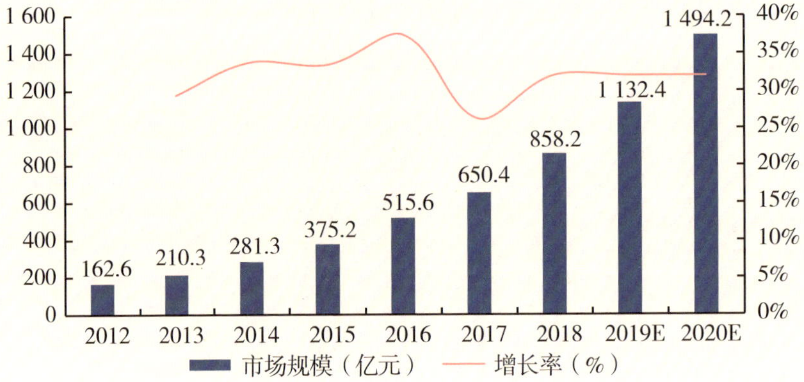

图2-56　2012—2020年中国数据中心市场规模及增长率

资料来源：艾瑞咨询。

图2-57　2020年中国IDC产业图谱

资料来源：艾瑞咨询。

长期来看，数据中心需求旺盛。从长期来看，数据中心机房面积与数据流量相关，而数据流量又与人口数量和经济发展相关。对比中美人均机房面积，中国仍有相当大的差距，因此，从整体来看，数据中心仍有较强的需求（见表2-9）。

表2-9　不同地区数据中心租用价格

地区	资源情况	价格水平
北京市、上海市、广州市、深圳市	供应紧张	总体较高
北京市、上海市、广州市、深圳市周边	供应相对充分	比北京市、上海市、广州市、深圳市低20%—30%
中西部地区	供应充分	比北京市、上海市、广州市、深圳市低约50%
东北地区	供应相对充足	比北京市、上海市、广州市、深圳市

资料来源：艾瑞咨询。

数据中心2020年用电量约占全社会总用电量的2.7%，随着数据中心投产规模的增加，这一占比将持续上升。数据中心能耗主要包括四部分：IT设备能耗、制冷系统能耗、供配电系统能耗、照明及其他能耗。总能耗比IT设备能耗，即为PUE值。即使采用相同技术，数据中心在各地的能耗也不相同，年平均气温较低区域，用于制冷系统的能耗大幅降低，PUE值较低。另外，各地的PUE要求也不同，一线城市和东部地区更为严格。除PUE外，不同地区电价也不相同。对数据中心约束性最强的是用电指标，一线城市的新规划数据中心往往难以拿到该指标，不管PUE多低、电价多高。因此，从电力单要素考虑，向一线城市周边区域、边远区域发展是大势所趋。除大型互联网公司外，传统IDC（尤其是零售型）向外布局仍有阻力：客户上架、运维都更复杂，客户与其他数据中心联动复杂，政务客户等受不出省限制，等等（见图2-58）。

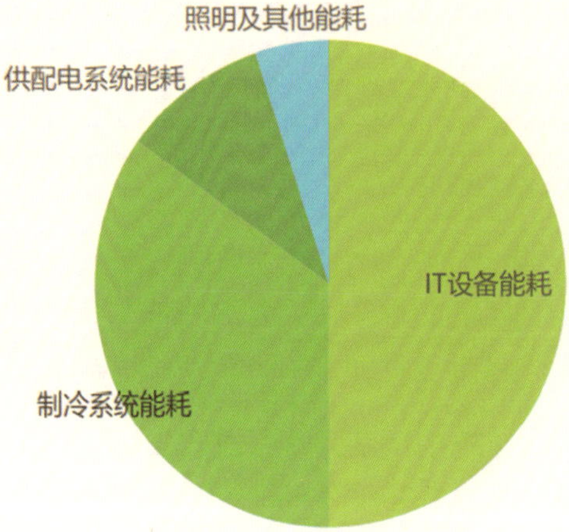

图2-58 传统数据中心能耗构成（PUE=2）

资料来源：艾瑞咨询。

随着新基建政策的出台，互联网企业和大型国企均加码在数据中心产业的布局，数据中心产业将进入整合期。首先，随着一线城市禁限令的相继出台，以及REITs等金融工具的试点，老、旧、小数据中心将难以适应未来发展，数据中心产业必然进入大鱼吃小鱼的横向整合期。其次，随着公有云的不断发展，云厂商和传统数据中心运营商的竞合关系越来越明显，不少数据中心运营商寻求专有云、混合云的转型之路。再次，数据中心产业链本身，也呈现出更明确的分工（如建设和运营分工）和大厂商向上游延伸（如云计算厂商开始研发芯片、白盒交换机、电源设备等）两种不同的现象（见图2-59）。

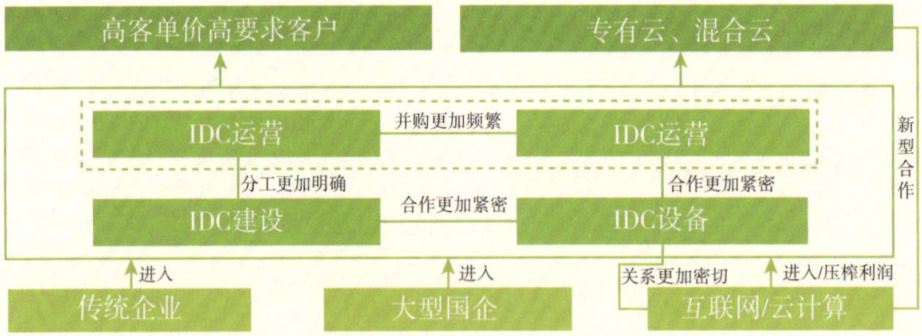

图2-59 数据中心产业整合示意图

资料来源：艾瑞咨询。

2.2.6 边缘计算：元宇宙算力保障，保障元宇宙的低延时

“边缘”意味靠近数据源头，不包括手机、PC、摄像头等终端设备。边缘云计算相较边缘计算，更强调依托于云计算技术实现边缘侧的计算、网络、存储、安全及各类应用能力。从边缘侧对时延、弹性、分析等方面的需求出发，云计算架构相比传统架构的优势明显，因此绝大部分情况下业界所指的边缘计算即为边缘云计算。边缘云计算构筑在位于中心云与终端之间的边缘基础设施之上，是云计算能力由中心向边缘的下沉，强调通过云边的一体化、协同管理来解决在集中式云计算模式下所无法满足的业务需求（见图2–60）。

图2–60　边缘云计算的框架

资料来源：艾瑞咨询。

分类：业界对于不同位置的边缘云叫法不一，本书根据边缘基础设施和承载业务的差异，将边缘云按照距中心云从近到远划分为区域、现场和IoT三类（见图2–61）。自动驾驶、云游戏等共享型业务，可部署在市级或区级的区域边缘云上，而面向工厂、

港口、园区等的专享型边缘云业务既可以搭建在客户现场的边缘数据中心之上，也可以依托于边缘网关等更轻量级的设备来实现。从技术路线上看，区域边缘云和现场边缘云同是基于边缘数据中心，是通过ICT基础设施的下沉实现边缘云的能力，而IoT边缘云是对于以工业场景为代表的各类现场设备进行云化的升级改造。

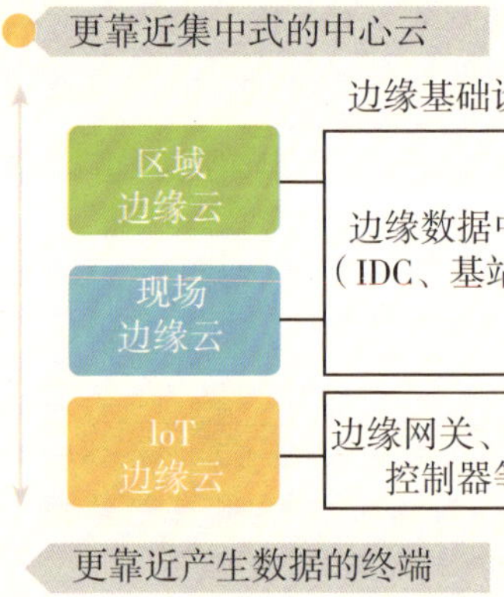

图2-61　边缘云计算的三种类型

资料来源：艾瑞咨询。

作为中心云计算的延伸，边缘云计算将计算能力拓展至“最后一公里”。边缘云计算出现的背景是为了弥补集中式云计算能力的不足，因而讨论边缘云时往往不能独立于中心云，应当放在云-边-端的整体框架之下，将边缘云视作中心云在靠近用户侧的下沉。章鱼“1个大脑+N个小脑”结构和中心云+边缘云的分布式架构极为相似，各式各样的终端采集到海量数据后，将需要实时处理的小规模、局部数据就近在边缘云上完成，而复杂、大规模的全局性任务则交由中心云汇总和深入分析，中心云与边缘云统一管控、智能调度，进而实现算力的优化分配（见图2-62）。

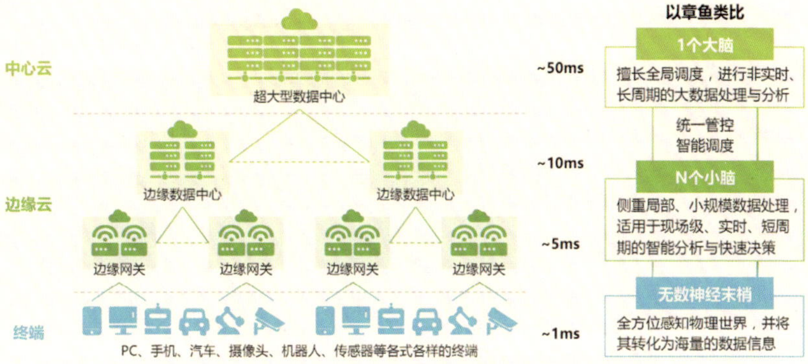

图2–62　云–边–端视角下的边缘云计算

资料来源：艾瑞咨询。

对时延和成本的关注是当前应用边缘云最主要的动力。边缘云相比中心云更靠近用户，靠近数据产生和使用的位置，在网络时延和传输成本方面具有明显优势，可以缓解中心云的计算负载和带宽压力。边缘侧一方面是实现在集中式云计算模式下无法实现的超低延时的数据交互与自动反馈，另一方面是承担数据预处理工作，包括共性和常用数据的存储和调用等（见图2–63）。

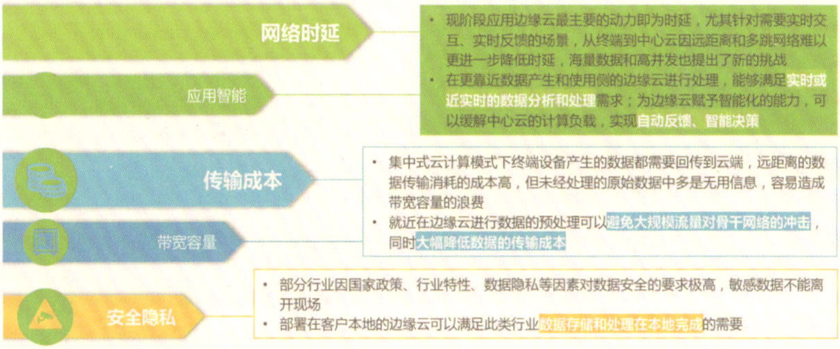

图2–63　边缘云计算的核心价值

资料来源：艾瑞咨询。

边缘云计算的架构自下而上同样分为IaaS、PaaS和SaaS三层。其中IaaS层主要是为边缘云平台提供的计算、存储和网络资源，PaaS层既包括位置服务、流量统计、身份识别等网络能力，也包括人脸识别、音视频转码等行业能力，SaaS层提供各类行业应用。此外，边缘云需要在业务、应用管理、数据、资源等方面与中心云实现云边协同（图2-64、图2-65）。

图2-64　边缘云计算的架构体系

资料来源：艾瑞咨询。

图2-65　边缘云计算产业链及产业图谱

资料来源：艾瑞咨询。

根据艾瑞咨询预测，2025年规模将超500亿元，年复合增长率达43.3%。根据信通院2020年5月的调研数据显示，中国企业中仅有不足5%使用了边缘计算，但计划使用的比例高达44.2%。根据艾瑞咨询测算，2020年中国边缘云计算市场规模为91亿元，其中区域、现场、IoT三类边缘云市场规模分别达到37亿元、38亿元及16亿元。预计到2025年整体边缘云规模将以44.0%的年复合增长率增长至550亿元，其中区域边缘云将凭借互动直播、vCDN、车联网等率先成熟的场景实现增速领跑。2030年，中国边缘云计算市场规模预计达到接近2 500亿元（见图2–66）。

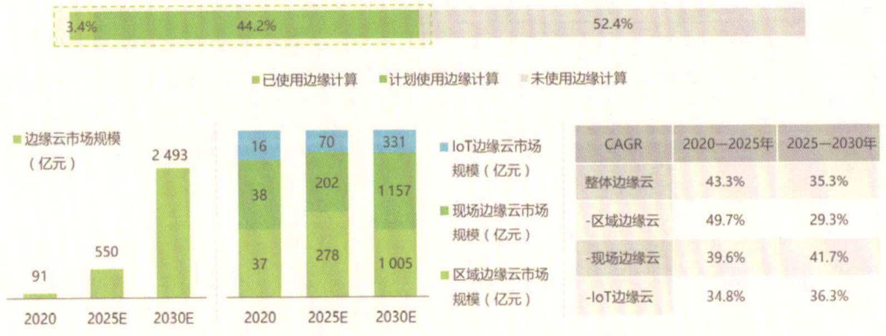

图2–66　2020—2030年中国边缘云计算市场规模及结构

资料来源：艾瑞咨询。

边缘云计算的驱动因素为：数据爆炸，集中式云计算捉襟见肘，边缘刚需场景涌现。根据艾瑞咨询测算，中国物联网连接量将从2019年的55亿个增长至2023年的148亿个，年复合增长率达到28.1%。物联网感知数据量激增，数据类型愈发复杂多样，IDC预测到2025年中国每年产生的数据量将增长48.6ZB（见图2–67）。随着智慧城市、自动驾驶、工业互联网等应用的落地，海量的终端设备实时产生数据，集中式云计算在带宽负载、网络延时、数据管理成本等方面将愈发显得捉襟见肘，难以适应数据频繁交互的需求，边缘侧的价值将进一步凸显。

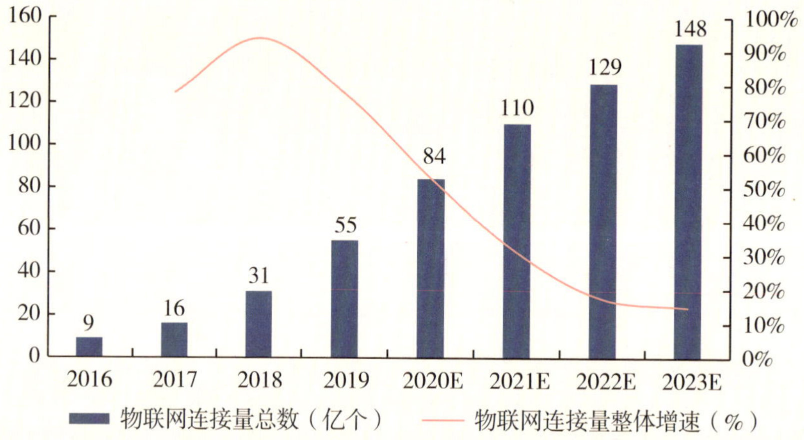

图2-67　2016—2023E中国物联网连接量与增速

资料来源：艾瑞咨询。

边缘云计算发展的支撑条件：（1）芯片。FPGA同时满足边缘侧对性能、能耗及延迟的要求。FPGA兼具强大的计算性能和超低的延迟，其低功耗的特性更适合部署在边缘侧，又不似ASIC般专为某种特定用途而定制，因而应能够有效应对边缘云计算带来的挑战。英特尔、赛灵思等国际芯片巨头持续加码FPGA芯片，并推出支持（见图2-68）。（2）网络。5G强势加持，Wi-Fi在室内场景形成互补。5G被公认为边缘计算时代最重要的网络技术，其大带宽、低时延、广连接的特性与边缘云场景相契合，尤其在自动驾驶等要求室外覆盖、移动性的场景中具有不可替代性（见图2-69）。5G用户面功能UPF下沉实现了业务数据的本地卸载分流，使得边缘云节点可以灵活部署在不同的网络位置。(3)云计算。企业上云常态化，云原生下沉实现云边端一体化。近年来云原生的热度持续高涨，包括容器、微服务、DevOps等在内的云原生技术和理念强调松耦合的架构和简单便捷的扩展能力，旨在通过统一标准实现不同基础设施上一致的云计算体验。相比于虚拟主机，云原生更适合边缘云计算的场景，可以为云边端提供一体化的应用分发与协同管理，解决边缘侧大规模应用交付、运维、管控的问题(见图2-70)。

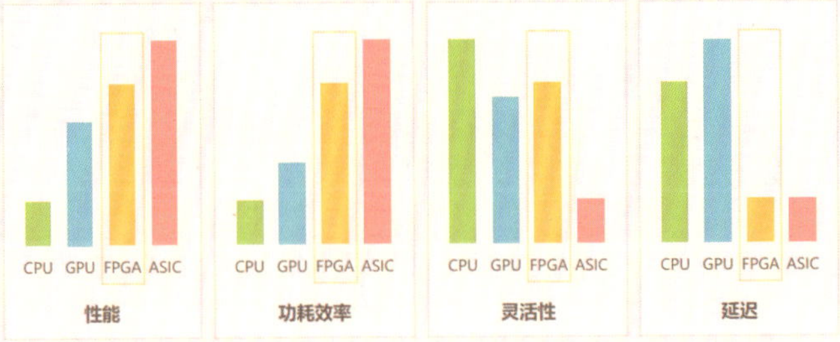

图2-68　CPU/GPU/FGPA/ASIC芯片特性及对比

资料来源：艾瑞咨询。

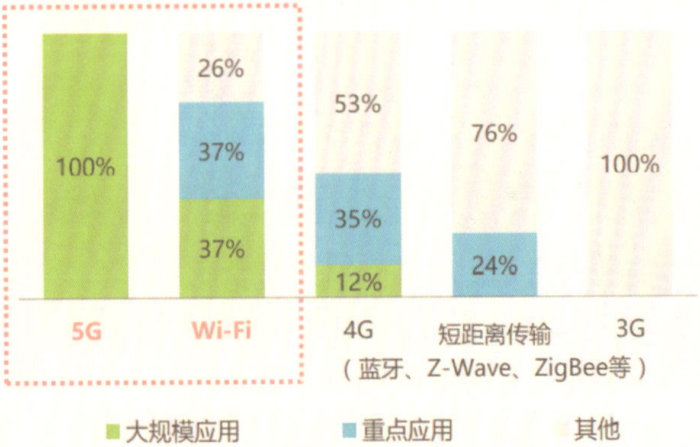

图2-69　中国边缘计算接入技术

资料来源：艾瑞咨询。

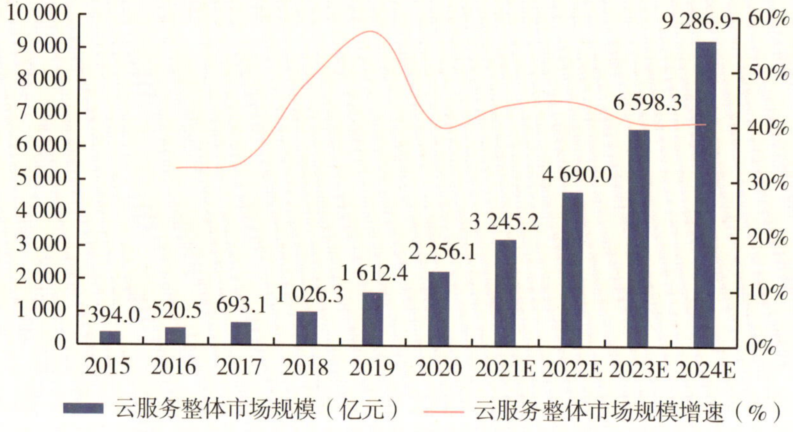

图2-70　2015—2024E中国整体云服务市场规模

资料来源：艾瑞咨询。

“新基建”加码，边缘云计算快速发展。“新基建”是十四五规划的重点方向，通过优化算力资源结构，将高频调用、低时延业务需求分配至边缘数据中心，推动5G承载网络的边缘组网建设，为将算力和网络下沉到边缘创造条件。同时，工业互联网、车联网、远程医疗等产业政策明确提及边缘计算，推动关键技术研究、标准体系建设及软硬件产品研发，促进边缘云在典型产业的融合应用。

应对超低延时和海量数据带来的挑战是企业客户选择应用边缘云的核心需求所在。超低时延、海量数据、边缘智能、数据安全及云边协同的价值是促使企业选择边缘云计算的主要因素，其中又尤以应对超低时延和海量数据的挑战时，最能体现出边缘云相比集中式云计算或传统网关模式的优势。在工业互联网、车联网/自动驾驶、智慧交通、云游戏及VR/AR等场景中，数据的传输及处理量极大，如果不采用边缘云架构，不仅是带宽成本居高不下，更无法满足对时延的极高要求，可以说是天然最适合应用边缘云的场景（见图2–71）。

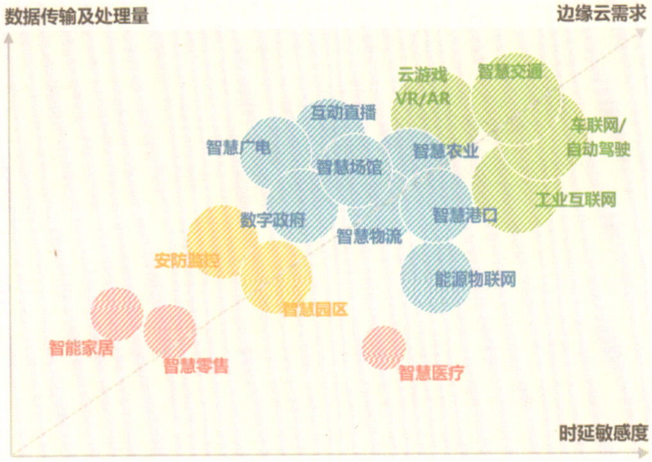

图2–71 边缘云计算典型应用场景的需求矩阵

资料来源：艾瑞咨询。

下游应用场景的成熟推动边缘云计算的发展。当前边缘云计算尚处在发展的初期阶段，MEC、边缘云原生及边缘AI等关键技术以及一系列行业标准仍在演进中，随着基础设施的建设落地以及上层应用生态的完善丰富，边缘云的投入产出比会持续优化，其对于企业客户的价值将进一步显现。除内因之外，下游场景的成熟度于边缘云来说同样至关重要。尤其在对边缘云需求最为刚性的工业物联网、自动驾驶、云游戏、VR/AR等场景中，技术、需求、商业模式或产业链大多存在痛点，因而未能实现大规模商用。对于这些场景来说，国家政策往往会是一项重要的推动因素。总结来看，基于潜在客户数量 × 渗透率 × 客单价的等式，边缘云的爆发既有赖于行业自身的发展成熟，也需要关注下游重点场景的规模化商用（见图2–72）。

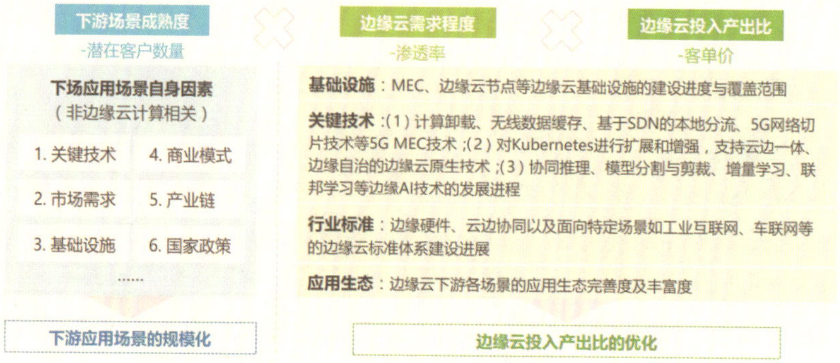

图2-72　影响边缘云计算行业爆发的关键因素

资料来源：艾瑞咨询。

2.2.7　人工智能：大幅提升元宇宙音视频交互能力的工具

艾伦·图灵（Alan Turing）于1950年在其论文中提出问题："机器能思考吗？"随后，人们对该领域展开了深度研究。在人工智能的发展历程中，关于对人工智能的定义不断地被提出。"人工智能"概念的提出者约翰·麦卡锡（John McCarthy）给出的定义为："这是制造智能机器，特别是智能计算机程序的科学和工程。它与使用计算机了解人类智能的类似任务有关，但AI不必局限于生物可观察的方法。"

随后，Stuart Russell和Peter Norvig提出了AI的四个潜在目标，并按照理性以及思维和行动将AI和计算机系统区分开来。分别是：（1）人类方法，包括像人类一样思考的系统、像人类一样行动的系统。（2）理想方法，理性思考的系统、理性行动的系统。简略地来说，人工智能是结合了计算机和强大数据集的领域，能够帮助解决问题。

人工智能包括了机器学习和深度学习等领域（见图2–73）。通常来说，深度学习和机器学习这两个词的定义非常相似，但需要注意的是，这两者间有细微的差别。实际上，深度学习属于机器学习的一个子领域。深度学习由神经网络组成，“深度”是指由三层以上组成的神经网络（包括输入和输出）。

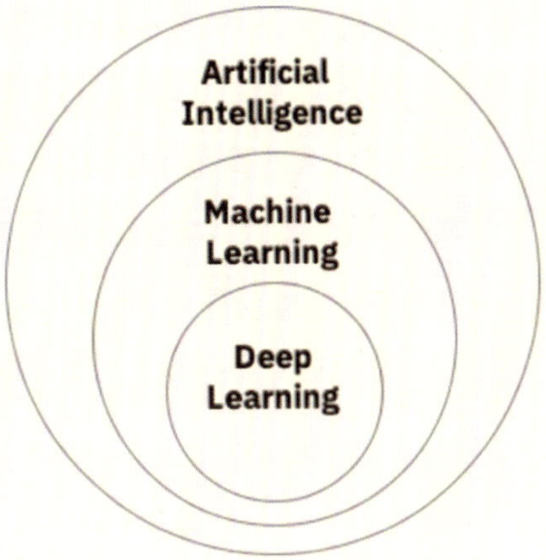

图2–73　人工智能包括机器学习和深度学习等领域

资料来源：IBM。

深度学习和机器学习的不同之处是其学习的方式。深度学习可以自动执行过程中的大部分特征提取，消除某些人工干预，能使用更大的数据集。而非深度的机器学习更需要人工干预以支持其学习过程（见图2–74）。

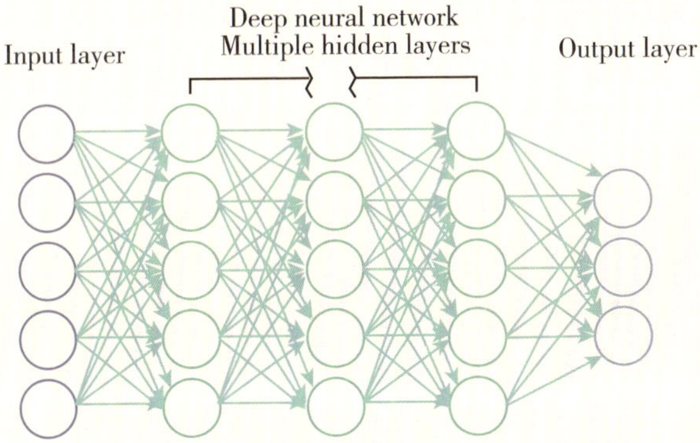

图2–74　深度学习和机器学习的不同之处

资料来源：IBM。

人工智能的雏形早在1950年就形成，在1956年首届AI会议上，“人工智能”这一术语被正式创造。在之后的几十年中，不断地有巨大的突破和进展，并在步入20世纪后期后引来高速的发展。在1997年，IBM的深蓝计算机在国际象棋比赛中击败了当时的国际象棋世界冠军；此外，在2016年，DeepMind的Alpha Go击败了围棋世界冠军。这些例子都体现了人工智能强大的能力和可观的发展前景（见图2-75）。

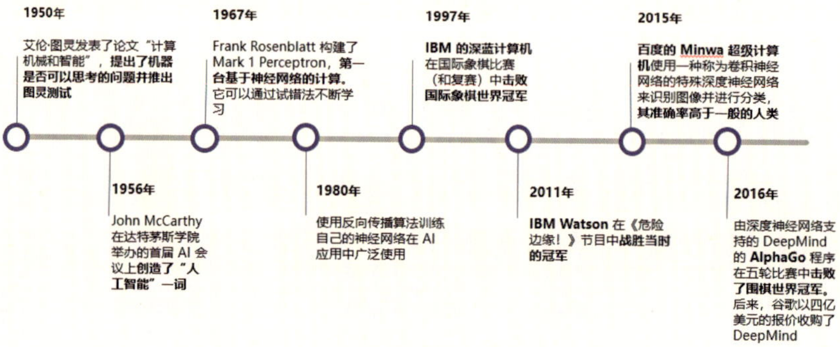

图2-75　人工智能发展史上的里程碑事件

资料来源：IBM。

人工智能的产业链可分为基础层，技术层，应用层。基础层包括算力、算法、数据；技术层是构建“护城河”的基础；应用层则可直接应用AI技术到具体场景中（见图2-76）。

其中基础层尤其重要（见图2-77）。基础层包含了三大要素，分别为算力、算法、数据。此外，人工智能的发展和应用离不开其基础层的建设。人工智能基础层包括三大板块：（1）智能计算群；（2）智能模型敏捷开发工具；（3）数据基础服务与治理平台。AI基础层对于AI在不同行业的应用意义重大。AI基础层通

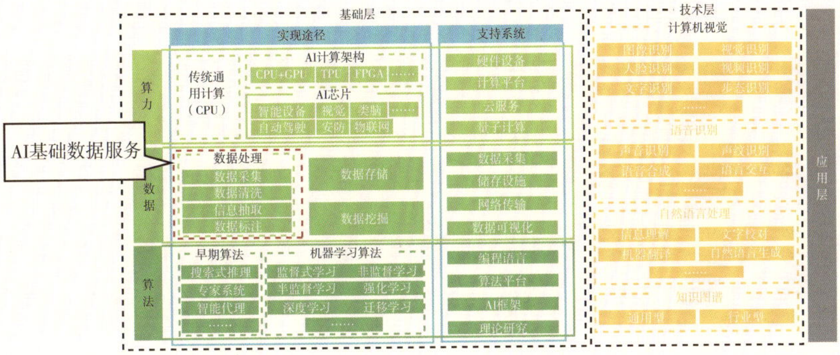

图2–76　人工智能产业链的技术框架

资料来源：艾瑞咨询。

过提供算例、开发工具、数据资源帮助推动人工智能在各领域的应用。

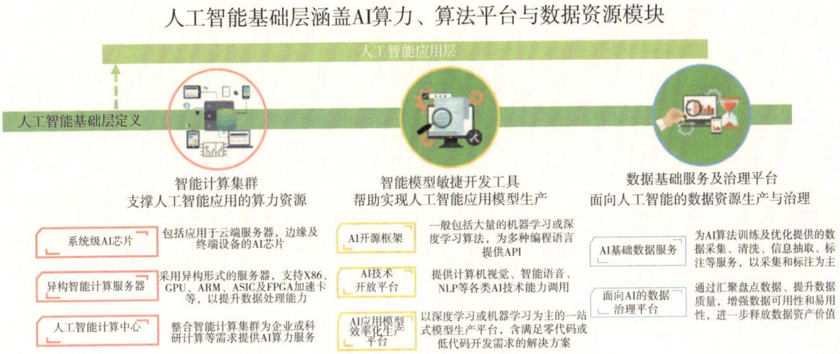

图2–77　AI基础层大体框架

资料来源：艾瑞咨询。

（1）智能计算群。提供支撑AI模型开发、训练、推理的算力资源（包括系统级AI芯片、异构智能计算服务器、下游人工智能计算中心）。

（2）智能模型敏捷开发工具。AI应用模型的生产（包括开源算法框架、提供语音和图像等AI技术能力调用的AI开放平台和AI应用模型效率化生产平台）。

（3）数据基础服务与治理平台。AI的数据资源生产与治理（提供AI基础数据服务）。

人工智能行业有众多企业参与其中，大多数参与人工智能领域的企业都集中在技术层。其中包括了百度、滴滴、科大讯飞、搜狗等知名企业，并且一个企业通常在多个技术领域发展，为不同行业提供差异化的解决方案（见图2-78）。

图2-78 人工智能行业图谱

资料来源：艾瑞咨询。

中国人工智能产业规模庞大，以下将分成几部分来描述中国人工智能行业各细分领域的市场规模以及增长预测仅在基础层，其市场规模或将在2025年达到2 475亿元。2021—2025年，其CAGR就可高达37%。如此快速的增长源自AI应用模型效率化生产平台创收增长以及AI芯片市场规模增大所带来的动力（见图2–79）。

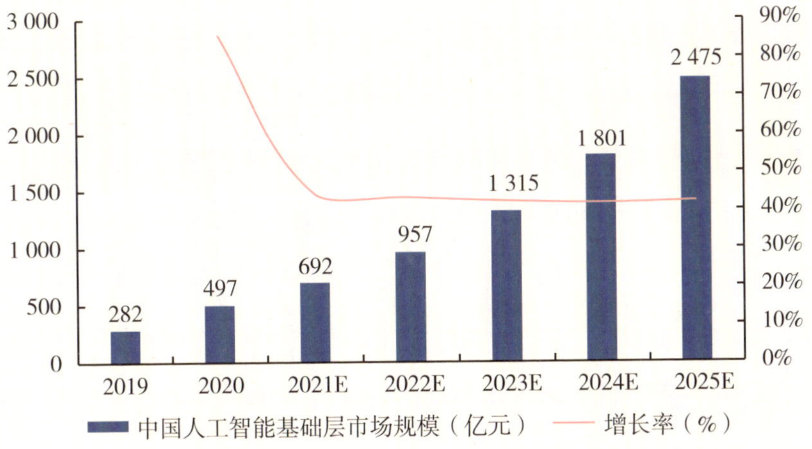

图2–79　2019—2025E人工智能基础层市场规模及预测

资料来源：艾瑞咨询。

在2019年，我国AI芯片市场仅有126亿元的市场规模，预测其市场规模将在2025年快速增长到1 385亿元（见图2–80）。作为人工智能中AI训练和推理的关键硬件，AI芯片市场被广泛用于人工智能、云计算、数据中心、边缘计算等领域。目前我国AI芯片市场尚处于起步阶段，未来将有巨大的上升空间。

在2020年，中国AI技术开放平台市场规模就达到了225亿元，并预计在2025年达到730亿元（见图2–81）。如此快速地增长是由于数据量和AI算力的提升，应用场景和算法的交互愈加频繁，两者结合开发出的AI应用模型需要通过AI技术开放平台的AI技术能力。2020年，其中计算机视觉类与语音技术类占规模占比的72.2%。计算机视觉类业务技术能力主要由人脸识别、人体识别、OCR文字识别、图像识别等构成，且其技术价格对比其他技术而言相对较高（见图2-82）。

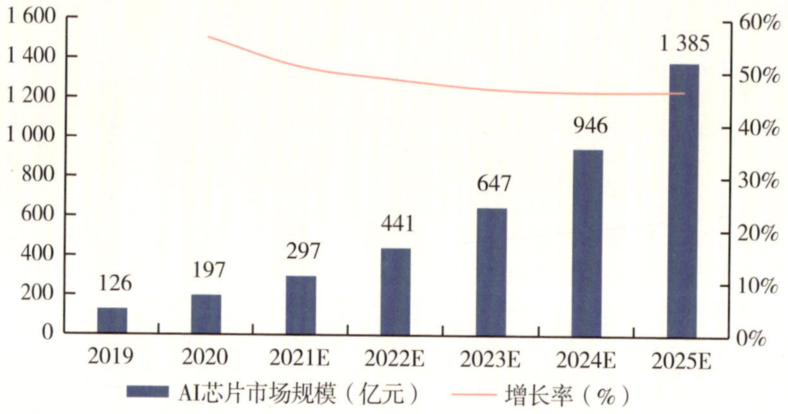

图2-80 2019—2025E AI芯片市场规模及预测

资料来源：艾瑞咨询。

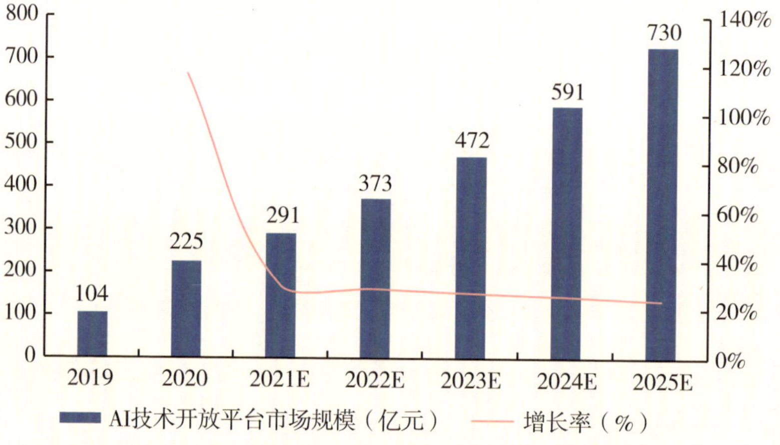

图2-81 2019—2025E中国AI技术开放平台市场规模及预测

资料来源：IBM。

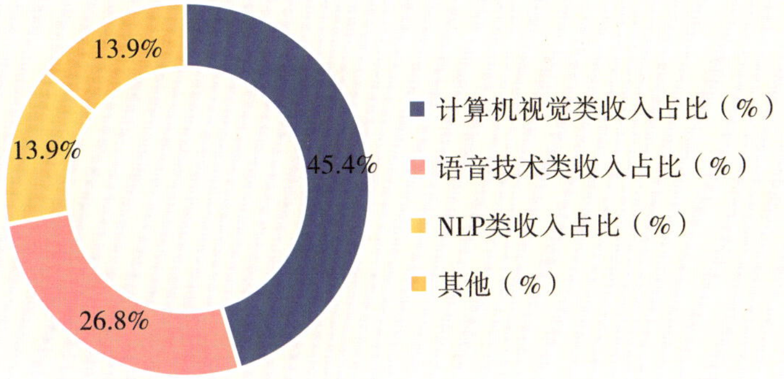

图2–82　2020年中国AI技术开放平台市场结构

资料来源：IBM。

2.2.8　激光雷达：未来智能车在元宇宙领域的眼睛

元宇宙推动行业变革，跨界融合频现，感知作为元宇宙中现实与虚拟世界进行交互的先决条件，其探测精度、广度与速度直接影响用户的交互体验，激光雷达其实是一个很好的从二维图像向三维图像演变，并且需要实时传输数据的场景（见图2–83）。

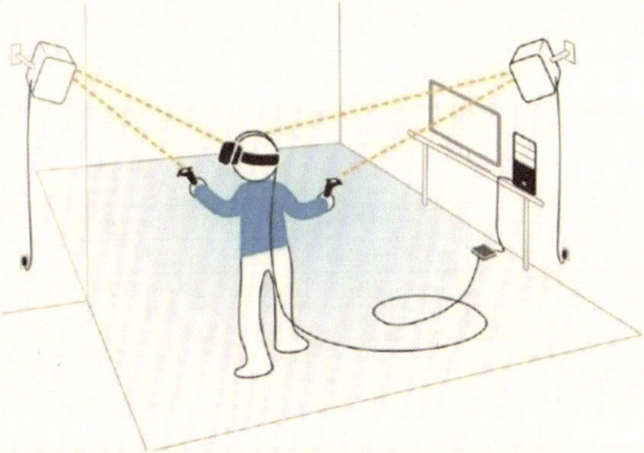

图2–83　激光雷达在元宇宙中的应用

资料来源：HTC Vive官网。

激光雷达被广泛用于无人驾驶汽车和机器人领域，被誉为广义机器人的“眼睛”，是一种通过发射激光来测量物体与传感器之间精确距离的主动测量装置。激光雷达通过激光器和探测器组成的收发阵列，结合光束扫描，可以对广义机器人所处环境进行实时感知，获取周围物体的精确距离及轮廓信息，以实现避障功能；同时，结合预先采集的高精地图，机器人在环境中通过激光雷达的定位精度可达厘米量级，以实现自主导航。

不同使用场景对于激光雷达产品性能的需求差异巨大。除当下热度较高的智能汽车无人驾驶外，面向乘用车的前装高级辅助驾驶（ADAS）、服务型机器人、车联网（V2X）等领域也是激光雷达当前或者近期的重要市场。因为使用场景和搭载激光雷达的载体（无人驾驶汽车、乘用车、机器人等）具有明显差异，这些市场对激光雷达的性能、价格、体积等维度提出了不同的需求。车联网应用处于起步阶段，使用场景具有多样性，对无人驾驶、高级辅助驾驶、机器人领域的激光雷达都会有相应需求（见图2–84）。

比较条目		无人驾驶	高级辅助驾驶	机器人
应用场景说明	场景复杂度	高（L4/L5）	中（L2/L3，功能开启场景有限）	低/中（封闭园区，应用较多）
				高（城市道路，应用较少）
	承载装置行驶速度	中（城市道路）	中（城市道路）	低（封闭园区）
		高（高速场景）	高（高速场景）	中（城市道路）
对激光雷达的要求	最远测距要求	远	中/远（取决于ADAS功能）	中/远（取决于应用场景）
	与承载装置的外观集成度	低	高	中
	价格敏感度	低	高	中/高
	对激光雷达供应商的算法需求度	低	高	低

图2–84　各应用场景对产品性能的需求

资料来源：禾赛科技《招股说明书》。

激光雷达的技术路径为机械式向固态式演进。机械式激光雷达生产成本居高不下、寿命较短，难以面向前装量产。激光雷达固态化后能避免旋转带来的不稳定性，减少使用过程中的损耗，更易满足车规要求，固态化、核心部件芯片化逐渐成为厂商研发主流趋势之一，2018年，镭神智能已推出集成高频高带宽模拟晶体管、放大器的模拟信号处理芯片，用单枚芯片实现激光雷达整体控制，大大缩小激光雷达信号处理电路的体积与功耗。固态激光雷达扫描速度快、尺寸小，或将成为激光雷达最终方案（见图2-85）。

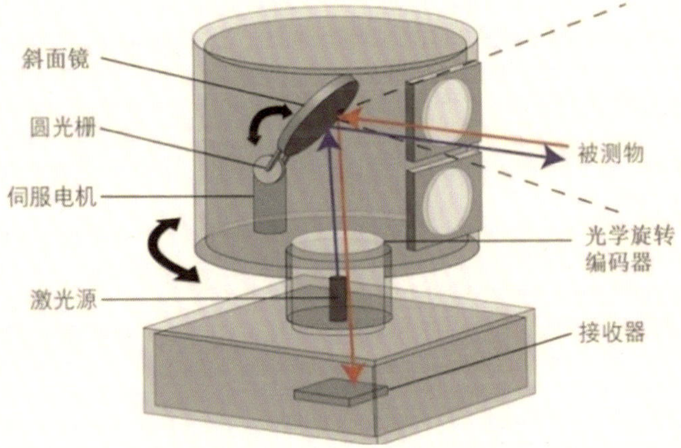

图2-85　机械式激光雷达结构

资料来源：滨松公司官网。

激光雷达不止应用于自动驾驶，还有数字孪生和元宇宙。据麦姆斯咨询介绍，在一系列有望创造未来自动驾驶汽车的先进技术中，激光雷达（LiDAR）技术引起了人们的关注，但激光雷达传感器在数字孪生和元宇宙应用中的表现也很突出。数字孪生的核心是以高保真度和高频率更新现实世界的模型。激光雷达可以作为立体摄像头等技术的补充，用于从物理世界捕获3D数据，并将这些数据传输到数字孪生或元宇宙应用中。

在数字孪生的世界里，激光雷达可能有很大的发展空间。在一个日益关注面部识别隐私的时代，激光雷达缺乏精确的面部识别能力可能是它的一个优点，而不是一个缺点。Seoul Robotics首席执行官HanBin Lee向VentureBeat说道，注重隐私的数据对于零售和智慧城市用例至关重要。例如，零售店正在使用3D数据来跟踪各种指标，如结账过程的时长、顾客在商店中的移动路线、他们关注的产品以及停留了多长时间。再比如，梅赛德斯-奔驰（Mercedes-Benz）在其一些展厅中利用Seoul Robotics的技术来观察参观者是如何与展出车辆进行互动的。德国铁路公司Deutsche Bahn将Here Technologies的激光雷达技术用于其新型Sensors4Rail铁路数字孪生。通过这些数据，可以跟踪可能影响操作的对象（如建筑物、电杆和平台边缘）的变化。日立ABB电网有限公司企业解决方案高级副总裁Bryan Friehauf也认为激光雷达在精确监测电力基础设施方面有着重要作用。他认为激光雷达对于收集动态地理数据至关重要，例如植被生长、侵蚀或气候变化的影响。在德国，科隆市（Cologne）使用激光雷达来补充全市的数字孪生系统。其他数据源包括BIM建筑数据、数字地形模型数据和集成到ESRI CityEngine的高分辨率照片。模拟噪声、空气污染、洪水、交通和能源利用的各种模型可以改善相关的规划或应急响应。激光雷达还可以帮助科学家和工程师们建立更准确、更真实的海岸和海洋数字孪生模型，用于渔业发展规划、评估气候变化对海岸的影响和海上基础设施工程（如风车和石油钻机）的建设。据Terradepth联合创始人兼联合首席执行官Joe Wolfel称，海洋勘探也是激光雷达擅长的领域。他说：“随着人类希望更多地了解海洋，并试图阻止气候变化和对98.5%的地球生物圈的破坏，海洋数据正变得越来越重要。”使用特定颜色激光的测深激光雷达可以穿透比可见光更深的地方，并快速绘制水下25—50米的精确地图。像Terradepth这类的公司正在将激光雷达安装在可以进行更深水域调查的水下自主潜水器上。科大讯飞发布的“城市超脑计划”见图2-86。

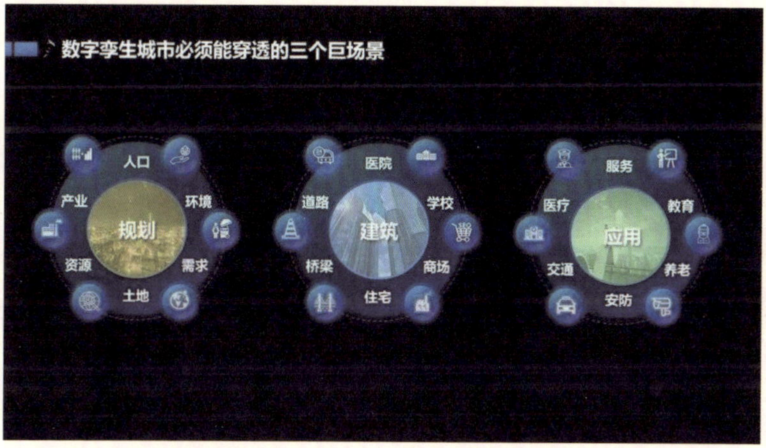

图2-86　科大讯飞发布的“城市超脑计划”

资料来源：科大讯飞官网。

纳斯达克上市的“元宇宙全息AR第一股”微美全息宣布其3D全息脉冲激光雷达产品“WiMi HoloPluse LiDAR”，获得美国联邦通信委员会许可，准许进入美国市场。这预示着微美全息将应用在自动驾驶、环境感知、3D全息成像、先进的驾驶员辅助系统（ADAS）、交通管理、3D打印等领域。WiMi HoloPluse LiDAR是一款多功能全息脉冲激光雷达传感器，探测视野大，探测距离远，具有独特的扫描模式，其尺寸小且重量轻。自带点云接口，操作时不需要额外连接适配器盒。WiMi HoloPluse LiDAR激光雷达方案提供与硬件产品配套的软件开发包，包括目标检测、分类和计数等功能。数字孪生技术的关键之一便是以高保真度和高频率更新现实世界的模型。激光雷达恰好可以作为立体相机等技术的补充，用于从物理世界捕捉3D数据，并将这些数据输送到数字孪生或元宇宙应用中，微美全息在不断的创新中寻找新的增长点，也表达了对元宇宙带来长期超越想象的潜力和机会有着绝对的信心（见图2-87）。

图2-87　微美全息的3D全息脉冲激光雷达产品“WiMi HoloPluse LiDAR”

资料来源：微美全息官网。

2.3 平台

虚拟引擎起源：虚拟引擎（Unreal Engine）起源于Epic早期的自制游戏Unreal，从1999年正式面向开发者后，虚幻引擎经过了20年的不断迭代升级，已经成为基于物理渲染（Physical Based Rendering，PBR）的核心商业引擎，特别是在提供3D写实风格的数字画面效果上具有技术领先性（见图2-88）。

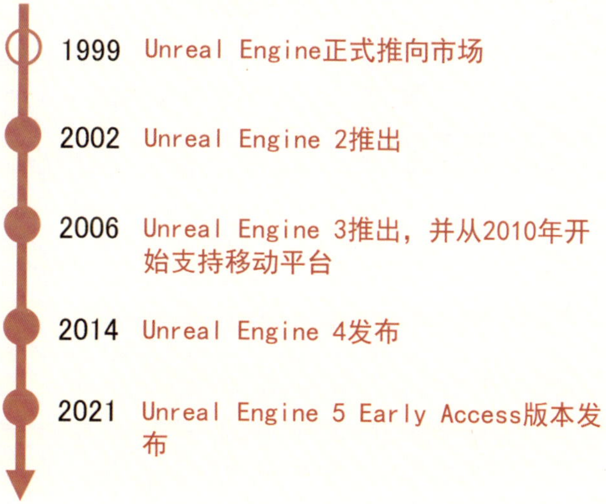

图2-88 虚拟引擎的发展历程

资料来源：Unreal公司官网。

在游戏开发过程中，有一些较为通用的需求，例如通用渲染、地形、模型导入与生成、动画、调试、构建等，早期的一些开发者将这些技术抽象成通用功能并集合推出，成为最早的引擎。随着技术的不断发展，引擎的功能不断完善，其配套的开发工具、可用性、易用性逐渐提升，逐步成为游戏行业的底层基础。如图2–89所示，当今游戏行业主要有三类引擎使用方式：（1）直接采用商业引擎制作游戏，不修改引擎层；（2）在商业引擎的基础上进行修改，满足自己较为深度的定制化需求，例如腾讯、米哈游部分项目采用这种方式；（3）由公司自行搭建引擎团队开发使用自研引擎，例如网易的弥赛亚引擎、EA的寒霜引擎。

图2–89　常见的虚拟游戏引擎

资料来源：各公司官网。

虚幻引擎的优势主要体现在高品质3D写实风格的内容创作上。创作者可以使用虚幻引擎创建、修改并实时渲染逼真的3D效果。虚幻引擎在技术深度和前沿技术探索覆盖上广受业界关注，特别是在工业化和自动化生产上的积累，是未来能够高效创作高质量内容的稳健保障（见图2–90）。

虚幻引擎主要可用于汽车行业和影视行业。（1）汽车行业。汽车行业对数字化设计、效果预览、车载系统、终端展示等需求不断提升，虚幻引擎凭借高逼真的3D写实效果以及便捷的实时

图2-90　虚幻引擎界面

资料来源：EPIC官网。

渲染，在行业中逐渐受到应用。随着汽车逐渐成为硬件和软件的混合，虚幻引擎在汽车的概念设计、效果预览、生产、驾舱交互、车内娱乐、销售展示等多个方面都有应用场景。（2）影视行业。影视行业一直有对虚拟场景的创作需求，但由于对场景的逼真度要求极高，在引擎技术尚无法满足需求时，比较少使用游戏引擎来直接制作。随着写实精度的不断上升以及实时预览带来的编辑效率极大提高，虚幻引擎开始在影视行业中投入应用，虚幻5的推出有望进一步提升其在行业中的影响力（见图2-91）。

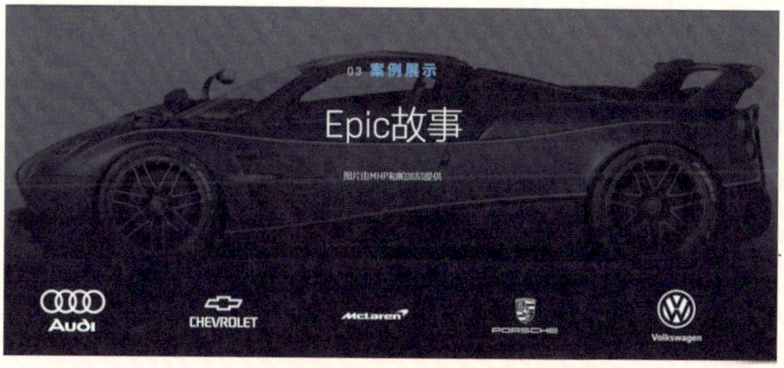

图2-91　游戏引擎界面

资料来源：Epic公司官网。

2.4 内容

Roblox是元宇宙的雏形，如果说VR/AR代表着元宇宙的硬件生态，Roblox则代表元宇宙的内容生态。Roblox是全球最大的多人游戏创作与社交平台之一。公司成立于2004年，旗下同名产品Roblox是一个提供游戏创作、在线游戏与社交的平台，用户能够使用平台提供的游戏引擎开发游戏并获取开发者分成，而玩家能够在多个平台上即点即玩参与各类游戏，同时平台提供好友聊天、“一起玩”、PartyPlace等多种社交形式。Roblox以玩家创作为主导，带来沉浸式体验和社交场景，是元宇宙的雏形。公司于2021年3月10日上市，上市首日股价相较于发行价上涨54%，截止到2021年10月4日，Roblox股价相较于发行价上涨73%，市值达到了447亿元。Roblox目前具有2 000万+的UGC内容，800万+的开发者。21Q2，Roblox全球DAU增至4 320万人，同增29%，环增2.6%。如果说VR/AR则代表着元宇宙的硬件生态（移动互联网的智能手机），而Roblox则代表元宇宙的内容生态（游戏UGC平台+云游戏）。

云游戏有望是元宇宙最先落地的场景。云游戏是一种以云计算为基础来运行游戏的方式，在运用云游戏技术时，用户不需要在其设备中下载和安装游戏。云游戏使得游戏可以在服务器端运行，并在远程服务器上进行画面渲染、压缩后通过网络传递给用户。得益于云游戏，用户的游戏设备不需要有高端的处理器或显卡，只需网络和基础的视频解压能力即可体验高质量的游戏。在云游戏下，用户数据会被存储在云端服务器上。因此，云游戏用户可以不受过多的终端限制就可以体验到对以往对终端硬件有高要求的游戏。

云游戏概念早在2000年就被提出，但在近几年才开始快速发展。2019年是元宇宙迅速发展的一年，其间谷歌、腾讯、网易等大型企业相继推出其云游戏平台和服务（见图2–92）。

图2–92 云游戏发展历史

资料来源：《云游戏产业发展白皮书（2020）》。

目前云游戏产业的发展尚处于起步期。根据《云游戏产业发展白皮书（2020）》，云游戏的发展可以分为三个阶段，分别为萌芽期（2013—2018年）、起步期（2019—2024年）、高速发展期（2025—2030年）。云游戏产业或将在2025年开始迎来高速发展期（见图2–93）。

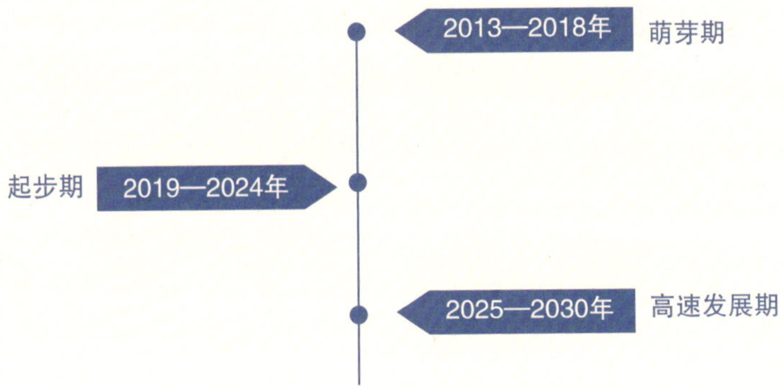

图2-93　云游戏的发展历程

资料来源:《云游戏产业发展白皮书(2020)》。

云游戏早在2000年就展示了雏形，但云游戏在长时间内都未获得大程度的推广，其中关键原因是其便捷性体验的缺失。随着社会进入移动互联网时代，用户对移动端的需求大幅提高，然而云游戏的移动场景端受技术限制，约束了其的发展。由于云游戏依靠高速网络来进行渲染，压缩和传输到用户终端。在5G网络时代之前，4G以及前几代移动网络均无法达到满足云游戏需要的网络要求。此前云游戏只能依靠宽带、Wi-Fi等固定网络环境。因此，用户的移动性受限，在移动互联网大背景下，用户倾向于随时随地地使用服务。云游戏移动端的使用范围和网络传输能力受限是先前云游戏发展的首要障碍。

5G的出现将可以有效地解决先前的瓶颈。相比4G，5G的延迟大幅降低，从而大幅提升了终端接入速度。4G终端接入需要60—80毫秒，而5G终端接入时间仅为3—5毫秒。大幅缩短的接入时间确保了玩家触发到画面反馈的时间在80毫秒内，这是在4G以及之前的时代无法实现的。

此外，5G的边缘计算和网络切片技术保障了顺畅以及稳定的游戏体验。在4G时代，网络是共享模式，其网络稳定性是不确定的，游戏体验的好坏取决于使用网络的人数和被占用的宽带。5G的边缘计算和切片技术可结合使用，形成业务优先策略，为云游戏开创一条专用通道来保障稳定的网络和用户体验。但是目前5G尚未全面普及，所以5G云游戏还需要一段时间成长。

此外，消费者习惯了免费游戏，消费者需要一定的时间来接受云游戏的付费订阅模式。

我国云游戏行业处于发展的基础阶段，还未有公认的行业标准，但云游戏的标准可从以下四个方面来理解。

（1）硬件建构的标准。目前云游戏主机主要采用x86架构和ARM架构。ARM架构计算单元中的软件部分难以形成统一标准。在x86架构方面，国内缺少相关研发人才和体系，这两个因素都导致了某些程度上加大了行业标准化的难度。

（2）操控的标准。目前游戏操控没有一个标准，导致了游戏操控兼容性差。

（3）视频编解码技术规范标准。用户终端和云游戏服务平台对目前主流的H.264、H.265、VP8与VP9不是都完全支持。

（4）应用程序框架规范。云游戏的服务运营模式与传统端游和手游不同。因此需要根据云游戏产业链的变化，在云平台上定义统一的API接口规范，方便游戏产业链中的开发者进行开发。

但这并不意味着没有公司对行业标准作出贡献。其中2019年10月，华为联合网易发布的《云游戏体验白皮书》，为业界首个云游戏体验模型。在2020年3月，腾讯联合深圳市标准技术研究院发布了《云游戏参考架构与安全要求》，其为国内首个发布的云游戏标准。此外，大量的技术要求和标准正在制定中。其中5G云游戏联盟在2020年10月发布的《云游戏标准体系研究报告》给出了国内外首个云游戏标准体系架构，覆盖了云游戏应用、开发平台、服务平台、云游戏平台、终端侧、网络侧六项产业要素。此外，该研究报告还加入了安全类标准体系（见图2–94）。

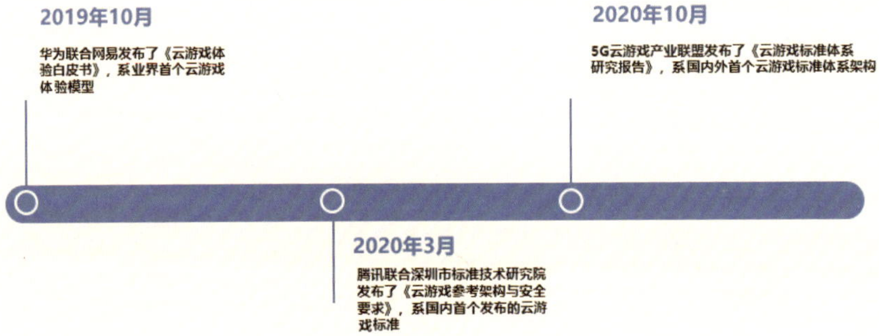

图2–94　云游戏行业标准的发展

资料来源：《云游戏关键技术研究报告》。

云游戏的产业链由软硬件提供商、云计算服务商、游戏开发商、云游戏运营商、通信运营商、终端设备厂商组成（见图2–95）。

上游：（1）游戏开发商（为云游戏平台提供游戏内容的研发）；（2）云计算服务商（用其IDC资源为云游戏提供算力及存储服务）；（3）软硬件提供商（提供依托CPU/GPU硬件和通用操作系统软件环境，提供云游戏的云渲染）；（4）通信运营商（提供5G网络服务）。

中游：云游戏运营商（使用云化技术，负责游戏指令流和视频流的编解码，负责云游戏平台的搭建和运营）。

下游：终端设备厂商（手机、PC、平板等终端厂商）。

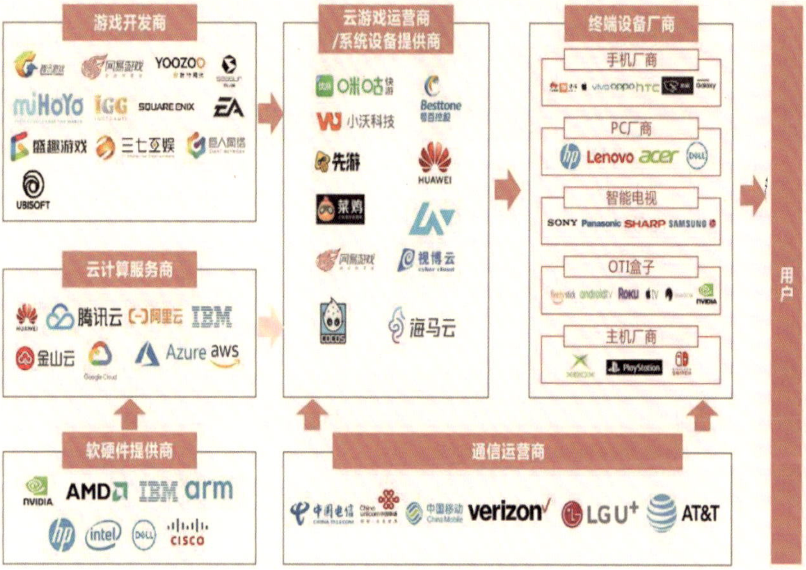

图2-95　云游戏产业链

资料来源：《云游戏产业发展白皮书（2020）》。

云游戏市场规模可观，并且将迎来迅速发展。预计用户人数将在2025年达到8.5亿人。根据5G云游戏产业联盟统计分析，2019年中国云游戏用户为0.58亿人，但预测经过3年的发展后，预测用户规模将在2022年达到5.57亿人。相比2019年增长约860%。如此快速的增长得益于5G网络和终端的进一步普及。近年来，5G网络的覆盖和服务质量得到了明显的改善，5G终端销量和5G使用人群基础大幅上升（见图2-96）。

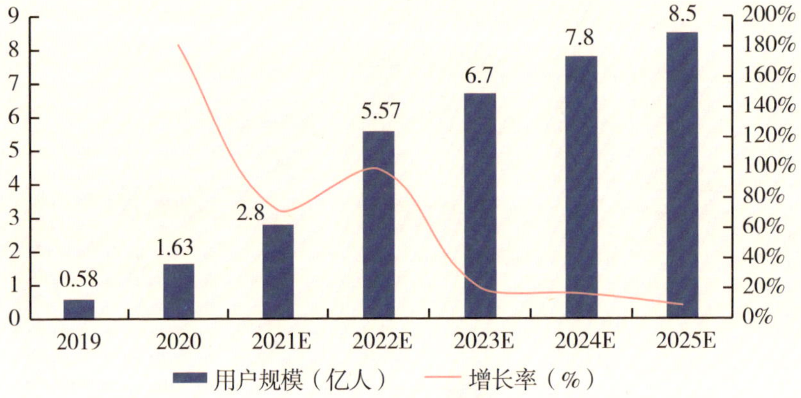

图2-96 2019—2025E中国云游戏用户规模以及预测

资料来源：《云游戏产业发展白皮书（2020）》。

随着云游戏产业进一步成熟，云游戏整个行业的宏观环境持续保持积极状态。市场规模预计将在2025年达到1 020亿元。随着时间的推移和用户对云游戏接受程度提高，市场规模持续和快速扩大（见图2-97）。

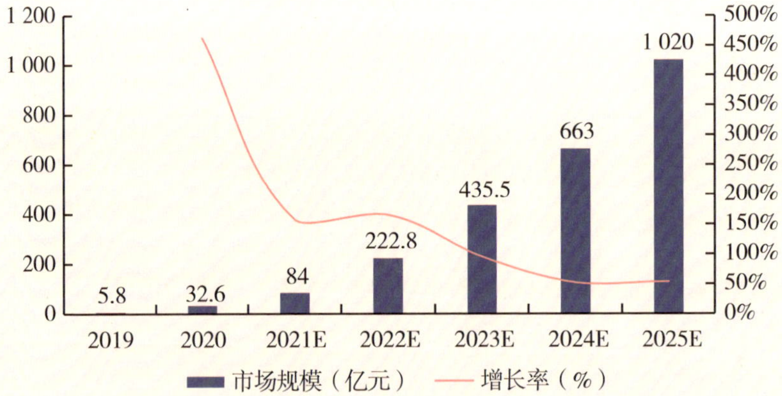

图2-97 2019—2025E中国云游戏市场规模以及预测

资料来源：《云游戏产业发展白皮书（2020）》。

相比于整体游戏用户的年龄分布，大部分云游戏玩家为低龄玩家。25岁及以下玩家占据云游戏玩家比例的大约79%，其中18岁以下玩家占据总体比例的51.43%（见图2-98）。

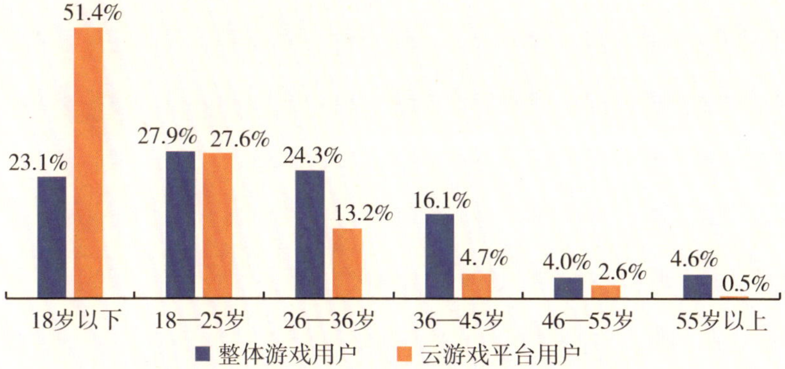

图2-98 整体游戏和云游戏玩家的年龄分布

资料来源：《云游戏产业发展白皮书（2020）》。

超两成的用户对云游戏没有付费行为，46.1%的用户累计付费金额在50元内，累计付费金额超过200元的用户仅占5%，说明当前云游戏还有很大的成长空间，用户还未完全形成对云游戏的付费习惯（见图2-99）。

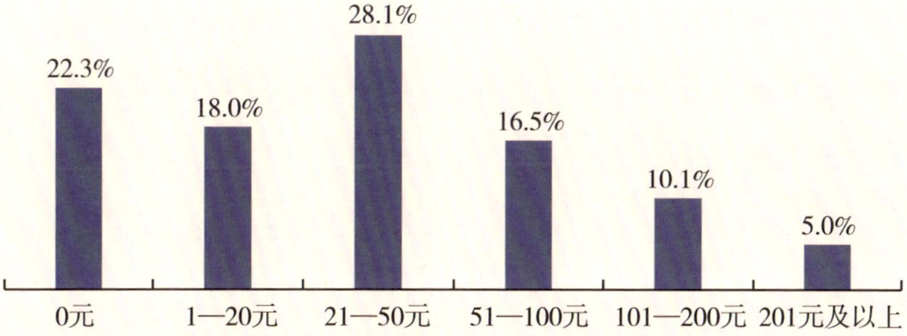

图2-99 云游戏用户累计付费情况

资料来源：艾媒咨询。

METAVERSE +

3

科技公司的元宇宙布局——国外篇

3.1

Facebook：全球元宇宙领军者

3.1.1 Facebook成长之路复盘

如图3-1所示，通过每个发展战略的不同，Facebook发展至今的成长之路可分为三个阶段：（1）第一阶段。以Facebook为主体，全球化发展。（2）第二阶段：收购之路，通过不断收购，形成5大社交产品矩阵（Facebook、Messenger、Instagram、WhatsApp以及Oculus）。（3）第三阶段。以社交为起点，拓展电商、支付和智能硬件业务。

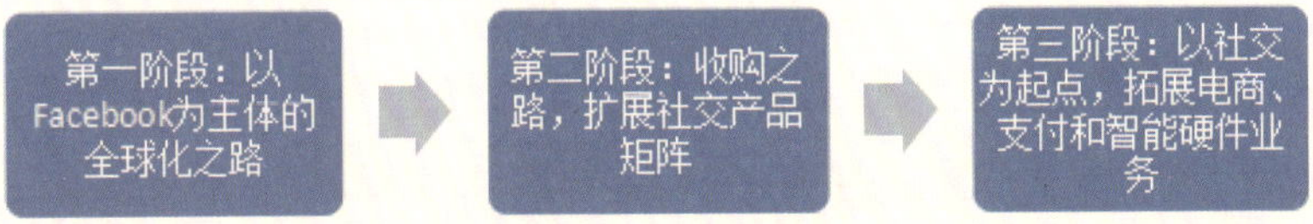

图3-1 Facebook发展的三大阶段

资料来源：36氪。

第一阶段（2004—2011年）。以Facebook为主体，全球化发展。2004年，大二学生扎克伯格在哈佛宿舍内创建了Facebook。

2004—2005年，Facebook完成从高校到美国全民用户泛化；2006—2007年，Facebook从社交网络升级成开放平台；2008—2011年，Facebook开始全面铺开全球化战略布局。截至2012年初Facebook正式登陆纳斯达克时，公司社交网络已初具规模，用户覆盖全球（见图3-2）。

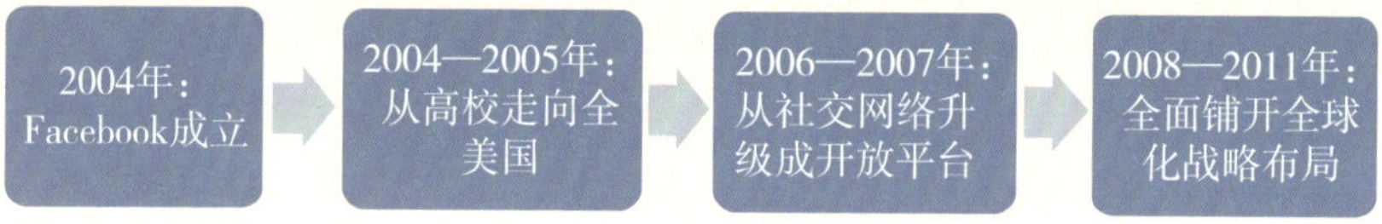

图3-2　以Facebook为主体的全球化发展

资料来源：36氪。

第二阶段（2012—2016年）。通过不断收购，形成五大社交产品矩阵。2012—2016年，Facebook在稳固全球社交媒体龙头的地位后，不断外延并购，形成如今的五大社交产品矩阵：Facebook、Messenger、Instagram、WhatsApp以及Oculus。其中，Messenger是从Facebook中剥离而来，Instagram是2012年其以近10亿美元买下的，而WhatsApp和Oculus则均是2014年耗费巨资收购而来。从定位看，Facebook和WhatsApp相对大众化，Instagram主要面向年轻群体，Messenger还曾推出Kids版瞄准13岁以下用户。同时，Facebook和Instagram分别对准偏爱文字和图片的用户，WhatsApp加入了企业用户和支付功能；而Oculus则是Facebook布局VR、从软件拓展至硬件的重要一步。至此，Facebook已完成差异化的产品矩阵，较好地覆盖了需求不同的客户群（见图3-3）。

时间	收购对象	领域	价格
2012.04	Instagram	照片分享	10亿美元
2012.04	Face.com	面部识别	1亿美元
2012.05	Lightbox	博客应用	未披露
2014.02	WhatsApp	即时通讯	190亿美元
2014.03	Oculus VR	虚拟现实	20亿美元
2014.06	Prvte	企业服务	数千万美元
2015.01	Wit.ai	语音识别	未披露

图3–3 Facebook收购之路的部分交易

资料来源：36氪。

第三阶段（2012—2016年）。以社交为起点，拓展电商、支付和智能硬件业务。社交产品矩阵布局完成之后，Facebook不断探索各个社交产品的盈利模式——从Facebook传统的信息流广告盈利模式到Instagram的Story广告盈利形式。而“剑桥分析事件”的发展促使Facebook战略转型，即从公开分享的信息流转向私密聊天的消息应用，其收入来源除了广告之外还增加了支付和电商来源。

3.1.2 Facebook元宇宙之路深度复盘

我们梳理了Facebook布局元宇宙的三条脉络：（1）第一条线。收购VR设备厂商Oculus切入硬件市场，让VR正式破圈。

（2）第二条线：布局区块链以及收购VR游戏平台不断丰富内容端。（3）第三条线。全面布局元宇宙，打造聚合型的元宇宙平台。Facebook多年之前就切入了VR/AR市场，积累了丰富的VR/AR内容和技术，为发展元宇宙打下了坚实的基础，引领全球元宇宙发展的浪潮（见图3-4、图3-5）。

图3-4　Facebook布局元宇宙时间图谱

资料来源：Facebook官网，Financial Times、中国科技新闻网等各大新闻网站。

图3-5　Facebook布局元宇宙的三条脉络

资料来源：Facebook官网，Financial Times、中国科技新闻网等各大新闻网站。

（1）第一条线。收购VR设备厂商Oculus切入硬件市场，让

VR正式破圈。2014年3月，Facebook以20亿美元收购了Oculus VR，切入元宇宙硬件市场。这一收购价格中包含4亿美元的现金，外加2 310万股Facebook普通股。Oculus作为一家创业公司诞生于Kickstarter，该公司在Kickstarter上发布了虚拟现实游戏眼罩Oculus Rift，项目上线四小时后即成功实现融资目标（25万美元），上线第一天融资金额已经突破66万美元，最终获得融资240万美元。公司因针对游戏设计的Oculus Rift头戴设备而闻名，Oculus Rift主打沉浸式感受，获得E32013年度“最佳硬件奖”。它内置3D立体显示器和多个运动传感器，可带给人们数十年来科幻小说所描述的体验。将Rift捆绑在头上，启动一款兼容性游戏，人们会进入一个由计算机创造的完全浸入式的环境，如一场比赛、一个电影场景，或者一个遥远的地方。目前，Facebook有1万名员工在研发AR/VR设备，占员工总数近1/5。

如今，Facebook旗下的Oculus Quest系列已经成为VR头显的标杆性产品。Super Data的统计数据显示Oculus Quest2 2020Q4单季度销量达109.8万台，同期第二名Play station VR的销量仅12.5万台；根据RecRoom的数据，假设21Q1—21Q3单季度销量维持100万台，Q4旺季销量200万台，得到2021年Oculus Quest2保守预计销量500万台；假设21Q1—21Q3单季度销量维持200万台，Q4旺季销量400万台，得到2021年OculusQuest2乐观预计销量900万台。综上，Oculus Quest2 2021年全年销量有望达到500万—900万台（见图3-6、图3 7）。

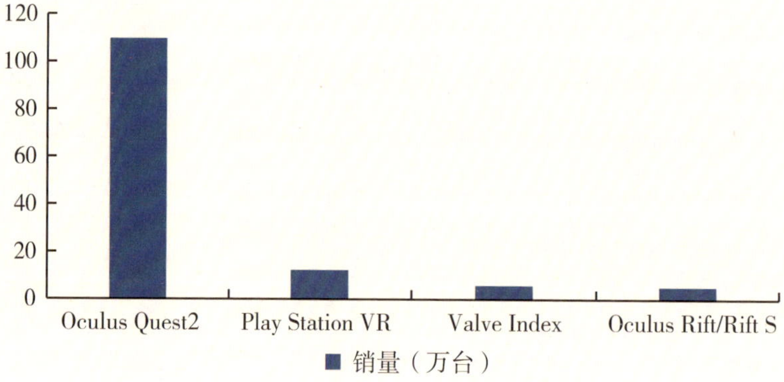

图3–6　2020Q4 Quest2与其他竞争者销量的对比

资料来源：SuperData。

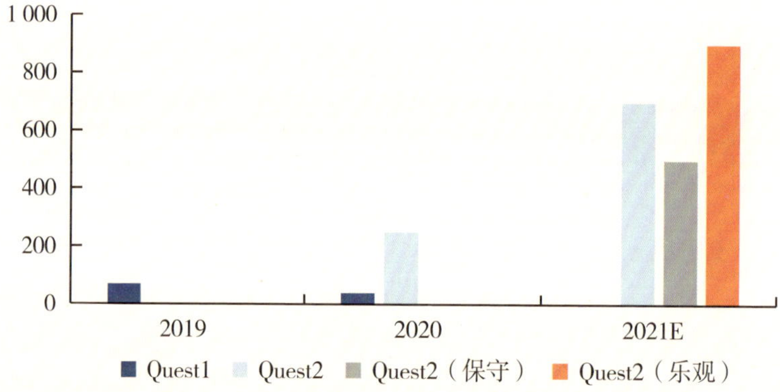

图3–7　2021年Quest2销量（单位：万台）

资料来源：RecRoom。

（2）第二条线。布局区块链以及收购VR游戏平台不断丰富内容端。2019年6月，公司发布Libra虚拟货币。2019年6月18日，Facebook旗下全球数字加密货币Libra官方网站正式上线，公司正式发布Libra虚拟货币。Libra既保留了加密货币的去中心化原则，又拥有支撑其作为“一般等价物”的价值基础，在支付和转账方面更加稳定。在Visa等支付巨头的支持下，Libra有望服务数十亿互联网用户，甚至能够实现为没有银行账户的人提供金融服务。

2021年6月，Facebook收购了Big Box VR和Unit 2 Games，Facebook近两年收购了5个VR游戏工作室：2021年6月，Facebook收购了Big Box VR，它是逃杀类游戏“POPULATION：ONE”的制作方，同时，Facebook还收购了“Crayta”的发行商Unit 2 Games，用户可以在平台上开发和分享游戏。Unit 2曾开发免费游戏创作平台《Crayta》，该平台基于Unreal Engine，支持玩家自建多人游戏内容、自定义虚拟形象等玩法，类似《Roblox》。过去两年来，Facebook通过收购多个工作室扩充了其内部VR开发能力，比如在2019年11月，Facebook正式收购风靡全球的VR音乐节奏游戏《Beat Saber》的开发商Beat Games。通过收购Beat Games工作室，Oculus Studios收获了一批富有开发经验的开发者，并承诺让工作室保持独立运作。而Facebook也将为Beat Games提供更多资源用于产出更多VR内容（见图3-8）。除了Big Box VR和Beat Games外，Facebook还收购了Sanzaru Games、Ready at Dawn和Downpour，Big Box VR是Facebook收购的第五个VR游戏工作室（见图3-9）。

2021年10月30日，Facebook全资收购VR健身应用Supernatural开发工作室Within。这是Facebook更名Meta后完成第一次收购。本次收购一方面表明Facebook将继续专注在优质内容上的投资和收购；另一方面，Facebook将在VR健身、VR健康领域发力，毕竟此前在Quest 2线下广告中就大幅采用VR健身的元素去推广。

图3–8 Facebook收购了VR音乐游戏《Beat Saber》

资料来源：《Beat Saber》官网。

图3–9 Facebook收购了VR游戏平台Big Box VR

资料来源：《Big Box》官网。

（3）第三条线。全面布局元宇宙市场，打造聚合型的元宇宙平台。2021年“元宇宙”概念兴起，Facebook全面布局元宇宙。

①2021年5月，扎克伯格在专访中说道："我们希望让尽可能多的人体验虚拟现实，并能够完全融入'元宇宙'的世界。想象一下，在'元宇宙'中，人们可以超越任何边界和限制，去往任何一个梦想之地。你可以与老伙伴们同行，也可以结交一群新朋友。将实现这些体验为目标，确实是我们作为一家科技企业的主要生计所在，也是我们的业务所在。"

②2021年7月，扎克伯格在财报电话会议上宣布，Facebook将在五年内转型成为元宇宙公司。

③2021年9月，Facebook宣布推出为期两年的XR计划并成立5 000万美元的外部投资基金，用于研究元宇宙相关技术。

④2021年10月，Facebook 计划未来五年在欧洲招聘1万人建立元宇宙。选择欧洲的原因是其有庞大的消费市场、一流的大学和一流的人才，以及欧洲在塑造互联网新规则方面发挥着重要作用。

⑤2021年10月26日，在公司第三季度分析师会上，扎克伯格表示2021年要投100亿美金在元宇宙领域，未来十年持续投入。此外，从第四季度开始，Facebook将把Facebook Reality Labs作为单独部门披露财务数据。

⑥2021年10月28日，Facebook更名为"Meta"，一个新的元宇宙纪元正式拉开帷幕。2021年10月28日，在Facebook Connect的年度大会上，Facebook宣布，公司名将更改为"Meta"，这是元宇宙Metaverse的前缀，意思是包涵万物无所不联。同时，公司自2021年12月1日将开始按新的股票代码"MVRS"交易。在成立了17年8个月后，Facebook正式战略转型，曾经的大拇指标

志被撤下，取而代之的是一个类似于“无穷”的新标志和一个新名字——Meta。一个新的元宇宙纪元正式拉开帷幕。

⑦2021年11月2日，Facebook扎克伯格宣布开发了一种全新的开源触摸感应“皮肤”ReSkin。电子皮肤是一种可以让机器人产生触觉的系统，让机器人感知到物体的地点和方位以及硬度等信息，可以模拟、换取甚至取代人体皮肤，ReSkin可以帮助研究人员快速地、大规模地提高AI的触觉感应能力。电子皮肤与VR技术结合，能创造更为有机的交互式体验，在电子皮肤的加持下，与虚拟对象的交互将变得更加自然和直观，极大提升AR体验。

⑧2021年11月6日，Facebook在公司会议上讨论了在全世界开设实体零售店的想法，用来展示Facebook旗下的VR头显以及AR眼镜等产品。Facebook打造这些零售店能给用户带来更多身临其境的体验，此外，它们还能激发用户的“好奇心、亲密感”等情绪，提高用户的购买意愿。这些设备将是通往元宇宙的门户，在Facebook打造的元宇宙世界中，人们可以工作、玩耍、学习并与他们的朋友和家人联系。参考扫地机器人、PS游戏主机的发展路径，我们预计未来3—5年内，对于年轻人以及拥有小孩的家庭来说，VR/AR产品将是标配设备，元宇宙将逐渐进入每家每户。

⑨2021年11月17日，Facebook宣布研发触觉手套，真正解决了虚拟世界中触感的问题，包括如何定位虚拟位置、提高佩戴设备舒适度、神经准备回传、多项任务同时执行等。引入电子触觉皮肤和触觉手套后，用户手上的细微运动不仅可以被检测到，还可以用来操纵和与虚拟环境进行交互。另外一个非常重要的场

景是：电子皮肤和触觉手套也可以搭配假肢使用，它们可以与假肢设备相结合，帮助用户更容易地进行交互，也可以应用在机器人领域，助推机器人技术的进展。

3.1.3 Facebook未来的元宇宙世界展望

告别Facebook，拥抱元宇宙，是扎克伯格为公司定下的下一个十年战略。扎克伯格所设想的元宇宙，早已脱离了社交这个领域，目标就是要建立一个数字虚拟新世界。公司将在社交、工作、教育、游戏等各个领域发力，把人们日常生活的方方面面都囊括其中。

（1）社交。自定义空间与虚拟形象，在元宇宙世界里面对面沟通。公司推出的Horizon平台能够让人们自定义空间与虚拟形象，在元宇宙世界里面对面沟通。在Facebook Connect的年度大会上，公司推出了Horizon平台上的VR新功能——Horizon Home。人们可以在VR中随心所欲地构建自己“家”。比如，你和朋友的聚会空间设计成太空舱，每个人的虚拟形象也可以自由定义和选择，可以“捏”一个自己、一个个性张扬的卡通人物甚至是一个机器人形象。朋友们能一起聚会、看电影、玩游戏，也可以一起通过Horizon Venues功能去参与一场身临其境的音乐会或虚拟演出。此外，Facebook进一步更新了Quest上的Messenger功能，进一步拓展了现实与虚拟世界之间的社交联结。现在，可以在Horizon中直接拨打Messenger给朋友，并在虚拟世界中与在现实世界的他们对话（见图3-10、图3-11）。

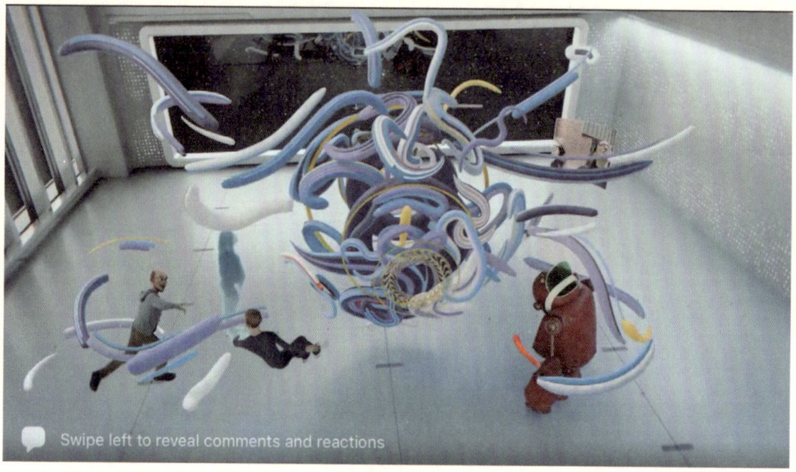

图3–10 《Facebook Connect》宣传片

图3–11 《Facebook Connect》宣传片

（2）工作。多款元宇宙办公程序上线，助力虚拟世界办公越来越高效。Slack、Dropbox等2D应用程序上线Horizon，在VR世界里办公越来越高效。在工作方面，Facebook推出了Horizon Workrooms的功能，虽然引起了不少关注，但很多人认为目前只是噱头缺乏实用场景。但Meta此次又推着元宇宙办公概念再往前走了一步。为了让你在VR世界里的工作更加便捷、高效，扎克伯格宣布将在Horizon Workrooms中集成更多可用于多任务处理的2D应用程序，包括Slack、Dropbox、Mural、Pluto TV等。而未来，一些Oculus应用也将模糊VR和2D应用之间的界限，例如，Horizon Workrooms将在不久后支持Zoom的通话。此外，新的业务产品将为Quest设备带来Quest for Business工作功能，包括使用工作账户登录Quest2，并为企业提供账户管理、IDP和SSO集成、移动设备管理等。这项功能将于2021年开始测试，2022年进入公测阶段，2023年全面上市。而在个人的Horizon Home中，Facebook也在日常休闲、社交的功能外添加了个人办公空间的功能，人们还可以自定义设计工作空间，同时也可以使用Slack、Dropbox等集成功能。

（3）教育。打造沉浸式学习体验，设立专项基金发力元宇宙教育。元宇宙的到来将重塑未来的教育方式，公司将设立1.5亿美元教育专项开发基金。扎克伯格认为元宇宙的到来将重塑未来的教育方式。VR/AR将成为强大的教学工具。Facebook希望在元宇宙中建立一个强大的学习生态系统，并为此设立了一个1.5亿美元的专项基金。首先，它将创造一种沉浸式的教育体验。比如人们想学习行星知识，戴上AR眼镜后，巨大的行星就会出现在人们面前，人们可以把它们拉近拉远，清晰地看到它们的纹理和特点。如果人们想学习古代建筑知识，可以直接“穿越”到那个时代，亲身体验、见证伟大建筑的是如何建成的（见图3-12、图3-13）。

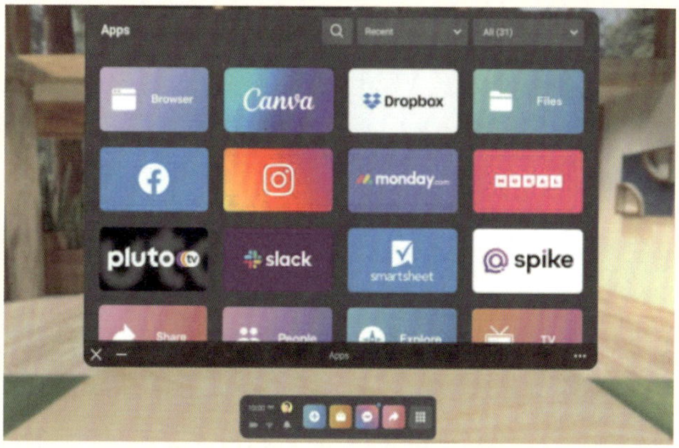

图3–12 《Facebook Connect》宣传片

图3–13 《Facebook Connect》宣传片

（4）游戏。多款元宇宙游戏将上线，未来游戏的边界进一步扩大。对于元宇宙各项功能的实现现在仍然还处于早期阶段，但游戏无疑是目前最能被普通消费者理解和接受的切入口。此前，Quest上的Beat Saber、Population等VR游戏取得了很多人的喜爱，而现在Meta将进一步扩大其平台上VR游戏的阵容。继上线《生化危机4》之后，扎克伯格在Facebook Connect上宣布这个大IP也即将第一次以VR形式在Oculus Quest2上推出，届时，玩家们将在以洛杉矶和拉斯等城市为原型的开放世界中穿梭，更加有身临其境的刺激感。此外，在Facebook Connect上扎克伯格也展示了更多关于在元宇宙进行游戏的愿景，并不只是局限于某一个游戏本身，而是将其嵌入日常生活。比如，通过增强现实与朋友玩国际象棋、一起跟朋友击剑、通过VR与朋友打篮球等等。这些带有游戏性质的健身功能将很快上线Oculus，让人们能够在新世界中通过与AI或朋友对抗来进行锻炼（见图3-14、图3-15）。

图3-14 《Facebook Connect》宣传片

图3-15 《Facebook Connect》宣传片

3.2

Roblox：元宇宙雏形

Roblox已具备元宇宙雏形。Roblox成立于2004年，其提供简洁实用的创作工具，帮助内容创作者产出丰富有趣的UGC游戏内容，并吸引玩家来到平台游玩；近年来公司加速发展，成为风靡全球青少年群体的在线游戏平台。2021年3月10日，Roblox成功通过DPO直接上市方式登录纽交所，上市首日公司股价收涨54%。基于现象级的内容创作生态带来的游戏自由度和出色的用户活跃度，Roblox也成为现阶段公认的元宇宙雏形。

受新冠肺炎疫情推动，其用户活跃度、黏性与付费大幅增长。据招股书披露，2020年Roblox日活用户达到3 260万人，同比增长85%。截至2021年Q1Roblox日活用户达到4 200万人，同比增长79%。受疫情隔离政策推动，用户线上活跃度增加。2020年Q1—2021年Q1平台用户总时长从48.8亿小时增长至96.7亿小时，同比增长98%。单用户行为方面，2021年Q1同比增长11%，平均每个日活用户每日消耗2.6小时，2020年Q1以来单日活用户贡献时长保持增长趋势，表明平台用户黏性持续增加；2021年Q1单用户季度贡献流水达到15.5美元，疫情以来单用户贡献流水增长率由负转正，表明疫情期间新增用户迅速适应平台并成为成熟用户，新获取用户质量较高。Roblox产品包含Roblox客户端、Roblox Studio和Roblox Cloud。Roblox客户端是允许用户探索3D数字世界的应用程序，其特点有：支持多种设备；提供沉浸式体验。Roblox Studio是一个允许游戏开发者和虚拟物品创作者构建、发行和运营3D体验和其他内容的工具平台，主体本质是一个开放的游戏引擎，其特点有：完全免费且学习成本极低；为开发者提供开发者中心、新手教程、社区论坛、教育者中心和数据分析工具等多方面支持；除了游戏创意与开发，Roblox Studio还为开发者提供发行、渠道等全套服务。Roblox Cloud则包括为Roblox的用户共同体验平台提供支持的服务和基础设施，其特点有：拥有基于自有基建的云架构；即点即玩，有望实现全球同服（见图3-16）。

图3-16　Roblox与腾讯合作的罗布乐思

资料来源：罗布乐思游戏官网。

Roblox中活跃的开发者生态和用户生态产生了飞轮效应。公司致力于打造优质UGC游戏平台，活跃的开发者社区增强了平台对于用户的吸引度和黏性，更多的用户在平台游玩消费并为内容创作者带来丰厚的收入从而激励更加活跃的开发者生态，形成飞轮效应。此外，平台社交属性强同时用户活跃度高，通过强大的社交关系保持了较低的获客成本和极强的社区黏性。

3.3

《多边形世界》——国内VR社交软件的先行者

《多边形世界VR》是国内少有的跨端VR社交平台。《多边形世界VR(Polygon world)》是杭州虚拟人科技基于UE4引擎研发的跨端VR社交平台，可以支持电脑、手机、VR三端设备进行跨端联机社交体验。平台环境以真实城市的数据场景作为社交环境背景，例如杭州、新加坡、巴黎、纽约等，据其团队介绍，未来会逐步开放全球各地主要城市场景地图。团队综合多方面考量，将《多边形世界VR》设置为简约的Low Poly美术风格。在《多边形世界VR》中，用户可以在简约的三维城市场景中进行“空间社交”体验，每个城市有独特的城市地标作为社交场景，例如杭州西湖、新加坡帆船酒店等(见图3-17)。

《多边形世界VR》具备如下三大内容：

(1)跨端联机:《多边形世界VR》在支持VR端的同时，还支持电脑和手机端。社交型平台最关键的指标就是用户体量。虽然VR用户量在加速增长，但在国内，甚至全球的VR用户体量比起其他设备都显得十分稀少。这个时候跨端就成了一种极大的优

图3-17 《多边形世界》——国内VR社交软件的先行者

资料来源：公司官网。

势，可以尽可能地形成基础用户群体。除了用户群体的培养之外，跨端还体现了“方便”属性。杭州虚拟人科技CEO倪志力告诉陀螺君，目前《多边形世界VR》做到的多端联机体验，可以方便用户在任意场景的计算机设备上接入平台。对于既想要通过VR设备，沉浸式社交的用户和先通过PC、移动端“尝新”的用户而言都可兼得。多边形平台不仅支持全场景多人语音，还可以进行多人游戏竞技。

（2）虚拟城市：大部分电脑与手机端社交产品使用2D软件界面进行操作体验，《多边形世界》提出“空间社交”概念，将虚拟城市与场景作为社交场所，而海外的Rec Room、VR Chat以及Facebook的Horizon Workroom都以“聊天室”的形式来模拟社交场景。《多边形世界VR》在房间形式之外，增加了虚拟城市作为链接用户社交的桥梁。目前，在平台正在制作的有杭州、新加坡、深圳、巴黎、纽约、赫尔辛基、东京、悉尼等全球20多个城市。

在城市地图开发方面，虚拟人科技通过自研AI算法将城市数据和星球地理数据进行场景生成建模。据了解，生成一个城市的时间是1—2周。快速建模后，之后再根据平台功能需要进行手动设置调整。虚拟城市中有住宅、电影院、博物馆、商店、足球场等体验场景及不同城市的核心景点、标志性建筑，如杭州西湖、北京鸟巢、新加坡帆船酒店等，用户可以在不同的场景下实现“云游览”“云游戏”“云社交”。虚拟城市十分完整，但也做了大量优化、简化、风格化，以适配性能有限的VR设备。如在虚拟杭州，玩家可以横跨整个地图，从西湖沿钱塘江一路跑到千岛湖景点（见图3–18）。

图3–18 《多边形世界》中的虚拟城市

资料来源：《多边形世界VR》官网。

（3）社交游戏：在《梦幻西游》《魔兽世界》等大型网络游戏中，常常需要丰富的系统玩法和虚拟经济体系维持虚拟世界的稳定发展，让玩家在其中进行体验探索。《多边形世界》定位为社交平台，但也包含丰富的多人社交游戏体验，如“VR吃鸡战场”“多人足球”等，平台将在未来版本中逐步完善更多社交游戏体验与经济系统以满足用户体验需求。“就像QQ和QQ游戏一样”创始人倪志力曾任职网易，有超过10年游戏与VR从业经验，曾从事大型网络游戏运营与系统经济设计等研发工作，参与过多款大型MMORPG、SLG游戏运营研发，也是Roguelike类型的次世代冷兵器格斗游戏《三国虎将传VR》游戏制作人。在未来版本的《多边形世界VR》中，虚拟人科技团队将为大家带来更多新型游戏技术与创新VR体验。

3.4

Valve：以爆款内容撬动 VR 商业价值

Valve的VR战略分两步走：第一步，设计具有“大众吸引力”的爆款VR游戏，以驱动数百万的用户购买VR头显；第二步，通过VR游戏开发者的需求来构建更好的VR硬件。

硬件方面，Valve Index VR头显连续50周入围Steam销售额最高产品的前十榜单，2020年7月Steam VR活跃设备前三位分别为Quest2、RiftS以及Valve Index，占比为16.23%。Valve Index定位中高端PCVR，其特点是分辨率最高可达144Hz（实验性模式），且配备支持五指追踪的Index手柄，分辨率达单目1 600 × 1 440，相比之下同样采用LCD屏幕的Quest2分辨率已经达到单目近2K，但最高刷新率仅为120Hz。

内容方面，VR游戏《半条命：Alyx》上线以来高居Steam评分榜前列，获外媒IGN10分满分好评。《半条命：Alyx》在交互性、细节以及关卡设计方面为VR游戏订立全新的标杆，于2020年3月推出后的6个月内总销售额达到1.14亿美元。

3.5

HTC：All In VR，持续优化 Vive 生态

硬件方面，HTC2021年最新推出VR一体机VIVE Focus3、PC VR VIVE Pro2。HTC VIVE Focus3搭载性能强劲的高通骁龙TMXR2平台，并拥有5K分辨率、90Hz刷新率及120度视场角。HTC VIVE Pro2具备高达5K的双眼分辨率、120度广阔视场角、亚毫米级追踪精度以及120Hz屏幕刷新率，也是首个支持显示流压缩技术的PCVR头显，可以在现有带宽下提供无损的视觉数据压缩，保持与Display Port1.2显示端口向后兼容（见图3-19）。

软件方面，HTC推出全新的XR软件及服务解决方案VIVE BUSINESS，包括应用商店、设备管理及培训系统等应用组件，旨在为企业用户提供可靠的VR解决方案。

内容/平台方面，HTC Viveport主打中国市场，同时能为多达60个国家及地区的Vive用户提供服务。纵观如今的Vive产品线，包括Cosmos系列、ProEye系列、Pro系列、VIVE系列等，Viveport作为串联全系产品的通用平台，其对商业应用、游戏娱乐、教育普及等不同种类内容的整合使其在生态战略建设上与Steam平台形成鲜明对比。与此同时，Viveport兼容初代HTC Vive、Oculus Rift、Windows MR、Valve Index等主流PC VR头显，并且通过

Vive Wave平台将Viveport无限会员服务覆盖到国内绝大多数移动VR设备用户。

对外合作方面，HTC Vive推出了ISV合作伙伴计划（VIVE Independent Software Vendor Program）。加入该计划的开发者能够获得HTC Vive提供的研发早期软件、硬件及独家支持。

图3–19　VIVE Pro 2专业版套装

资料来源：HTC VIVE官网。

3.6 微软：专注AR和企业元宇宙，未来再加入游戏场景

立足Windows操作系统，大力发展云计算，前瞻布局元宇宙。微软公司成立1975年4月4日，其发展历程横跨PC互联网、移动互联网两大阶段：

（1）PC互联网时代：立足Windows操作系统和IE浏览器。微软的Windows操作系统在PC互联网时代充当了一个重要的角色，其一直占有PC操作系统最大的市场份额，尤其是在早期PC互联网时代，其市场占有率超过90%；但是随着时间推移，Windows操作系统市场份额逐渐下降，从2009年Q1至2021年Q1，其PC操作系统市场占有率从95.34%下降到75.9%，但是仍然占据PC操作系统的主导地位。Windows操作系统能够占据庞大的市场份额是得益于该操作系统的高兼容性和高度开放的生态系统。同时，网页浏览器也是互联网时代必不可少的。网页浏览器能够从网络上检索信息和将数据翻译成文本和图像，并将其显示在用户终端上。在1995年，微软推出了网页浏览器：Internet Explorer（IE浏览器）。随后IE浏览器和Windows操作系统捆绑使用，这使得微软稳固了其在网页浏览器领域的市场份额（见图3-20）。

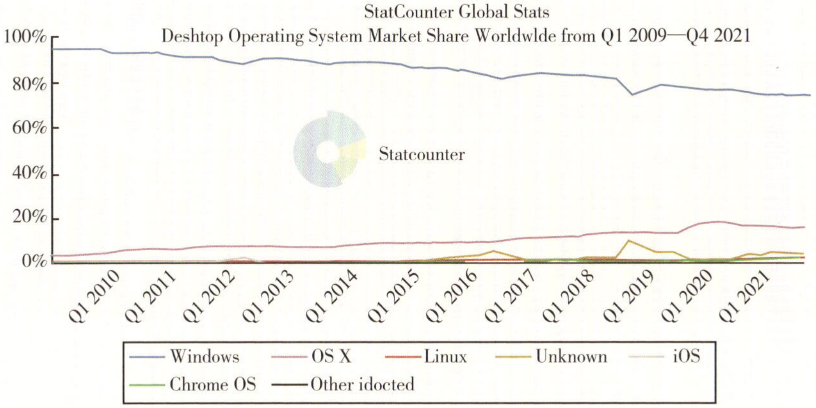

图3-20　各桌面操作系统市场率

资料来源：StatCounter。

（2）移动互联网时代：大力发展云计算。微软积极致力于强化其在云计算领域的竞争优势，其在2015年之后的战略为云优先和AI优先，可见微软对云业务的重视程度。Windows Azure是微软高度重视的产品之一，微软在全球拥有超过60个Azure区域，其数量多于任何其他云提供商。Azure有高度的灵活性，用户可以使用Azure随时随地地生成、管理以及部署应用程序来解决问题。

2021年11月2日，微软宣布全面布局元宇宙，首先聚焦于“企业元宇宙”，未来加入游戏场景。11月2日，在一年一度的Ignite 大会上，微软宣布计划将旗下Microsoft Teams变成元宇宙，把MR平台Mesh融入Teams 中，并表示Xbox游戏平台将来也要加入元宇宙。微软的元宇宙首先聚焦于“企业元宇宙”，旗下MR（混合现实）平台Microsoft Mesh将融入Microsoft Teams，该应用的第一个功能是创造一个具有3D化身的Microsoft Teams聊天和会议场景，预计到2022年这一平台将上线。Xbox游戏平台也将加入元宇宙。Xbox是目前全球三大游戏主机之一，微软旗下的热门游戏《我的世界》《光晕》等用户基数庞大，预计在元宇宙游戏市场，微软也将大有作为（见图3-21）。

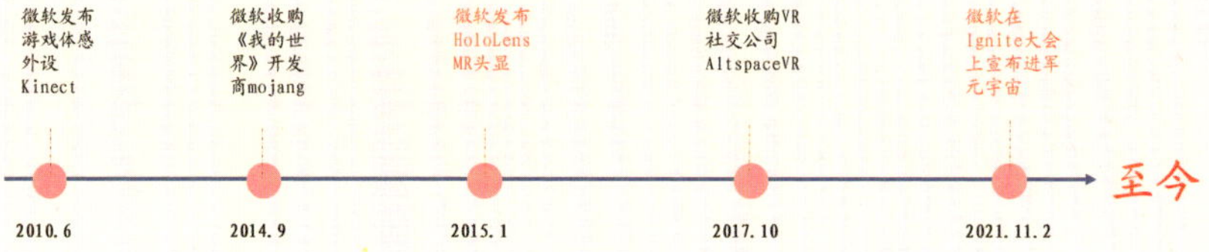

图3-21　微软布局元宇宙时间图谱

资料来源：Financial Times、中国科技新闻网等各大新闻网站。

微软早在2010年就进行了AR领域探索，目前在AR硬件市场份额全球领先。Kinect是微软AR头显HoloLens的前身，Kinect是微软在2010年为Xbox360游戏主机推出的操控外设，能把用户的手势、姿态转变为输入指令。在当时的背景下，Kinect是彻头彻尾的黑科技。同时代的Wii和PSStation，都需要用户手持一个控制器，才能实现姿态输入，而Kinect完全依靠摄像头就解决了，而且解决得更好。2017年10月，微软正式停产Kinect，彼时，它共销售出了约3 500台。Kinect虽然停产了，但项目中许多技术依然在微软其他产品上应用，如微软的人工语音助理Cortana、微软人脸ID系统Windows Hello。当然，还包括集Kinect技术大成者——HoloLens。2015年1月，微软发布HoloLens头显，开发者版本售价3 000美元。如今，HoloLens已发布到第二代，预计第三代将会陆续问世。根据IDC的数据，2021年Q2，微软出货量接近2万台，同比增长26%，2021年Q2，在全球AR硬件市场中，微软以29%的市场份额占据了主导地位。IDC还指出，预计AR头戴设备出货量将加速增长，到2025年，其出货量将会从2020年的约30万台增加至2 100万台。

微软收购《我的世界》和VR社交公司，进一步丰富游戏和社交内容。2014年9月，微软收购了《我的世界》开发商mojang，《我的世界》算是元宇宙游戏的鼻祖，截至2021年4月，《我的世界》全平台销量破2.38亿，在南极洲和梵蒂冈均有售出；月活跃用户超过1.4亿人，同比增长30%；Minecraft基岩版商城总下载量超过10亿次，帮助创造者获得了3.5亿美元的收入。在2017年10月，微软还收购了VR社交公司AltspaceVR，利用AltspaceVR软件，用户可以轻松地创建VR现场活动、VR课堂、VR会议、VR聚会等场景，融合社交、教育、办公为一体。

软件方面，HoloLens运行在名为Windows Holographic的平台上，如果将HoloLens看作PC机，那么Windows Holographic平台就是操作系统。基于Windows10的Windows Holographic平台能够提供全息影像框架、交互模型、感知API和Xbox Live服务，目前在Windows商店里能够找到数百个全息UWP应用，可见其正在规模性地扩展（见图3–22）。

图3–22　Windows Holographic平台

资料来源：微软官网。

推出MRTK开发工具，助力MR应用开发。微软联合Unity推出MRTK开发工具（Microsoft Mixed Reality Toolkit），旨在帮助开发者轻松利用Unity开发跨平台开发MR应用，它同时允许开发者通过编辑器模拟轻松进行原型设计。最新的MRTK 2.7现可通过Mixed Reality Feature Tool下载，正式支持Open XR。

综合来看，微软和Facebook在硬件、用户、内容上都具备自身的优势，而在布局思路上有所不同。硬件侧，微软有MR头显HoloLens，Facebook有VR头显Oculus；用户端，Facebook其应用程序Facebook和Instagram上拥有数十亿的日常用户，而微软同样拥有数亿的游戏用户以及百万的Teams、Office日常用户；内容端，两者都拥有丰富的VR/AR应用；在布局思路上，Facebook主要布局于消费级应用场景，而微软将先专注于企业元宇宙，未来再加入游戏场景（见图3-23、图3-24、图3-25）。

Company	Company Share	YoY Growth %	Δ in YoY Growth
Microsoft	28.8%	+26.1%	+25.3
Mad Gaze	21.9%	-30.3%	-31.2
Shadow Creator	13.0%	+50.0%	+49.2
RealWear	9.4%	+58.9%	+58.0
Epson	7.2%	-11.0%	-11.8
Others	19.7%	-11.3%	-12.2
Total	100.0%	+0.8%	

* Δ in YoY Growth = Company YoY growth less total market growth (positive number indicates company gained share)

图3-23　2021年Q2微软的市场份额

资料来源：IDC。

图3–24　Unity与微软合推的hololens开发版套件

资料来源：彭博社。

图3–25　微软收购《我的世界》

资料来源：中国科技新闻网。

3.7 苹果：低调布局多年，颠覆性产品蓄势待发

苹果创立于1976年，对于PC互联网和移动互联网的发展有着卓越的贡献。

（1）PC互联网时代：苹果对于将图形用户界面和鼠标操纵电脑推广至大众市场作出了贡献。苹果在1983年推出了具有跨时代意义的个人电脑——Apple Lisa。Apple Lisa是全球第一个采用了图形用户界面（GUI）和鼠标的个人电脑，用户可以使用鼠标来操纵屏幕上的图标以选择命令、调用文件、启动程序或执行其他任务。相比于早期计算机使用的命令行界面，GUI更加直观，用户不需要学习复杂的代码也可以操作计算机。得益于GUI的普及使用，个人电脑的大众化得以实现（见图3–26）。

（2）移动互联网：在移动互联网时代，苹果推出的iPhone普及了智能手机和触摸屏技术，并且将触屏式智能手机变成了市场主流产品。随着智能手机的普及，人们越来越倾向于使用智能手机接入网络，而不是使用功能手机。随着智能手机的普及，人们不再需要依靠PC端来接入网络，智能手机使得人们可以随时随地接入网络。

图3-26　GUI截图

纵观苹果在元宇宙中的布局，我们认为，其布局早，且多集中于技术、软件及内容端，主要可分为以下三条主线：

（1）技术端：从2010年起布局，主要涉及底层技术。据智慧芽Dicsovery数据库显示，早在2010年，苹果收购瑞典面部识别技术公司Polar Rose启动 VR 布局；2013年，其收购了3D感应与动作捕捉技术公司PrimeSense；2015年，其收购了面部动作捕捉技术公司Faceshift以及增强现实初创公司Metaio；2016年，其收购了面部表情AI分析公司Emotient；2017年，其收购了混合现实技术提供商Vrvana（见图3-27）。

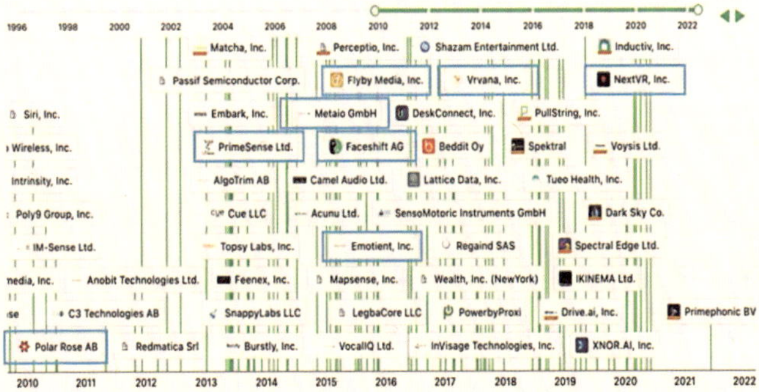

图3-27　苹果公司并购事件时间轴

资料来源：智慧芽。

苹果的VR/AR专利不断增加。在技术储备方面，苹果早在二十年前就有VR相关的专利布局，主要的专利申请集中在近10年。据智慧芽全球专利数据库资料，截至2021年11月，苹果及其关联公司在全球126个国家/地区中，共有5 056件与“AR”“VR”直接相关的已公开专利申请，其中，发明专利占比超过97%。从2017年起，苹果在这一领域的专利申请数量陡然上升，且此后年专利申请量均维持在600件以上（见图3-28）。

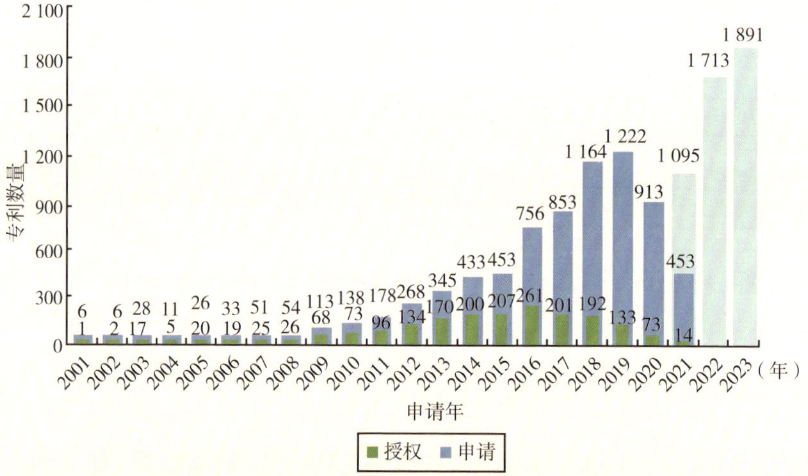

图3-28　苹果公司VR相关专利申请趋势

资料来源：ZAKER。

（2）软件端：推出AR Kit和App Clips，布局AR领域。开发者能够利用AR Kit创建AR应用程序，至于App Clips，它本身就包含AR的属性，未来能够让用户在现实世界中更容易、快捷地接入元宇宙世界（见图3-29）。

图3-29　苹果AR Kit平台

资料来源：苹果官网。

（3）内容端：不断收购内容公司，完善VR/AR产业链。苹果收购了VR/AR直播企业Next VR以及虚拟现实初创公司Spaces，并在AppleTV+流媒体视频服务中增加VR/AR内容，不断完善VR/AR产业链（见图3-30）。

图3-30　苹果收购了VR/AR直播企业Next VR

资料来源：Next VR官网。

以下是苹果元宇宙核心四问四答。

问题1：库克不太赞同元宇宙的概念，声称苹果一直做的是AR，在科技企业纷纷蹭元宇宙热度的时候，为何苹果会拒绝“蹭热度”？

回答:（1）最重要的一点，元宇宙是去中心化的模式，而苹果是中心化的模式，所以元宇宙与苹果的商业模式相悖，未来能否与目前已有的苹果生态链相兼容还不得而知。其实苹果一直都在大力发展VR/AR技术，只不过不愿意提元宇宙这个概念。（2）没有经过明确的认证之前，苹果没有必要让公司出现一个如此大的转型，苹果目前来看在全球的手机等硬件产品的销量依旧遥遥领先，不同于Facebook遇到流量增长瓶颈的境况，这也是其避而不谈元宇宙的原因之一。（3）从2020年财报可以看出，手机销售对苹果营收贡献极为突出，元宇宙时代的到来也许会伴随着新入口的到来，有一定可能挤占或替代用户对手机的需求，而与苹果公司的营收结构不同，Facebook等疯狂追捧元宇宙的公司，其更多的是希望用其元宇宙概念下头显等硬件产品在未来取代用户对手机的需求，抢占苹果的份额。（4）苹果一直以来都是一个特立独行的公司，对很多事物有着独到的理解，它要么不做，要么就做最好、最特别的，所以不排除苹果在等待一个厚积薄发的机会。比如当各大手机厂商都在堆砌相机参数的时候，苹果却坚持着自己对手机相机体验上独特的理解，一直保持1 200万像素而更加注重手机相机使用过程中的整体体验。也许在面对元宇宙这一话题时，苹果不愿在新互联网形态未出现时和相关技术未完全成熟之时，一味地追求元宇宙概念而削弱了用户在其产品上的整体体验。

问题2：显然，Meta、微软在元宇宙的布局都早于苹果，已经具备了硬件产品+软件平台+应用的布局，苹果2022年才发售AR头显，显然已经落后一步。苹果的独特优势有哪些？Meta微软和苹果这三家公司在元宇宙有竞争关系吗（社交、软件平台和硬件），各自优势在哪里？

回答：（1）苹果的优势表现在如下四个方面：

芯片优势。苹果具有优秀的CPU芯片研发能力，在目前的手机CPU芯片性能天梯图中，苹果的A15芯片排名最高。

用户体验和对开发者的吸引力。苹果对用户体验的重视是大家有目共睹的；另外，高用户体验意味着对开发者提出更高的要求，能够给开发者带来更多的收入，能够吸引更多的开发者。

品牌影响力和用户黏性。根据一项网上调研，相较于Facebook的VR设备，美国用户更愿意购买苹果的VR设备，苹果和华为一样，品牌影响力广，用户基数大，用户黏性强。

软硬件结合，打造生态圈的能力。在元宇宙发展过程中，软硬件本身也结合得越来越紧密。苹果的软硬件产品整合能力非常突出，引领了软硬件整合的趋势潮流，打造了一个苹果生态圈。

（2）Facebook的优势表现在如下四个方面：

VR设备。Oculus在全球VR领域占有率达75%，Facebook掌握了最大份额的元宇宙接口市场。

内容。Facebook的元宇宙内容侧注重于娱乐、教育等消费领域，近期不断横向扩展内容侧，未来更强调沉浸式体验：（1）娱乐。应用于游戏、影视、直播等领域，更强调沉浸式体验，人们可以“身临其境”地参与，比如虚拟演唱会、虚拟毕业典礼。2021年6月，Facebook收购了BigBox VR和Unit2 Games；Facebook近两年收购了5个VR游戏工作室。（2）工作和健身。2021年10

月29日，发布新的Horizon远程办公应用程序，应用于办公领域；2021年10月30日，Facebook全资收购VR健身应用Supernatural开发工作室Within。（3）工业。汽车有望成为元宇宙又一个重要的应用场景，Facebook与宝马等车企合作密切，未来有望往汽车领域拓展。

底层技术和基础设施。（1）视觉侧。加大3D的投入，从2D向3D转变带来全新的沉浸式体验提升。Facebook于2018年推出了3DPhotos功能，并将其作为一种与朋友和家人分享图片的全新沉浸式格式。近期持续丰富虚拟体验，从2D向3D转变，升级交互形式——2021年10月29日发布应用于Quest上的新渲染技术，将Quest应用的性能提高70%。（2）触觉侧。研发电子皮肤和触觉手套，真正解决了虚拟世界中触感的问题。（3）连接侧。发布语音转换系统XLS-R，解决元宇宙中的沟通问题；开发自己的操作系统，打破垄断。（4）区块链。2019年6月，公司发布Libra虚拟货币。（5）云计算基础设施。不断加大5G/云计算/边缘计算/云存储的投入，公司于2021年Q3提升2021全年的资本支出预期。

用户基数。Facebook在全球有超过30亿的活跃用户，Facebook的全球活跃用户数超30亿，这一数字接近微信用户数（12亿）的3倍。毫无疑问，Facebook是全球当之无愧的社交巨无霸。

（3）微软的优势表现在如下三个方面：

AR设备。微软在AR领域的占有率为28.8%，位居全球第一。

办公市场的优势。微软的元宇宙战略和Facebook不同，Facebook聚焦于消费领域，而微软聚焦于企业领域，这一领域能够与自己的Office办公软件、Windows操作系统进行复用。

Xbox游戏平台。索尼的PS游戏平台和微软的XBOX游戏平台是全球最大的两大游戏主机平台（值得一提的是，Xbox在中国、美国、墨西哥等国家占据领先地位，而PlayStation于全球市场拥有84%的巨大市占率，在索尼的发源地日本更是以98.94%的压倒性优势稳坐冠军），未来微软将把Xbox游戏平台加入元宇宙。

（4）三家公司之间的竞争关系

微软和Facebook。预计在办公领域会有竞争，办公领域微软更有优势，社交领域和娱乐领域Facebook领先。硬件方面，目前一个占据VR市场，另一个占据AR市场，无明显竞争。

苹果与Facebook。预计苹果和微软在AR市场将会出现竞争。据外媒最新消息称，苹果预计于2022年发布全新产品AR头显，拟十年内取代iPhone，媒体报道称，这款头盔的原型机重量为200—300克，最终的重量将降低到100—200克，这将比许多现有的AR设备要轻很多。由于设计复杂，预计这款头显在美国的售价将在1 000美元左右。另外，虽然苹果还没有专门的AR设备，但其目前的手机等已经支持AR功能，其系统平台上也有不少AR应用。苹果官网称："我们拥有全球最大的AR平台，拥有数亿台支持AR的设备，以及AppStore上的数千个AR应用程序。"

Facebook和苹果：苹果AR头显除了支持AR功能外，可能还会支持VR功能，预计未来与Facebook在VR领域也将有竞争（见图3-31）。

图3–31　预计苹果2022年发布全新产品AR头显

资料来源：彭博社。

问题3：苹果值得称道的就是其以iPhone为核心的硬件生态闭环，封闭的生态在元宇宙还可行吗？苹果是否会因为太过保守而错失这一轮的机遇（微软错过智能手机的发展）？

回答：（1）首先，元宇宙实现完全的去中心化很难。在监管层面，元宇宙世界和现实社会一样，需要完整的货币系统、经济秩序、社会规则、管理制度、文化体系甚至法律约束，其涉及的约束边界都需要中心化组织的参与和监管，元宇宙的公共性和社会性使得完全去中心化在一定程度上成为一个伪命题；在产业布局层面，各家巨头间的竞争态势决定了其生态的相对封闭性，完全开放和去中心化很难实现。

其次，封闭的生态系统可能整体为元宇宙世界提供一部分功能，生态闭环具有安全性高和流畅度大的优点，这项技术在元宇宙的发展中也至关重要，值得借鉴。

（2）保守不等于不布局，苹果在AR和AI领域已研究多时，有望厚积薄发、后发先至：①AR方面。预计2022年发布全新产品AR头显。②AI领域。比如Siri（设备本地语音识别对于AR来说是基本功能——远程调用云端造成的延迟等待是我们无法忍受的糟糕体验。语音—快速语音将是一个关键，尤其对于AR，因为你不一定总是能够用手的，而Siri凝聚多年的语音识别技术积累，有望解决本地语音识别这一难题）和苹果手表辅助触摸（苹果发布手表辅助触摸功能，旨在方便使用具有马达控制挑战的手表，它只使用一只手，即戴手表的那只手臂，来驱动与手表的交互。只需一些手势——握紧、双握紧、捏和双捏，或手腕运动——通过倾斜有效地控制指针，就可以控制手表）。当我们谈论元宇宙和AR交互时，手势将是一种重要的交互方法。声音有助于近距离的周边场景，但是当你处于需要专注的场景时，你会希望直接交互。这些手势在本质上是初级的，它们只是开始。其他体验（Hololens、Oculus）是由视频跟踪驱动的，但是苹果公司已经在用户的手腕上安装了一个设备——手表，它可以做手势，利用这一点可以实现手机/手表/AR眼镜的连接。

（3）保守可能意味着在等待一条更容易成功的道路：类比苹果入局手机市场，后发先至。

苹果的风格就是要么不做，要么做最好的，苹果公司在进入新市场时经常采取更有耐心的做法，等待一个颠覆创新的机会，那么在新市场成功的可能性就会增加。虽然苹果在AR/VR硬件方面“明显缺席”，回想苹果在手机领域的布局，也是直到2007年才进入智能手机市场，比诺基亚和黑莓要晚得多。

问题4：消息透露苹果有意将AR头显打造为下一代iPhone；

苹果势必要围绕AR头显进行生态建设，早前苹果也布局了AR Kit和APPclip，这些是否成为AR头显发售的铺垫，让AR头显有应用可用？未来苹果还需要补齐哪些生态短板？

回答：（1）是的，开发者能够利用AR Kit创建AR应用程序。

补充：App Clips和微信小程序的区别——App Clips和微信小程序的存在，都是为了解决同一个问题，但就开发而言，App Clips和微信小程序存在方向上的差异。微信小程序是0到0.1再到1.0。开发者为提供一个服务，从头开始开发小程序，实现了0到0.1，用户用完即走了，体验很棒。但随着业务壮大，开发者在面对0.1到1.0的问题上遇到了麻烦，于是微信小程序近两年在这个问题上费了不少心思：代码包从1MB到2MB到4MB再到分包机制；小程序和App的互跳；放宽小程序和小程序的互跳；WebGL的支持等等；App Clips则是从1.0到0.1，是对现有App的一种改良，因此在开发上遇到的麻烦会少一些。

（2）苹果须补齐如下生态短板：

①内容端。微软和Facebook近几年均收购了多家元宇宙内容公司（VR游戏、VR社交、VR健身等），苹果需要补充元宇宙内容端的短板。

②设备端。在VR设备领域Facebook份额第一，AR设备领域微软第一，预计苹果即将发布的头显产品价格较高，能否在用户体验上超过Facebook和微软从而强占两者的设备市场将有待观察。

③芯片。在元宇宙市场，预计苹果的芯片将同样与高通、联发科、华为、三星、紫光展锐等竞争，在目前的手机CPU芯片性

能天梯图中，苹果的A15芯片排名最高，在元宇宙领域苹果能否延续这一优势不得而知（见图3–32）。

④区块链：苹果的生态系统是中心化、封闭式的，而元宇宙的底层技术是去中心化的区块链，苹果能否应用区块链技术以及怎么应用还不得而知。

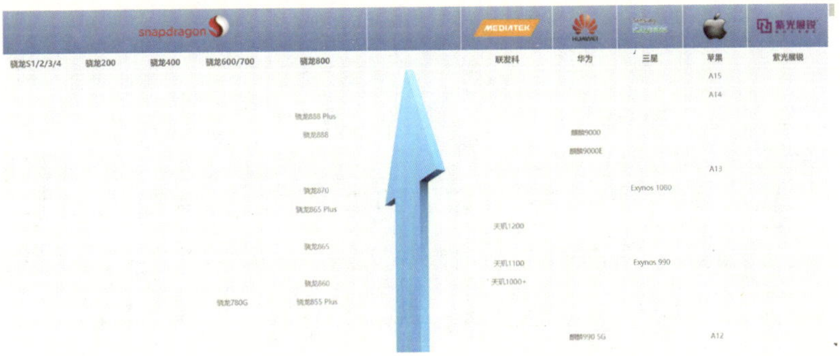

图3–32　最新的手机CPU性能天梯图

资料来源：快科技。

3.8

谷歌：VR/AR 领域探索较早，目前聚焦 AR 领域

战略聚焦AR：（1）谷歌于2012年推出首款AR智能眼镜Google Glass；（2）2014年，搁浅Google Glass相关研发，发售Cardboard，正式进入VR领域；（3）2016年，发布Daydream VR平台，并上市Daydream View VR；（4）2017年，推出AR Core平台；（5）2019年，关闭Google Jump，不再支持Daydream，战略重心重回AR。

硬件方面，2017年，Google Glass以企业版本Glass Enterprise Edition回归，主要面向企业客户，涉及农业机械、制造业、医疗以及物流等领域。2019年，Google Glass Enterprise Edition 2问世。布局企业级市场之外，谷歌于2020年收购加拿大眼镜公司North布局消费级AR，North创立于2012年，主要研发支持手势控制操作的臂环设备Myo。2018年改名为North，同时推出智能眼镜Focals，同年North收购英特尔230多份智能眼镜专利（见图3-33）。

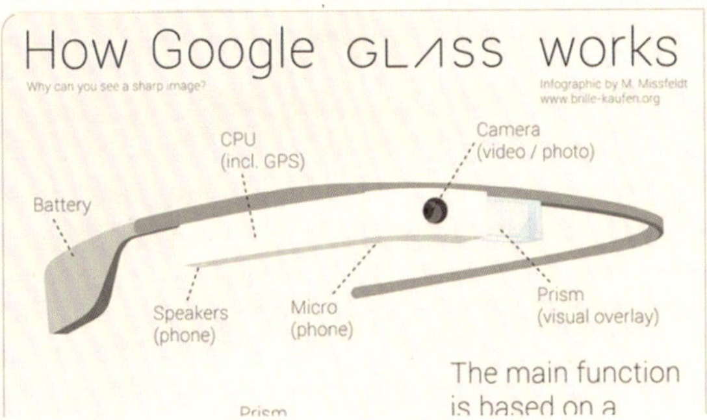

图3–33　Google Glass

资料来源：Google官网。

软件方面，公司对标苹果AR Kit推出AR Core，AR Core使用三项关键技术连接虚拟内容和现实世界（见图3–34）：运动跟踪技术（让手机能够理解并追踪自身在环境中的相对位置）、环境理解技术（让手机可以侦测到扁平的水平面，如地表或咖啡桌）和光照强度估测技术（可以估量当前环境的光照情况）。

图3–34　谷歌AR Core平台

资料来源：未来媒体网络。

3.9

索尼：加码 VR 领域投入，押注次世代 PS VR

硬件方面，索尼第一代PSVR于2016年问世，截至2019年底共卖出500万套，第二代 PSVR预计于2022年问世，将在性能与交互性方面实现巨大飞跃，在 VR 环境下为PS5玩家带来更强的临场感与沉浸感。根据索尼官方介绍，PSVR 2 的控制器采用“球形”设计，拥有与DualSense手柄类似的自适应扳机及触觉反馈功能（见图3-35）。

内容方面，据外媒 Gamingbolt报道，索尼伦敦工作室曾在2019年推出PS VR最优秀的游戏之一——《鲜血与真相》。

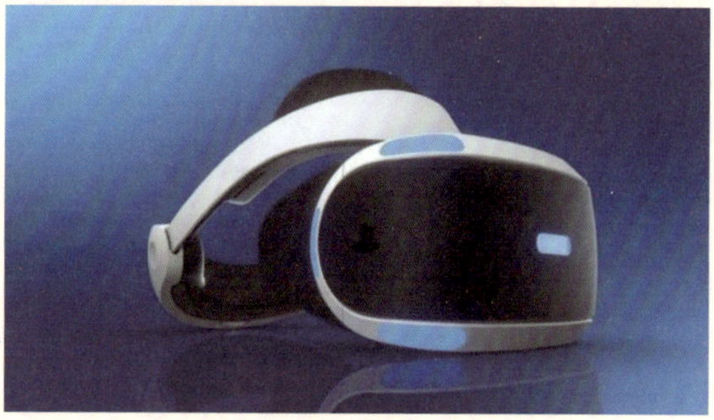

图3-35　索尼PSVR

资料来源：中关村在线。

3.10

英伟达：底层技术核心供应商，元宇宙的“卖铲者”

英伟达发布元宇宙开发工具Omniverse Avatar，正式进军元宇宙。2021年11月1日，GPU制造商英伟达媒体和娱乐行业总经理RichardKerris接受采访时表示，元宇宙作为相互连通的虚拟世界，将很快成为现实。他说：“你可能认为你不会进入元宇宙，但我保证在五年内，我们所有人都会以这样或那样的方式进入其中。顶级公司也将建立在相互连接的虚拟世界之上。”10天后的11月10日，英伟达在GTC 2021上重磅发布了人工智能“阿凡达”平台（Omniverse Avatar）——一个用于生成交互式AI化身的技术平台，并展示了3个虚拟人：“迷你玩具版黄仁勋”Toy-Me、用于快餐店服务的“蛋壳人”和用在会议软件中的虚拟人，英伟达正式进军元宇宙。

底层技术核心供应商，元宇宙的“卖铲者”。Omniverse是英伟达创建元宇宙数字化虚拟空间的技术平台底座，目前已广泛应用在传媒娱乐、自动驾驶、工业机器人等六大领域。本次发布的Omniverse Avatar将为创建人工智能助手打开大门，这些助手几乎可以为任何行业轻松定制，帮助处理数十亿的日常客户服务互动，包括餐厅订单、银行交易、进行个人预约和预订等。通过Omniverse平台，元宇宙能够真正被落实到各大应用场景。英伟达正式进军元宇宙，相比Meta、微软，英伟达聚焦的是元宇宙硬件和底层技术设施。在硬件侧，英伟达拥有全球领先的“GPU+CPU+DPU”三芯产品线；在软件侧，Omniverse将是英伟达创建元宇宙数字化虚拟空间的技术平台底座。凭借着硬软件基础设施上的优势，我们认为英伟达将在元宇宙市场中实现差异化并持续保持竞争力，走出一条与Meta和微软完全不同的元宇宙发展之路，有望成为元宇宙发展的核心受益者（见图3-36）。

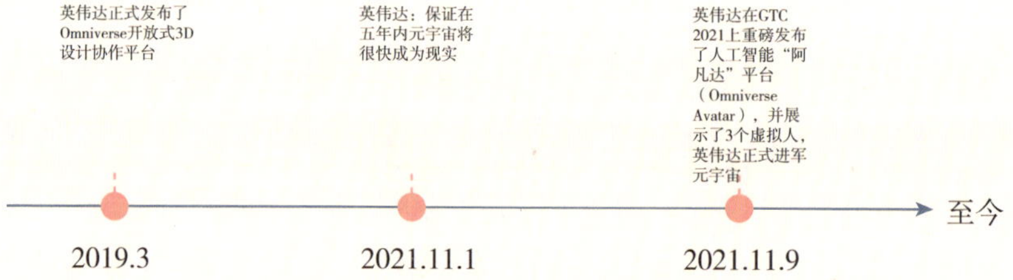

图3-36　英伟达布局元宇宙时间图谱

资料来源：英伟达官网、Financial Times、中国科技新闻网等各大新闻网站。

3.11 亚马逊：引领云计算发展，聚焦底层技术开发

3.11.1　云计算是实现元宇宙的基础

云计算是元宇宙的基础设施。元宇宙的成长和发展需要规模巨大的计算和存储能力支撑。更加真实、更加完整的体验也意味着海量的数据生产。现实世界的计算能力和存储能力直接决定了元宇宙的规模和完整度。可以看出，没有强大的云计算和大数据能力，就难以在这场元宇宙争夺战中占领先机。

作为元宇宙最优的基础支撑平台，云计算提供海量低成本基础资源。在元宇宙场景下，云计算自身所具备的分布式网络连接、ICT资源共享、快速、按需、弹性服务动态拓展等特性将得到进一步展现，基于其对资源利用的规模效应和更高的利用率，使得技术的单位成本最低、资源利用效率最高。

元宇宙的全面普及主要将得益于基础设施规模效应带来的批量硬件设备低成本采购。云趋势下绿色数据中心能源效

率（PUE）的下降，带来成本的节约；虚拟化等技术带来的业务弹性极大提升资源利用率；扩张过程中其他配套成本如容灾、建设、维护和人员成本等。在基础设施层面，云计算在成本、稳定、安全和效率层面远超传统IT。原有云巨头IaaS+PaaS一体化服务构建的生态优势或将在元宇宙时代占有举足轻重的地位。

元宇宙是云计算可以大量赋能的领域。亚马逊全球副总裁、亚马逊云科技大中华区执行董事张文翊认为，元宇宙是云计算可以大量赋能的一个领域。元宇宙本身需要的计算、存储、机器学习等都离不开云计算。如Epic Games是开发元宇宙游戏Fortnite（《堡垒之夜》）的公司，在全球拥有3.5亿用户，它的工作负载几乎全部都跑在亚马逊云科技上。

3.11.2　亚马逊是云计算领导者

亚马逊是云计算行业的开创者，引领技术发展方向。亚马逊2006年在AWS（Amazon Web Services）上增加云计算服务，此后不断投入资源发展云计算业务，公司每年举办re：Invent全球大会发布年度新产品，在相当程度上引领了云计算行业的发展，比如2013年发布实时流式数据服务Amazon Kinesis，为移动互联网时代的数据分析奠定了基础；2014年发布业界首个无代码函数计算服务Amazon Lambda，成为业内发展的主流方向；2018年发布Amazon Outposts，将云能力延伸到本地，成为亚马逊云科技重塑混合云的关键一环（见表3-1）。

表3-1　　2012—2021年亚马逊re：Invent全球大会发布的主要产品

时间	主要的技术革新
2012年	发布业界首个云上数据仓库Amazon Redshift，实现并发扩展的过程中持续稳定的查询性能，且按用量付费，数据仓库不再只是超大型企业的专利
2013年	发布实时流式数据服务Amazon Kinesis，为移动互联网时代的流式数据实时分析处理奠定基础
2014年	发布云原生关系数据库Amazon Aurora，兼具性能和成本效益，它在日后成为亚马逊云科技历史上用户数量增速最快的云服务；发布业界首个Serverless函数计算服务Amazon Lambda，颠覆应用运营模式，免除运维烦恼，让开发者更专注于业务
2015年	发布首个按会话付费的商业智能（BI）服务Amazon Quick Sight，强势解决大数据应用“最后一公里”问题；发布亚马逊云科技首个硬件服务Amazon Snowball，海量数据可以快速安全地迁移上云
2016年	发布Serverless的交互式查询服务Amazon Athena和数据集成服务Amazon Glue，为云上数据湖解决方案迈出重要一步
2017年	发布Amazon Nitro系统，重构云计算的基础。Nitro架构充分释放服务器性能，摆脱虚拟化损耗。用户可获取更多算力，上百种EC2实例创新都以此为基石。发布首个机器学习集成开发环境Amazon Sage Maker，破除软硬件环境限制及资金门槛，释放数据科学家的生产力
2018年	首次发布Amazon Outposts，真正将云能力延伸到本地，成为亚马逊云科技重塑混合云的关键一环；首次发布Amazon Deep Racer，一个人人都能玩转且趣味无穷的自动驾驶赛车，极大地降低机器学习门槛
2019年	发布基于Arm架构的自研云原生处理器Amazon Graviton2，开创了企业级应用大规模使用云端Arm架构服务的局面，同规格实例相较x86架构性价比提升可达40%；发布首个全托管量子计算服务Amazon Braket，让企业通过熟悉的云计算模式轻松地开始体验量子计算

续表

时间	主要的技术革新
2020年	发布云上首个Mac实例Amazon EC2Mac，首次实现在云上按需运行macOS工作负载；发布Serverless数据库Amazon Aurora Serverless v2，实时自动容量伸缩，摆脱烦琐复杂的数据库容量预luo管理，恰到好处地精细化资源配置，仅为实际用量付费
2021年	发布新一代Arm架构自研芯片Amazon Graviton3、快速搭建5G专用网络的Amazon Private 5G、无代码机器学习平台Amazon SageMaker Canvas、数字孪生服务Amazon IoT TwinMake

资料来源：亚马逊官网。

AWS在全球范围内拥有广泛的客户分布，覆盖多个垂直行业。亚马逊客户提供超过200大类云服务，包括计算、存储、网络、安全、数据库、数据分析、人工智能、机器学习、物联网、混合云等，直至前沿的量子计算和卫星数据服务，具备强大的综合云服务解决能力。得益于优质的技术服务能力，亚马逊覆盖来自全球各个领域的客户，包括来自互联网、制造、金融等领域的Netflix、西门子、纳斯达克、英特尔、高盛等。同时在单个垂直领域的绑定也较深，比如公司在2018年游戏开发者大会上宣布全球90%以上大型游戏公司依都在使用AWS，包括Activision（动视）、Supercell、Ubisoft（育碧）这些大公司，以及旗下拥有《堡垒之夜》游戏的公司Epic games。

亚马逊云科技全球市场占有率第一，营收快速增长。基于深厚的技术积累与客户沉淀，亚马逊云计算业务实现快速的增长，目前其所服务的范围覆盖全球245个国家和地区，是全球公有云市场中占有率排名第一的公司，市场份额达到46.8%，远超过排名第二的微软（14.2%）；在中国，亚马逊云科技也具有一定的客户资源，市场占有率为5.1%，排名第五。同时，在亚马逊云计算业务营收方面，2020年亚马逊云业务实现营业收入453.7亿美元，同比增速为29.53%，营收占比提升至11.75%，日益成为公司体内贡献业绩的支柱业务（见图3-37）。

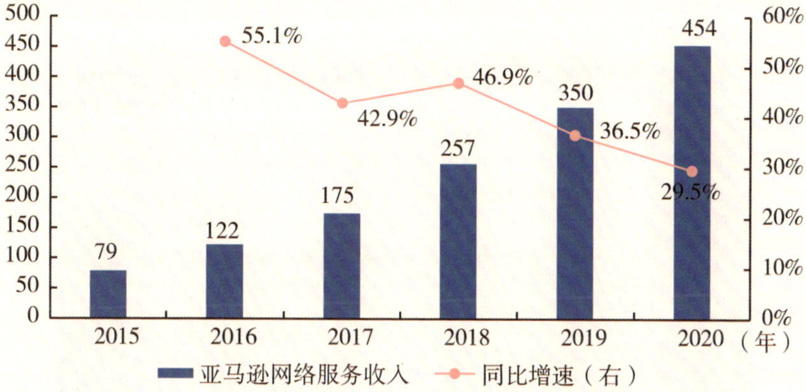

图3-37　2015—2020年亚马逊网络服务营收及同比增速

资料来源：公司公告。

3.11.3　专注于技术底层，打造高效、低门槛的工具矩阵

亚马逊更聚焦于技术底层的能力建设。在2021年亚马云科技re：Invent全球大会上，亚马逊全球副总裁、亚马逊云科技大中华区执行董事张文翊表示："我们认为元宇宙一定是云计算可以大量赋能的一个领域。元宇宙本身需要的就是计算、存储、机器学习等，这些都离不开云计算。"目前，亚马逊以云为核心，已形成丰富的元宇宙开发工具矩阵。

（1）VR/AR 开发平台Amazon Sumerian。开发者可以轻松创建3D场景并将其嵌入现有网页中。Amazon Sumerian编辑器则提供了现成的场景模板和直观的拖放工具，使内容创建者、设计师和开发人员都可以构建交互式场景。该平台让开发者以简单的程序构建出一个能够在VR、AR现实应用中使用的3D模型（见图3-38）。

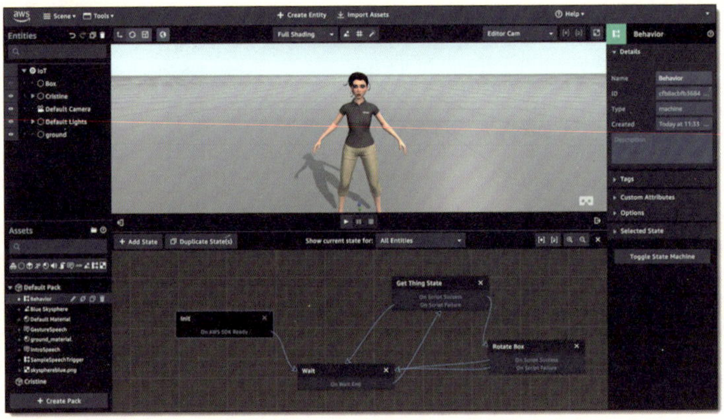

图3-38　Amazon Sumerian界面

资料来源：Amazon Sumerian。

（2）数字孪生服务Amazon IoT TwinMaker。数字孪生是物理系统的虚拟映射。用户可根据其所代表的现实世界对象的结构、状态和行为定期更新。而Amazon IoT TwinMaker可以让开发人员更加轻松地汇集来自多个来源的数据，并将这些数据结合起来创建一个知识图谱，对现实世界环境进行建模。客户可以通过Amazon IoT TwinMaker，使用数字孪生来构建反映现实世界的应用程序，提高运营效率并减少停机时间。

借助Amazon IoT TwinMaker，可以让创建现实世界的数字孪生变得更加轻松、快捷。开发人员可以将Amazon IoT TwinMaker连接到设备传感器、视频源和业务应用程序等数据源，快速开始构建设备、装置和流程的数字孪生。

（3）游戏引擎Amazon Lumberyard（见图3-39）。这是唯一一款融合了功能丰富的开发技术、对AWS云的原生集成以及对Twitch的功能的原生集成的AAA游戏引擎。Lumberyard的可视化技术方便用户创建近乎照片般逼真的、高动态范围环境和极其出色的实时效果。Lumberyard拥有的强大的渲染技术和创作工具包括基于物理的着色器、动态全局光照、粒子特效系统、植被工具、实时动态水流、体积雾和电影特写（如色彩分级、运动模糊、景深以及镜头光晕）。

图3-39 游戏引擎Amazon Lumberyard

资料来源：Amazon Sumerian。

（4）无代码机器学习平台Amazon SageMaker Canvas。该平台能够保证在脱离数据工程团队的情况下，依然可以提供服务，进一步降低了未来元宇宙内容生产的门槛，保证了内容的多样性。

亚马逊与Meta、Epic games等公司展开深度合作，为其提供云计算服务支持。在2021年亚马云科技re：Invent全球大会上，Meta宣布深化与亚马逊云科技的合作，将使用亚马逊云科技的计算服务来加速Meta AI部门人工智能项目的研发工作；双方还将合作帮助客户提高在亚马逊云科技上运行深度学习计算框架PyTorch的性能，并助力开发人员加速构建、训练、部署和运行人工智能和机器学习模型的机制。

3.12

特斯拉：脑机接口打破元宇宙的“道阻且长”

（1）脑机接口是通往元宇宙的入口。2019年7月21日，马斯克和Neuralink公司团队发布了其最新的脑机接口方案，旨在设计一个安全的、微型的、能在大脑中实用的接口。本次新推出的神经手术机器人使用激光在头骨上钻孔，每分钟可以将六根超薄的精密柔性聚合物电极线准确插入大脑目标位置，尽可能减少损害。电极线上有一系列微小电极和传感器，宽度大约是4—6微米，比人类的发丝还要细，可以大规模传输神经元活动数据。新型电子元件可将电极线收集到的大脑信号进行滤波、数模转换和脉冲检测等处理。此外，该系统还包括一个能够更好地读取、清理和放大脑信号的定制芯片。目前，Neuralink正在动物身上测试这种技术的稳定性，在老鼠头部植入的脑机接口含有1 500个电极，数量上是现有人机接口技术的15倍（见图3-40）。

图3-40 Neuralink脑机接口实现动物意念打乒乓球

资料来源：Neuralink官网。

2020年8月29日，马斯克举办了新款侵入式脑机接口Link发布会。会上，马斯克用三只小猪展示了脑机接口的自动植入、信息读取、行为预测以及移除等环节。我们认为这次发布会第一次向普通消费者展现了脑机接口在读取人脑信息及预测行为上的可行性及广阔应用前景。1999年电影《黑客帝国》所展现的人机共生时代离我们近了一小步（见图3-41）。从技术上来讲，我们认为仅需10分钟的全自动微创手术，以及精确数据捕捉、目标价格1 000美金的脑机接口硬件都是这次发布会的亮点。

本次线上直播，是第一次面向普通消费者的大范围脑机接口活体演示。在会上，马斯克展示了用脑机接口读取脑电信息，并根据读取的信息精准预测小猪四肢动作。我们认为，这个演示显示侵入式接口未来在义肢控制、人造器官等领域存在广泛应用前景。根据联合国统计，截至2020年7月，全球约有4.5亿有肢体残疾人士，假设脑机接口价格下降到马斯克所设想的1 000美金，

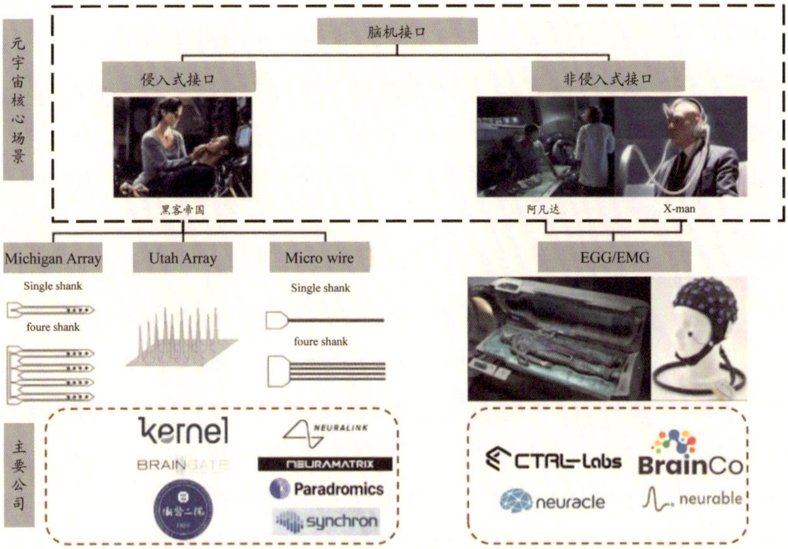

图3-41　科幻电影里的脑机接口

资料来源：Neuralink官网。

这就对应4 500亿美金的潜在市场空间。另外，“写”的功能实现商用，可以影响用户的情绪和记忆等，在教育、精神卫生、培训（如战斗机飞行员）等方面有很大空间。长期来看，如果脑机接口能够实现全脑的扫描同步上传及实时写入，人类能够实现“数字永生”。

这次发布会以展示消费电子产品的方式，展示了医疗设备，给人一种置身前沿科技硬件发布会的错觉。在会上的问答环节，Neuralink团队指出，Link的大部分零部件均可以通过消费电子产业链完成供应，有望将脑机接口整体费用（含手术费）的成本控制在1 000美元以内。相比目前上万美元甚至数十万美元的侵入接口方案，Neuralink产品成本大幅下降，为更多患残疾人士恢复日常行动提供重要突破。未来不排除Neutralink推出面向一般消费者的脑机接口产品（见图3–42）。

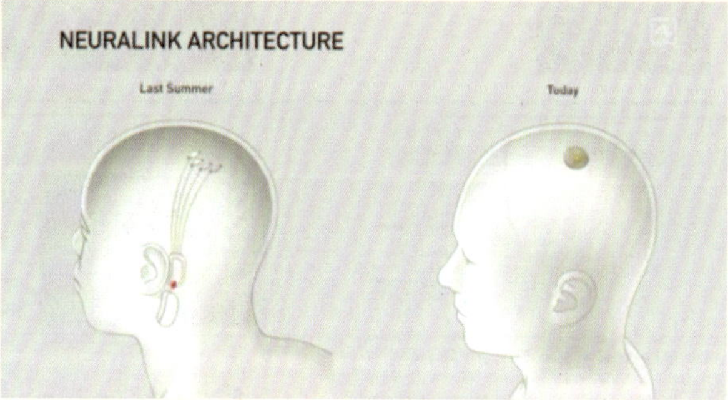

图3–42　Link V0.9（右图）与前一代设备对比

资料来源：Neuralink官网。

脑机接口是实现元宇宙的重要一环。我们认为，在元宇宙时代，将形成一个在现实世界的基础上建立的平行且永续存在的虚拟世界，该世界具备完整运行的社会、经济系统以及法律准则，现实中的人类可以通过虚拟形象进入虚拟世界生活。伴随着互联网的不断发展，虚拟现实世界不断融合，我们认为，元宇宙作为虚拟现实的一体化，将成为下一代互联网形态。

AR/VR是通往元宇宙的入口。互联网和社交平台无法真正意义地实现虚拟现实世界的完全融合，同时手机或电脑等电子设备只能为用户提供单一的音视觉交互，无法为用户带来沉浸感。AR/VR从技术上解决了虚拟现实世界的交互问题：AR是增强现实即在真实环境中增添或者移除由计算机实时生成的可以交互的虚拟物体或信息，VR是虚拟现实即创造可以让用户沉浸其中的由计算机生成的3D虚拟环境。AR/VR作为元宇宙的入口，可以为用户塑造近似真实的交互，提供深度体验感。

VR技术和产品仍存在一定缺陷。此前由于受制于软硬件以及网络信息传输等因素，VR终端用户的佩戴体验和游戏体验不佳。据IDC数据显示，2018年全球出货量下滑至376万台，同比下降10.48%，全球VR市场进入冷静期。然而自2019年起，5G的快速普及有效降低时延、减少眩晕感，同时，硬件设备加速迭代，减轻设备重量，提升设备清晰度，加强沉浸感。我们认为，VR依托对象为硬件设备，用户接入元宇宙后始终头戴VR设备会影响活动，脑机交互有望打破硬件的壁垒。

脑机接口交互有望成为下一代人机交互方式。脑机接口（Brain computer interface，BCI）是在人脑与计算机或其他电子设备之间建立的直接交流和控制通道。通过脑机接口，用户可以不需要语言或动作，直接用大脑思想及其输入信息或控制设备，或实现信息的双向传输。消费电子行业经历了主机、PC、手机等智能终端形式的不断迭代，目前随着VR行业的兴起进入全新阶段。我们预测，未来在交互方式持续变革的趋势下，脑机接口或将成为下一代人机交互方式，成为虚拟现实世界的通道。

打破VR带来的眩晕感。VR游戏会给玩家带来晕眩感。这主要是由于在与游戏内物品交互时，虚拟物品缺乏实体导致的视觉和触觉产生割裂。而在脑机接口的信号双向传输，也让元宇宙能够跨越这个难题。在脑机接口的元宇宙中，触摸一块石头就能感受到石头的纹路、温度；当用户把它拾起来，甚至能感受到石头的重量。

脑机接口能够从用户体验与社会福利两个方面赋能元宇宙。

（1）在用户体验层面，脑机接口能够使用户沉浸体验感更强。在元宇宙场景下，用户可以通过脑机接口发动指令，实现自由的操作，凭自己的意志自由地活动身体的每一个部位。同时，多种感官的反馈也能通过脑信号实现双向传输。（2）在社会福利层面，脑机接口有望通过元宇宙为残障人士提供康复训练。脑机接口技术在肢体运动障碍诊疗的应用方式主要有两种：第一种是辅助性脑机接口，指通过脑机接口设备获取患者的运动意图，实现对假肢或外骨骼等外部设备的控制；第二种是康复性脑机接口，由于中枢神经系统具备可塑性，经过脑机接口设备直接作用于大脑进行重复性反馈刺激，可以增强神经元突触之间的联系，实现修复。康复性BCI常与VR技术结合，创建BCI同步闭环康复系统，模拟产生三维空间的虚拟场景，并通过VR设备向用户进行视觉反馈。我们认为，随着未来元宇宙技术的成熟，基于脑机接口的肢体运动障碍诊疗技术有望实现商业落地（见图3–43）。

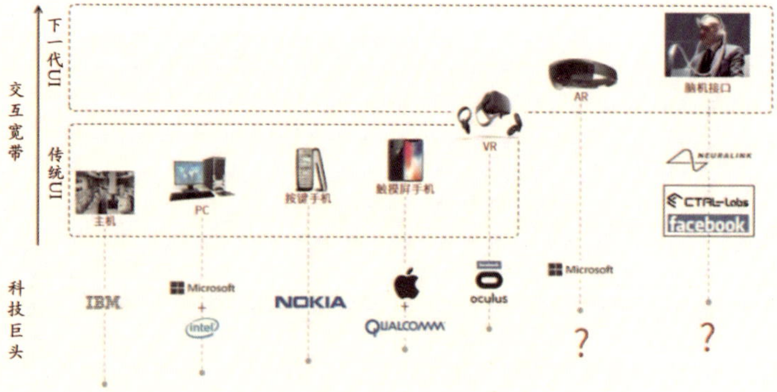

图3–43　脑机接口将成为新的人机交互方式

资料来源：万得资讯。

（2）智能汽车数据池是铺垫元宇宙世界的基石。自动驾驶能力的不断升级，依靠的是将数据转化为机器的“知识”。数据的获取、表达、储存、传输、计算、验证就是一整套的流程，如果其中的成本能够不断降低、速度不断提升，最终自动驾驶能力将快速增长。简化为图表来看，自动驾驶能力的增长与数据规模正相关（见图3-44）。

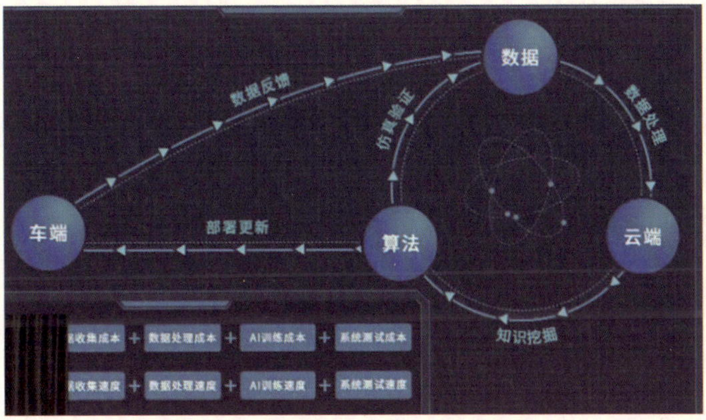

图3-44 自动驾驶能力主要依靠数据积累

资料来源：特斯拉。

在自动驾驶领域，特斯拉已经做了较长时间的布局。特斯拉AI高级总监Andrej Karpathy曾经透露，其数据处理的核心团队只有20人，但为了实现纯视觉感知，特斯拉对60亿个物体进行了标签化处理，同时在4个月时间内处理了100万条有关Corner Case的10秒短视频。

感知功能完善后，认知智能是自动驾驶的关键。认知智能需要汽车像人一样能以安全、舒适、高效的方式完成驾驶动作。我们认为，未来认知智能会根据主流用户习惯作出一个标定，未来则会标定出激进驾驶、平顺驾驶等多种不同的驾驶习惯，甚至直接在车端学习本车驾驶员的习惯，满足不同用户不同场景的需求。

认知数据能够模拟多种场景，应用于元宇宙。认知智能数据的一大应用场景是数字孪生，即模拟智能汽车质量可靠性测试。感知到的数据在服务器端能够渲染出同样的道路场景，研发人员可以在同样场景下定义不同的天气、光照、曝光、路面参与者，从而实现同一路段的多场景反复测试。我们认为，自动驾驶仿真测试就是在“元宇宙”中进行的。而如果仅仅依靠实际道路测试，同一路段的重复性因素较多，随机性的因素相对较少。因此，依靠仿真测试能够大大缩短研发周期。

脑机接口+自动驾驶=自动驾驶在元宇宙的初步应用场景。我们认为，通过脑机接口实现自动驾驶是智能汽车的终极愿景之一。脑电波发出的指令信号包含了驾驶员的驾驶习惯，通过算法训练有助于模拟用户行为。脑机接口+自动驾驶是元宇宙的初步落地场景（见图3-45）。

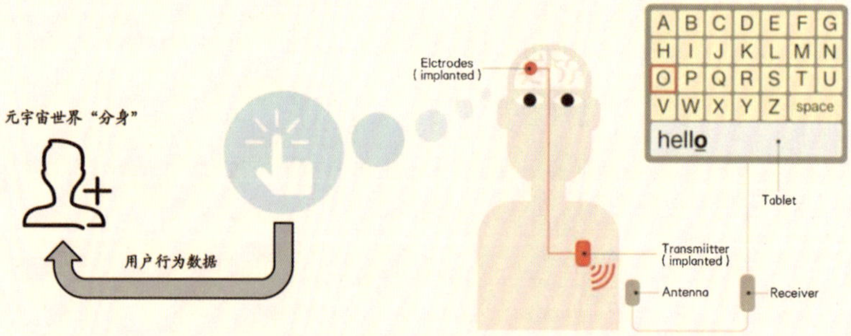

图3-45　脑机接口+自动驾驶=元宇宙的初步应用场景

资料来源：行业调研。

METAVERSE +

4 科技公司的元宇宙布局——国内篇

4.1

腾讯：打造社交＋游戏新平台

立足“泛娱乐”概念，打造社交+游戏新平台。腾讯依托其在社交网络领域的优势，通过内部孵化与外部投资在泛文娱板块内积极布局，在网络文学、动漫、在线音乐、影视制作、视频平台、网络游戏等领域均成为细分赛道翘楚，围绕IP逐步打造出触角广泛且影响力巨大的文娱矩阵。2021年4月，腾讯泛文娱产业链迎来新一轮组织调整，形成游戏、影视和音乐3条腾讯大文娱主线，同时结合社交业务的赋能；其中，游戏围绕“阅文+IEG+斗鱼/虎牙+社交”，建设属于IEG面向Z世代的互动娱乐社区；影视围绕“阅文+企鹅影视+腾讯视频+猫眼+短视频”，提升阅文的IP运营效率和价值挖掘；音乐则围绕“阅文/腾讯视频/腾讯游戏+TME+社交”整合，拓展TME在上游版权业务的话语权，并且迭代出长音频、社交等丰富的变现能力（见图4-1）。

一方面，腾讯很早就开始在AR、VR、数字人这些领域进行布局，在元宇宙内容和用户侧优势明显。早在2018年，腾讯旗下的NExT Studios就公布了一个名为Siren的虚拟数字人。2020年底，马化腾在年度特刊《三观》中提出了“全真互联网”的概念，如今腾讯已经是“元宇宙第一股”Roblox的股东，并持有元

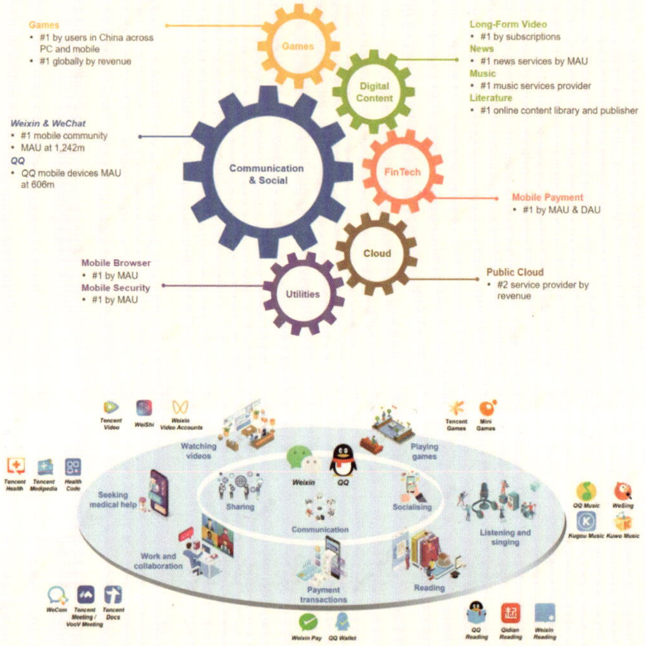

图4-1　腾讯的产品布局

资料来源：腾讯。

宇宙游戏公司Epic 40%的股份。腾讯也已申请注册近百条元宇宙相关商标，如“逆战元宇宙”“腾讯音乐元宇宙”“和平精英元宇宙”“绿洲启元宇宙”“王者元宇宙”“天美元宇宙”等。另一方面，腾讯拥有庞大的用户基础，截至2021年Q3，微信及WeChat的月活跃合并账户数为12.6亿，QQ智能终端的月活跃账户数为5.74亿。

腾讯司庆发放NFT藏品，元宇宙时代静待展翅腾飞。在2021年11月11日——腾讯的23岁生日时，腾讯为每位员工发放了23周年纪念版NFT（非同质化代币），腾讯官方将其称为“数字藏品”，每份NFT都是一个不同的企鹅图像，独一无二。腾讯拥有大量探索和开发元宇宙的技术和能力，在游戏、社交媒体和人工智能相关领域，都有丰富的经验。预计随着全球元宇宙端口设备和基础设施的不断完善、应用场景的不断落地，腾讯将加速布局元宇宙，静待展翅腾飞（见图4–2）。

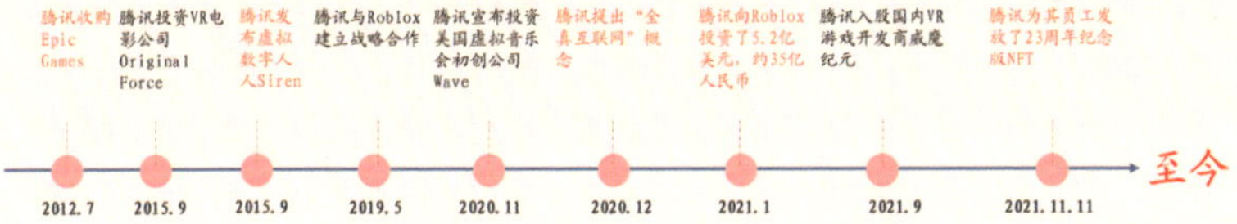

图4–2　腾讯布局元宇宙时间图谱

资料来源：腾讯官网、Financial Times、中国科技新闻网等各大新闻网站。

以社交+游戏为核心向全真互联网迈进。2020年底，马化腾曾在年度特刊《三观》中写道：“现在，一个令人兴奋的机会正在到来，移动互联网十年发展，即将迎来下一波升级，我们称之为‘全真互联网’——虚拟世界和真实世界的大门已经打开，无论是从虚到实，还是由实入虚，都在致力于帮助用户实现更真实的体验。”腾讯的元宇宙概念布局见图4–3。

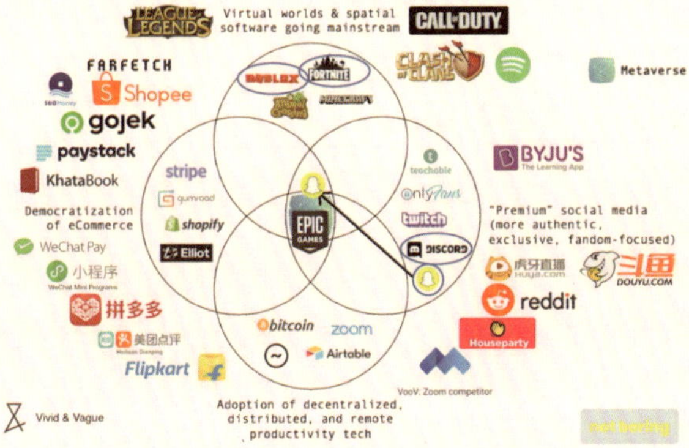

图4–3　腾讯的元宇宙概念布局

资料来源：36kr网。

4.2

字节跳动：内生+外延收购，打造元宇宙产品矩阵

多维度的产品布局为公司发力元宇宙打下了坚实基础。经过多年发展，字节跳动已形成横跨直播、电商、长视频、游戏、社交、教育、广告、企业服务和车联网等多领域的互联网巨头。而其在多领域的布局也将为公司未来发力元宇宙提供坚实的内容基础。字节跳动已成为国内乃至全球领先的内容生产与运营平台（见图4–4）。

图4–4 字节跳动各业务布局情况

资料来源：字节跳动公司官网。

元宇宙技术储备丰富。字节跳动是最早将人工智能应用于移动互联网场景的科技企业之一。而字节跳动人工智能实验室成立于2016年，旨在针对人工智能相关领域的长期性和开放性问题进行探索，帮助公司实现对未来发展的构想，其独立研发的“今日头条”客户端，通过海量信息采集、深度数据挖掘和用户行为分析，为用户智能推荐个性化信息，从而开创了一种全新的新闻阅读模式。经过多年的技

术积累，公司已具备自然语言处理、机械学习、计算机图形&增强现实、计算机视觉、系统&网络等多种底层核心技术，而这些技术恰恰也是发展元宇宙的技术基础（见图4–5）。

（1）游戏端：入股代码乾坤，投资布局元宇宙。2021年4月20日，企查查显示，手机游戏研发商“代码乾坤”获战略投资，投资机构为字节跳动，融资金额近1亿元。代码乾坤成立于2018年，公司产品有青少年创造和社交UGC平台《重启世界》（见图4–6）。

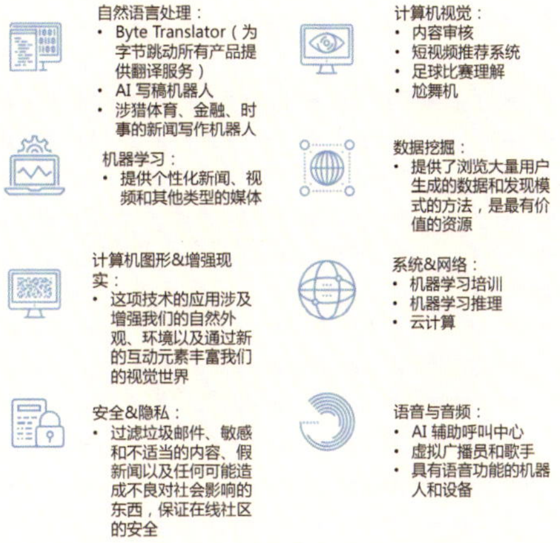

图4–5　字节跳动的元宇宙技术储备丰富

资料来源：字节跳动人工智能实验室。

图4–6　《重启世界》游戏界面

资料来源：《重启世界》游戏官网。

（2）硬件端：收购Pico，完善硬件布局。根据彭博社消息，2021年8月29日，青岛小鸟看看（Pico）发出全员信的内容证实了被字节跳动收购一事，收购金额为90亿元。Pico公司主要产品包括硬件和软件两大类：①硬件产品。主要包括Neo系列产品、G系列产品和Pico G2 4K。②软件。包括C端软件产品（Pico UI、手机助手、Pico游戏串流助手）和开发者支持平台（Pico VR开放平台）（见图4-7、图4-8）。

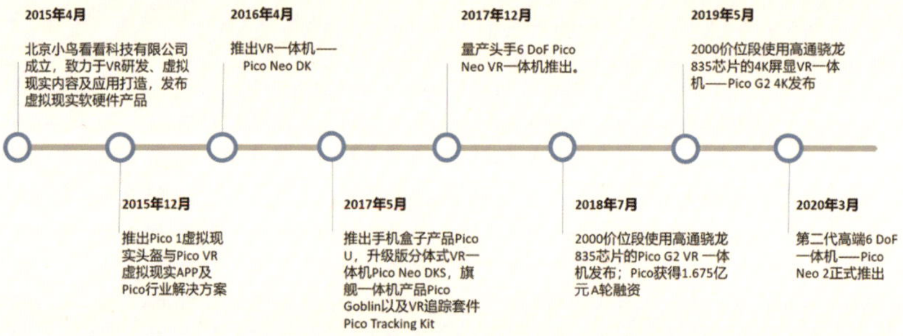

图4-7　Pico发展历史

资料来源：Pico官网。

图4-8　Pico游戏串流助手

资料来源：Pico官网。

4.3

华为：从底层技术出发，布局关键环节

整体战略，华为XR战略是端+管+云协同打造繁荣开放的生态体系。华为VR/AR战略将在一定程度上推动VR/AR行业的进一步发展，华为是端到端的构建，从硬件、光学再加OS再加端到端能力开放，将会对端对端的设备提供支持，比如华为手机与华为VR Glass进行连接使用。在底层能力上，以XR硬件+OS+HMS为基础，端云结合全力打造开放XR生态，并与第三方开发者合作，目前，华为全场景已经和美的、九阳等知名企业合作。

在硬件方面，布局VR/AR和专用芯片。在VR/AR方面，华为早在2016年就发布了首款VR眼镜——“HUAWEI VR”；此外，同时支持手机、电脑和Cloud VR三种平台终端的华为VR2头显也于2017年上市；2020年，在世界VR产业大会云峰会上，华为重磅发布了全新的HUAWEI VR Glass 6DOF游戏套装。在芯片方面，华为海思发布了XR专用芯片，其支持8K解码，内含高性能GPU，并且首款基于该平台的AR眼镜为Rokid Vision。

华为发布VR眼镜6DoF游戏套装，有望占领以观影为主的轻度VR使用者市场。华为于11月17日举办新品发布会，产品涵盖耳机、PC、VR、智能手表等新品，其中VR产品推出华为VR Glass 6DoF游戏套装，该游戏套装包含一个VR眼镜、一对游戏手柄、一个视觉模组与散热背夹。VR头显是元宇宙的接入端口，目前，C端VR头显主要有两个发展方向：一是以Oculus quest 2为代表的一体机路线，是目前市场上的主流VR硬件路线，Oculus quest 2占据近75%的市场份额；二是华为VR Glass这类VR眼镜路线，竞争较小，华为发布VR眼镜6DoF游戏套装，有望占领这个观影为主的轻度VR使用者市场。华为发展元宇宙的优势在于：在虚拟现实领域布局较早，技术积累处于领先地位；华为品牌认可度高，内容生态有保障，可以与自家手机品牌进行深度绑定，有规模优势。一方面，华为此次加大VR布局，有望在元宇宙市场中重现华为手机发展的历史，充分享受元宇宙发展的红利；另一方面，在华为被欧美制裁的背景下，有望开辟新的业绩增长点（见图4–9）。

图4–9　华为发布VR眼镜6DoF游戏套装

资料来源：华为官网。

软件方面，2018 年华为开发者大会上，华为发布了通用AR引擎“华为AR Engine”（见图4–10），推出了全新的AR内容开发工具Reality Studio。

图4–10　华为 AR Engine

资料来源：华为 AR Engine 官网。

在生态建设方面，随着5G生态逐步成熟，增强现实技术（AR）与行业应用的融合正在进入崛起期。华为专门举办5G+AR 全球线上+线下峰会，联合全球运营商、合作伙伴等，共促 5G+AR生态繁荣，期间还发布《AR洞察及应用实践白皮书》。

4.4 阿里巴巴：发力 VR 硬件侧，算力优势明显

阿里巴巴的元宇宙布局聚焦于硬件侧，同时凭借着电商平台和阿里云，阿里巴巴具备流量+算法优势。近年来，阿里巴巴在VR硬件侧不断加大投入：2016年和2017年，阿里巴巴先后参与了MagicLeap的C轮和D轮融资，MagicLeap是全球最受投资者青睐的增强现实/混合现实公司之一，成立于2010年，融资超过20亿美元，投资者包括Google和阿里巴巴集团，其主要产品是头戴式显示器“MagicLeapOne”；2016年2月，阿里巴巴宣布投资虚拟现实（VR）技术，并成立了阿里VR实验室；2021年8月，成立杭州数典科技有限公司，将布局VR设备硬件领域；2021年9月，阿里巴巴申请注册“阿里元宇宙”“淘宝元宇宙”等商标。阿里巴巴拥有淘宝和天猫这两家中国最大的电商平台，元宇宙有望成为公司新的电商渠道，同时，公司旗下的阿里云是国内份额第一的云服务商，布局元宇宙在流量和算法上具备一定的优势（见图4-11）。2016—2020年，全球公有云IaaS市场份额情况见图4-12。

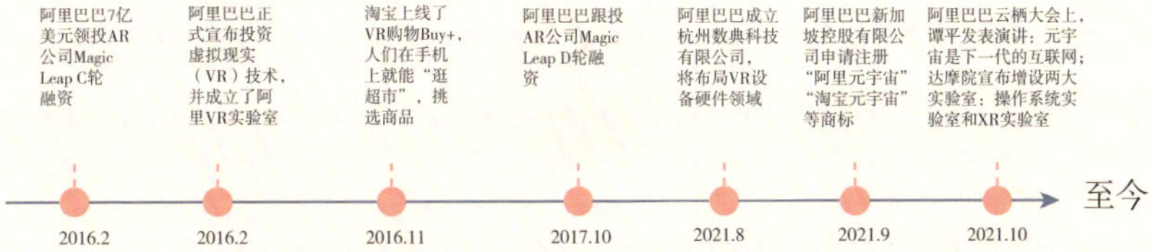

图4-11　阿里巴巴布局元宇宙时间图谱

资料来源：Facebook官网、Financial Times、中国科技新闻网等各大新闻网站。

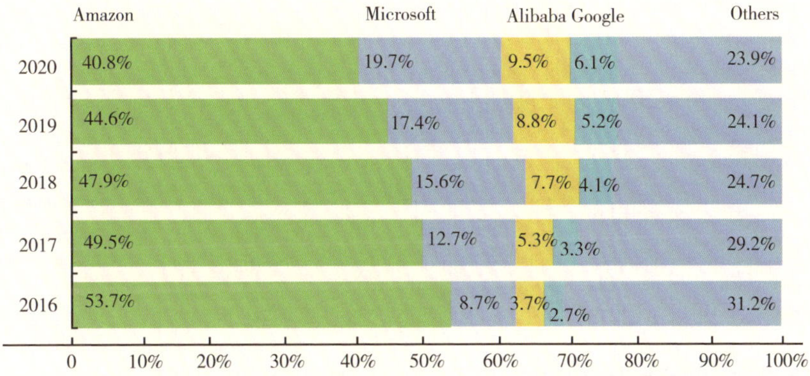

图4-12　2016—2020年全球公有云IaaS市场份额

资料来源：Gartner。

内容方面，阿里已经全面启动Buy＋计划引领未来购物体验，并将协同旗下的影业、音乐、视频网站等，推动优质VR内容产出。

在对外合作方面，阿里旗下钉钉与Nreal联合打造首款Dingtalk Work Space应用NrealLight AR眼镜，进一步整合线下会议场景与线上数字化作业。

此外，阿里达摩院成立XG实验室，为VR/AR等场景研究符合5G时代的视频编解码技术、网络传输协议等且制定相关标准。

4.5 百度："AI+算法"国内领先，后发优势明显

百度于2000年1月1日创立于中关村，创始人李彦宏拥有"超链分析"技术专利，也使中国成为美国、俄罗斯和韩国之外，全球仅有的4个拥有搜索引擎核心技术的国家之一。百度每天响应来自100余个国家和地区的数十亿次搜索请求，是网民获取中文信息和服务的最主要入口，服务10亿互联网用户。百度是全球为数不多的提供AI芯片、软件架构和应用程序等全栈AI技术的公司之一，被国际机构评为全球四大AI公司之一。基于搜索引擎，百度演化出语音、图像、知识图谱、自然语言处理等人工智能技术；最近10年，百度在深度学习、对话式人工智能操作系统、自动驾驶、AI芯片等前沿领域投资，"AI+算法"国内领先。

百度依托其在"AI+算法"上的优势，布局了VR创作中心、智拍系列、希壤、百度VR一体机和百度播控系统等五大元宇宙产品（见图4-13）。

（1）VR创作中心。打造优质的VR内容创作平台。百度VR创作中心拥有专业全面的3D环物、全景图、全景视频、景深漫游等VR内容编辑创作工具，生成可在手机和VR头显上体验的3D化、交互式、沉浸式的虚拟现实内容，具有多类型作品、一站式采编、高效易用和运用导出四大特点，且运用场景广泛（见图4–14）。

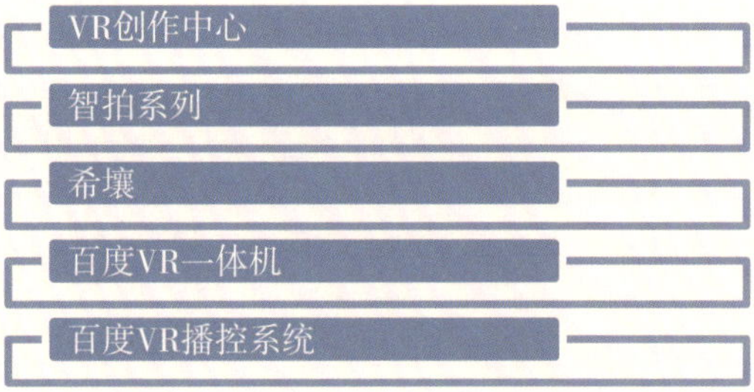

图4–13　百度布局元宇宙的五大产品

资料来源：百度VR官网。

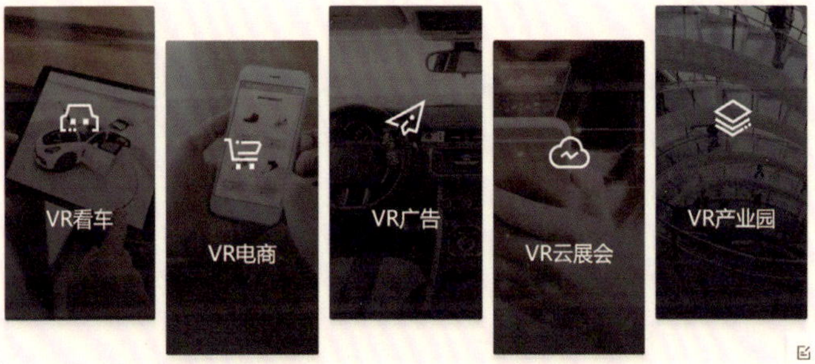

图4–14　百度VR创作中心主要运用场景

资料来源：百度VR官网。

（2）智拍系列。将现实世界映射到虚拟世界的重要工具。百度智拍系列分为硬件和软件。其中百度智拍系列软件是高效的VR内容采集App，其可智能联动全景相机或3D环物采集硬件，实现一键拍摄、自动抠图、上传云端等功能，快速生成全景和商品3D展示效果（见图4–15）。

（3）百度发布VR社交App，积极探索元宇宙领域。百度于2021年11月在苹果应用商店内推出了VR社交App“希壤”，在App中用户可以通过创建虚拟身份，在虚拟世界中与好友进行互动。根据官方介绍，用户能够通过虚拟身份与客户、合作伙伴进行即时语音和互动交流，但根据体验，目前并未在App中看到其他玩家，说明产品或还未进行推广宣传。在2021年8月的百度世界大会上，不少与会者借助百度VR设备，已经在“希壤”中进行了沉浸式体验。早在2017年2月，百度就进行了海外VR领域风投首秀，参投了全息技术初创企业8i公司2 700万美元B轮融资，如今发布VR社交App进行元宇宙探索，未来有望运筹帷幄，进一步布局元宇宙产业链（见图4–16）。

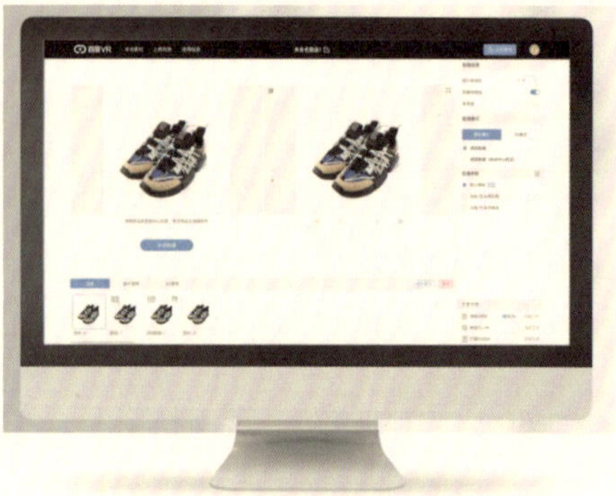

图4–15　百度智拍系列运用场景图

资料来源：百度VR官网。

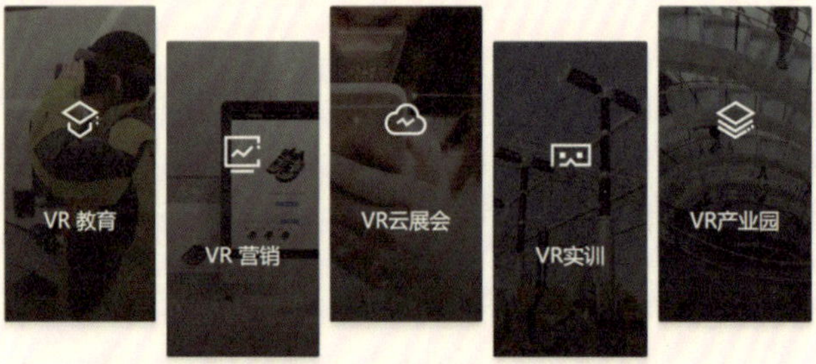

图4–16　VR社交App“希壤”的应用场景

资料来源：百度VR官网。

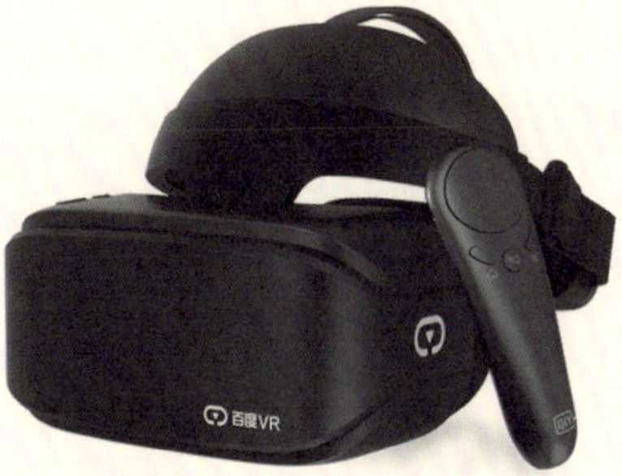

图4-17　百度VR一体机

资料来源：百度VR官网。

（4）百度VR一体机。百度VR一体机性能强劲，用户体验感好，并内置丰富虚拟现实体验资源，适合教育培训、文化旅游等各类场景（见图4-17）。

（5）百度VR播控系统。能够应用在VR头显、平板电脑、PC电脑等多终端设备，具有内容播控、画面投屏、设备管理、权限管理等相关的基础能力，多在VR党建、VR K12教育、VR高校实验室、VR实训、VR产业园等场景下应用（见图4-18）。

图4-18　百度VR播控系统界面

资料来源：百度VR官网。

4.6 网易：社区文化“出圈”元宇宙

4.6.1 网易云音乐彰显强大社区运营能力

网易具有较深的社群运营底蕴。网易最初依靠办公邮箱跻身互联网赛道，并凭借《大话西游》《梦幻西游》等爆款游戏迅速发展，在用户社群运营方面积累了深厚的经验。发展至今，网易深耕泛娱乐业务，并形成了网易云音乐，网易雷火、网易互娱等事业群。其中，网易云音乐是国内领先的在线音乐平台，为音乐爱好者提供了高度互动的内容社区。在游戏方面，网易通过内部孵化+外部代理的方式推出了多款精品游戏（见图4–19）。

图4–19　网易泛文娱产品矩阵

资料来源：网易公司公告、官网。

云音乐等产品展现网易优秀的社群运营实力。社群的本质是将一群价值观趋同的人聚集在一起，通过管理者的有效运营，激发参与用户一起创造更有价值的内容。相较同类产品，网易云音乐更加重视小众人群，而小众人群有更大的概率具备相同的价值观，达成社群形成的必需条件。根据网易云音乐招股书，云音乐的“90后”的用户占比最高；根据音乐招股书，截至2021年6月30日，网易云音乐已为超过300 000名注册独立音乐人提供服务，独立音乐人的音乐作品占平台总作品达47%以上。对用户需求的关注与对产品UI界面的打磨造就了网易云音乐领先的国内音乐平台地位。

特色功能赋能虚拟社群。网易云音乐的另一特色在于“云村”平台，能够基于内容社交功能，让用户可以发布和发现多种形式的音乐和音乐衍生内容。在收听歌曲或观看音乐视频的同时，用户可以相互交流评论。“云村”同样配备“云圈”，让用户可以基于多个主题、话题、兴趣及需求创建自己的兴趣小组，并在群内分享内容。“音乐罐子”能让用户向朋友分发定制化内容。此外，网易云推出了“云村村民证”的活动，并给予用户全新归属感。我们认为，“村民认证”活动为虚拟社群打下了软基础，从心理层面为用户界定了社群边界（见图4-20）。

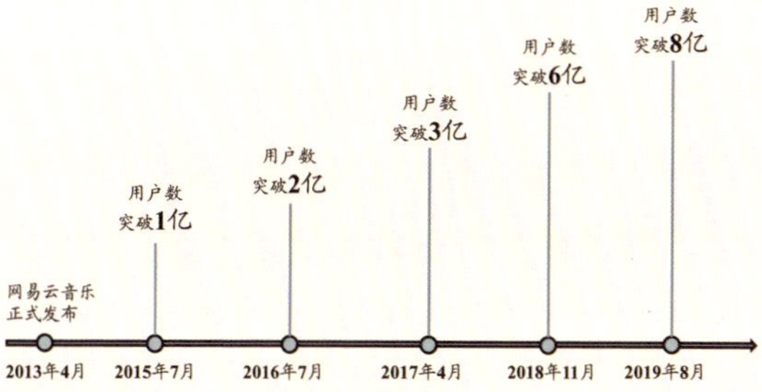

图4-20 2013—2019年网易云音乐用户数不断增长

资料来源：网易云音乐招股书。

“音乐元宇宙”成为元宇宙的细分赛道。我们认为，元宇宙在社交层面为用户创造了一种归属感，而声音作为社交的重要环节，是未来元宇宙发展的另一重要方向。一方面，元宇宙的发展离不开定制化声音，丰富的高质感、逼真的数字声音能够为用户带来更高的包容感及身临其境的体验，而不仅是沉浸感。另一方面，“声音+社区+元宇宙”的组合可产生多类应用场景，如大型演唱会、沉浸式会议等。

音乐元宇宙本质是元宇宙的音乐社区。音乐元宇宙除了具备线下演出的现场感，还能够提供线下不具备的360度观看视角，通过分身系统同时参加不同的音乐会。对于音乐人而言，虚拟时空不受天气、时空、人数的限制；且相比于元宇宙，音乐元宇宙的人群和内容更为垂直，经济系统更为简单，可控性更强，风险也更低。我们认为，网易云音乐拥有强大的社群基础与音乐版权，在音乐元宇宙具有先发优势。

4.6.2 网易游戏是对元宇宙的初步探索

网易游戏重在创新。网易通过在游戏领域多年的积淀，已经打造出多品类的行业标杆产品。在传统重度产品领域，即时策略游戏《率土之滨》开创了“率土-Like”这一叙事格局，《阴阳师》则打开了“国民级卡牌RPG”市场，全球超过4亿玩家加入平安世界，围绕该IP打造的《阴阳师》宇宙亦成为行业表率。在PVP领域，《第五人格》开创了非对称对抗竞技的细分品类，并成为日本市场领头军，构建全球首个非对称对抗赛事体系，实现赛事规范化与国际化。《明日之后》则是末日生存类产品的开拓者，撬动海内外玩家，成为品类表率（见图4-21）。

图4-21　网易游戏文化层面创新

资料来源：各游戏官网。

除却产品创意推动整个市场细分品类的发展之外，网易游戏亦有大量产品与传统文化和科技相融合，为流行娱乐赋予更加深刻的文化内涵。根据不同的游戏题材，网易用不同方式进行高品质的文化呈现。梦幻西游IP、大话西游IP、《一梦江湖》和《逆水寒》本身都是古风题材的大作，网易将各类传统服饰、非遗文化、国韵文化呈现其中，并通过与大师和艺术家合作的方式将传统文化融入进游戏。《荒野行动》则依托其科幻背景，与科学家一起策划了各类科普活动（见图4-22）。

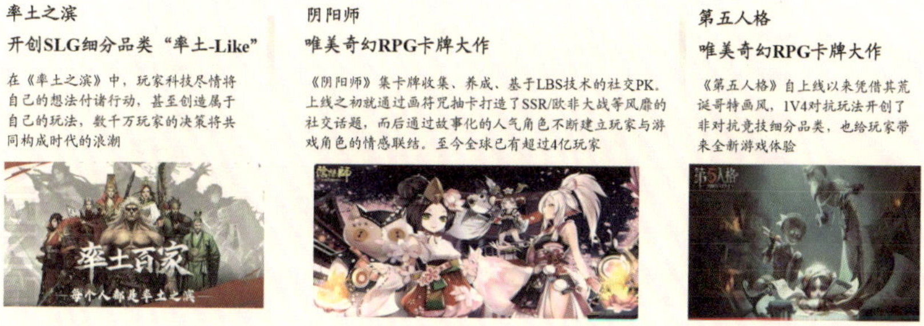

图4-22　网易游戏玩法机制层次创新

资料来源：各游戏官网。

通过游戏产品初步切入元宇宙赛道。《逆水寒》是网易游戏打造的一款爆品游戏，率先采用大量国际领先的游戏研发技术，是英伟达RTX实时光线追踪技术在全球的首个落地游戏。游戏以纯粹的东方古典审美指导国际前沿图形引擎技术，成功创造出拥有高自由度游戏体验。虚拟旅游尝试也是其一大亮点，游戏对汴京（开封）、杭州、大理等城市进行了复原，玩家们可以在游戏内实现虚拟旅游，是数字赋能城市文化推广的又一成功尝试。

NPC具有情感系统，打造元宇宙的“毛细血管”。在传统武侠游戏中，玩家扮演角色的意愿对于游戏剧情的进展并没有什么影响。然而在《逆水寒》中，玩家的选择和偏好可能引发一系列连锁反应。即使是一些不起眼的路人NPC，《逆水寒》制作团队也认真给他们设计了“戏份”。看到桌椅被玩家打坏后，店小二会非常着急，玩家坐在公堂上时会被训斥，在茶馆中落座时会有跑堂上来沏茶，连溪边的浣纱女都在唱着动听的歌声。游戏中每个NPC都有着独特的生命力，也使虚拟世界充满了生气（见图4–23）。

图4–23 《逆水寒》中NPC具有“生命”

资料来源：《逆水寒》游戏官网。

《逆水寒》赋予玩家"第二重"身份。在《逆水寒》中，玩家可以是乐坊中的伶人，可以是跑堂的店小二，可以是裁缝店的学童，可以是江边的摆渡人。同时，依靠"千人千面"的捏脸系统，玩家能够塑造自己的理想游戏形象，更好地游走在虚拟世界中。

新增"大世界玩法"，打造"武侠元宇宙"。《逆水寒》开发组于2021年11月18日答记者问，开发组将会于2022年1月20日推出新资料片，在现有游戏基础上新增"大世界玩法"。全新开放世界的地图面积甚至比《逆水寒》之前所有的场景都要大，玩家可以狩猎、刺杀不同种类的怪物；采集制造防寒衣物，弹射装置等冒险装备；破解烧脑的谜题；发掘隐藏于山林间、火山口、冰原之下的神秘宝藏；捕捉各种野兽。我们认为，《逆水寒》的"大世界玩法"本质旨在打造"武侠元宇宙"，游戏内提供树木、各类材料等基础设施，玩家可以凭借虚拟身份、技能，构建自己的武侠文明与经济系统。

网易已经在元宇宙进行了初步尝试。在2020年举行的第二十届中国虚拟现实大会上，因为现实中疫情原因导致的交通障碍，组织者网易就作出特别企划，在旗下游戏《逆水寒》中举办第二届国际分布式人工智能学术会议 DAI。整场会议都在游戏场景中举办，参会者以虚拟角色进入会议，角色的性别、形象、服装都可以进行定制。会议投影分为全屏模式和沉浸模式两种，参会者可以根据自己的喜好任意切换；参会者能够向会场内任意用户发起私聊或群聊，用文字或语音随意沟通，还可以随时查看会议流程，掌握会议进度。对一些违规用户，主持人可以随时请他离场，有效维护会场秩序。

网易伏羲构建强大技术底座。网易伏羲成立于2017年，是国内专业从事游戏与泛娱乐AI研究和应用的顶尖机构。网易伏羲的研究方向包括强化学习、图像动作、虚拟人、自然语言、用户画像、大数据和云计算平台等，已拥有数字人、智能捏脸、AI创作、AI反外挂、AI对战匹配、AI竞技机器人等多项行业领先技术。伏羲旗下的瑶台系统专注于打造在线虚拟活动平台，其技术已在网易多款游戏中得到应用。

网易瑶台已承办多项重大活动。截至目前，瑶台已成功举办网易投资者沟通会、中信证券传媒网易线上交流会、网易雷火校招宣讲会、上海市虹口区信息科技学科团队研究活动、第十六届国际生物矿化研讨会等。瑶台能够实现演讲、学术讨论、论文墙展等一系列线下学术会议才有的互动环节，同时容纳超千人同时在线，分会场场景中可容纳超300人。我们认为，等到5G带宽到位，同时VR技术更加成熟，坐在家里远程开会，会让体验感更加真实。将来，报告人还将看到观众的表情和反应，补上更多的细节（见图4–24）。

图4–24　瑶台构建虚拟会议系统

资料来源：瑶台系统。

具备社群+IP两大能力，元宇宙落地时，网易有望快速抢跑。网易依靠多款优秀的泛文娱产品，积累大量用户，且用户群体黏度很高。我们认为元宇宙本身就是一个“由实到虚，由虚到实”

的过程，元宇宙的出现本意在使人们的生活更加便捷。而社群本就是有相同爱好用户的聚集地，传统的线上社群主要以贴吧、微信群、QQ群为载体，元宇宙的出现为玩家提供了更好的互动平台。网易具备强大的社群运营能力，在元宇宙领域有先发优势。

IP是实现展现元宇宙的另一“软实力”。元宇宙区别于在线游戏的重要之处在于，元宇宙自带文化系统、经济系统。网易已成功打造了“阴阳师世界”“逆水寒大宋世界”等，且在逆水寒中已经构建了初级的经济系统。

4.6.3 网易云信是探索元宇宙的技术底座

以通信和安全为代表的技术进步是元宇宙发展的基石。网易云信首先将元宇宙的聚焦点放在音视频、IM、虚拟人&游戏语音等方面，并在2021网易创新企业大会上发布了“IM+RTC+虚拟人”“游戏/VR 语音”两大解决方案（见图4–25）。

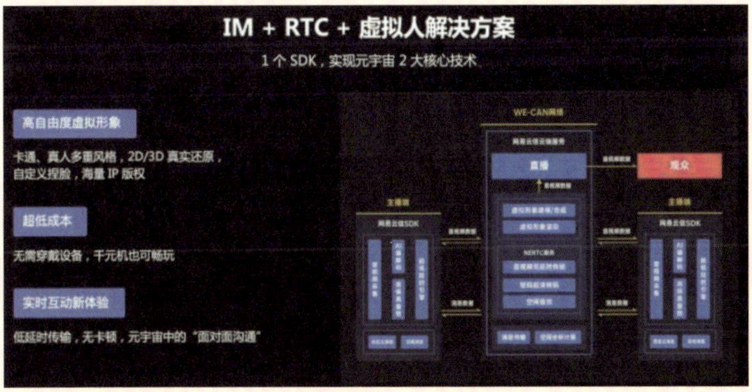

图4–25　网易云信“IM+RTC+虚拟人”解决方案

资料来源：2021 网易创新企业大会。

在产品维度方面，网易云信已经在最初IM即时通信能力和音视频通话的基础上扩展出低延时直播、全球智能路由网络WE-CAN、互动直播等十余种功能，而且能力清单还在不断外延。在商业维度方面，网易云信是业内最早可以承载亿级日活的即时通信平台，无论是日活、覆盖终端数、消息分发量均位列国内同类企业第一。在RTC领域，网易云信也位居行业领先位置。截至当前，网易云信已帮助120万企业开发者发送16 000亿条信息，覆盖智能终端SDK数累计超过186亿。

METAVERSE+

5 元宇宙赋能各行各业

我们认为，元宇宙将赋能各行各业，改变各行各业的商业结构——一方面，元宇宙将改变传统的营销方式，商家将利用元宇宙进行宣传和推广产品；另一方面，制造企业将利用数字孪生等技术，在元宇宙世界里进行远端作业、虚拟实境、模拟运作等，大幅降低人力、时间成本与资源浪费，逐步从企业生产制造环节向研发环节信息化进一步深耕。本章探讨元宇宙对消费、制造、金融与地产这三个行业的影响。

5.1 消费行业

5.1.1 直播电商行业

（1）直播电商行业的概述与特点。我们构建一个直播电商增量分析模型：电商增量的底层支撑是电商渗透率与人均消费水平的增长，但是这两个因素驱动有限。直播电商自生的增量主要是更多观看的人群，更多存量和增量用户为非计划需求买单，以及直播打包销售模式所产生的高笔单价与客单价（如买二送一）。这些因素带来的销售数据吸引了更多供货方增加直播场次、更多有质量的商品反馈，这里暂时将直播场次视为结果变量。从三个视角分析这些增量：①宏观层面。行业层面的主要驱动是直播电商拓展到传统电商未充分渗透的消费人群，同时让增量与存量用户将消费需求更多地转移到直播电商，这种非计划需求与客单价的增长来源于供应链变革驱动用户的消费意愿和人均消费水平的增长。②中观层面。除了宏观驱动，平台层面的用户扩张还可以来自平台间的用户争夺，以及非计划需求的触发，更有平台间综合资源的竞争。③微观层面。蕴含更多机会，例如品牌商的新用户挖掘、新品的需求触发；服务商的主播孵化与店播业务增长等。

可以看到，用户增长是短期明显的增量，客单价是缓慢但长期的增量。通过升级供应链创造非计划需求，并且将非计划需求转为计划性需求从而升级消费结构，是最长期最根本的增量（见图5-1、图5-2）。

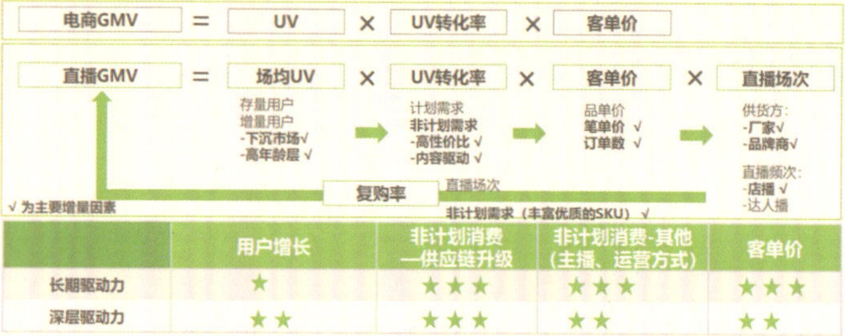

图5-1　中国直播电商现阶段与未来的存量与增量分析

资料来源：艾瑞咨询。

图5-2　中国直播电商产业图谱

资料来源：艾瑞咨询。

直播电商成为万亿级市场，未来增速可观。2020年中国直播电商市场规模达1.2万亿元，年增长率为197.0%，预计未来三年年均复合增速为58.3%，2023年直播电商规模将超过4.9万亿元。直播已经成为电商市场常态化的营销方式与销售渠道，未来电商下单用户数、下单频次以及客单价均会继续提升，其中下单用户增幅较大，下单频次增幅较小，两者预计会较快趋于饱和，客单价增幅较小，但预计将会长期持续增长。直播电商在社会消费品和网购市场也有较快的渗透，2020年直播电商在社会消费品零售总额的渗透率为3.2%，在网络购物零售市场的渗透率为10.6%，预计2023年后者可达24.3%（见图5-3、图5-4）。

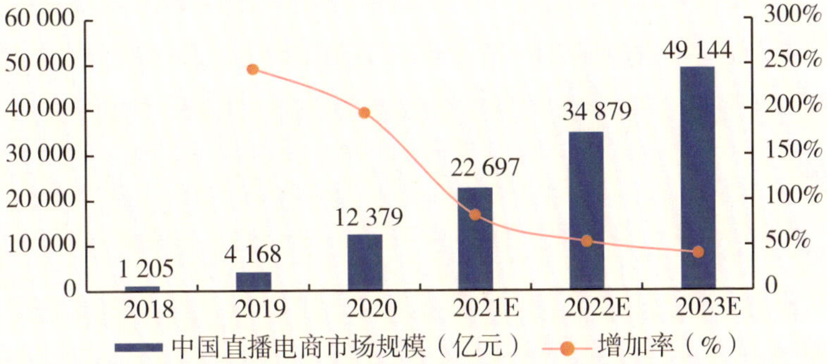

图5-3　2018—2023E中国直播电商市场规模及增速

资料来源：艾瑞咨询。

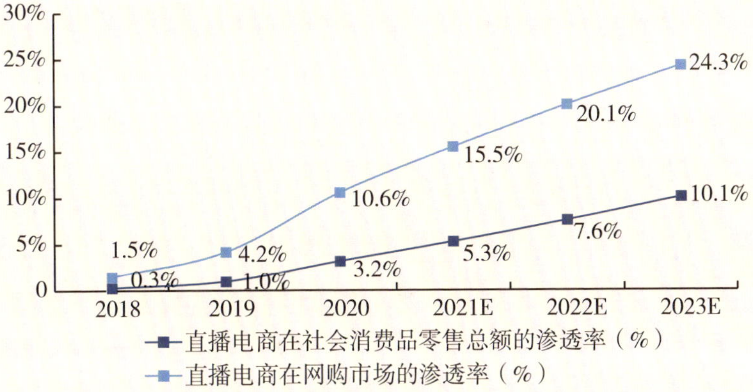

图5-4　2018—2023E中国直播电商市场渗透率

资料来源：艾瑞咨询。

直播电商带动服务商高速增长，垂直领域深耕是新机会点。直播电商规模扩大和生态圈的逐步完善促进了服务商的发展以及业务的进一步细分，服务商以专业的能力为更多入场的商家提供账号运营、直播运营以及其他全流程的电商服务，为平台提供可观的交易量，为消费者提供优质的购物体验，服务商的重要性日趋显著。2020年服务商营收规模达到2 463亿元，预计2023年将超过1.2万亿元，年复合增长率达72.2%。目前，服务商市场竞争逐渐激烈，在垂直类目培养出头部主播或在垂直类目积累出更多优秀案例的新入局服务商更有可能在竞争中留存。未来服务商会有更多样的角色出现，衍生更多新行业与机会。一方面，2020年受新冠肺炎疫情影响，主播数量迅速增加，竞争更加激烈；另一方面，直播用户心智也更加成熟，对专业化内容需求增加，主播需要体现其对产品的专业度才能提高消费者的信任度，从而触发转化，此外，直播品类更加分散，母婴、保健等品类占比不断上升。因此无垂类专业度的主播转型带货成功的概率降低，多数主播的发展路径是，最初深耕一个品类培养高忠诚度、高转化的私域流量，随着直播场次、时长与流量的积累，吸引更多品牌商合作，扩大货品池，主播的优势品类占比逐渐降低（见图5-5）。

（2）直播电商行业发展过程中遇到的问题。我们认为，直播电商行业在发展过程中遇到的问题主要有：①直播电商虽然有主播进行产品的展示和讲解，比传统的电商购物更真实，且有主播的信誉进行保证，较为可靠。但是仍然存在虚假产品的问题。②直播电商的购物形式虽然有主播的讲解，但是客户不能试用试穿，无法对产品进行上手辨认，容易造成尺寸、产品介绍与消费

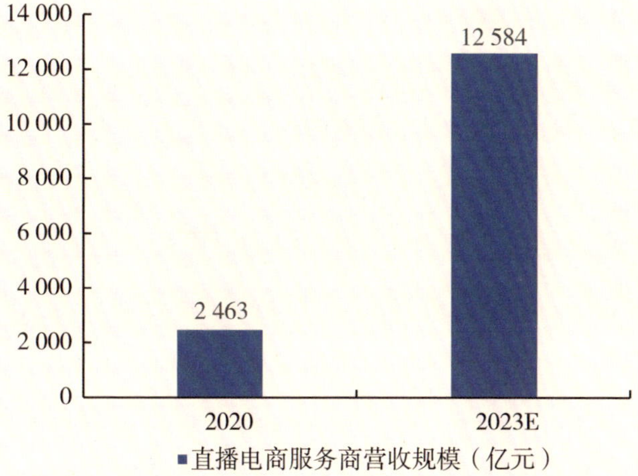

图5–5　2020—2023E中国直播电商服务商营收规模

资料来源：艾瑞咨询。

者预想不一致等问题。③直播电商行业虽然发展迅猛，主播数量不断增加，但是形象、气质等俱佳的头部主播仍然较少，主播培养等费时间，且投入产出不一定成正比。

产品虚假问题仍存在。例如，辛巴燕窝售假事件。2020年11月，有消费者质疑辛巴徒弟直播间售卖的燕窝是糖水，11月27日晚间，辛巴回应称，将召回辛选直播间销售的全部该燕窝产品，先行承担退一赔三责任，共须先退赔6 198.3万元；截至2020年12月6日中午，他们已向27 270名消费者完成近2 400万元的赔付。12月10日报道，广州、厦门两地市场监管部门亦对此事进行调查。12月23日，广州市场监管部门公布“辛巴直播带货即食燕窝”调查处理情况：辛巴方被罚90万元，市场监管部门拟对燕窝品牌方广州融昱贸易有限公司作出责令停止违法行为、罚款200万元的行政处罚。此外，辛巴的快手账号被禁60天。

（3）元宇宙对于直播电商行业的促进作用。元宇宙更具沉浸感，可提供虚拟世界的产品试穿、试用和上手，减少商品虚假问题。首先，通过数字孪生和虚拟数字人技术，可以将现实中的直播间现场、物品和人物在虚拟世界中重建，且保证虚拟世界中的事物与现实事物一致，消费者可以通过虚拟世界进行商品的试穿、试用和上手把玩，从而在主播的讲解下更加了解产品的质量和是否符合自己的消费意愿，从而减少了虚假产品问题和退换货的问题（见图5-6）。

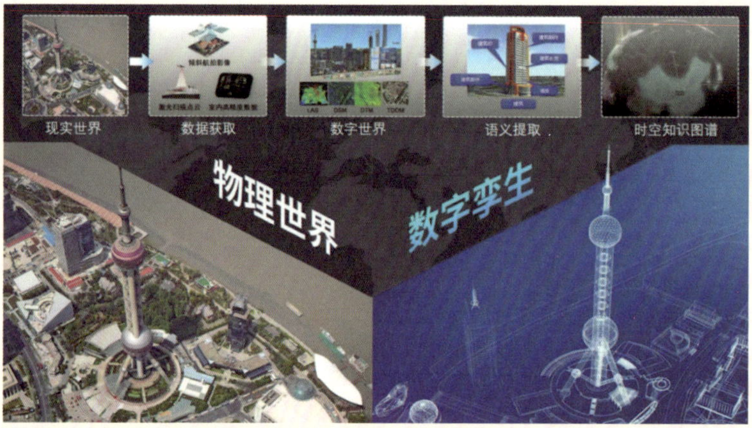

图5-6　数字孪生

资料来源：中国信通院。

通过元宇宙虚拟数字人技术可创造虚拟人主播，从而可以减少主播质量和数量欠缺等问题。虚拟数字人技术可以自定义地创造电商直播主播。例如柳夜熙，其是抖音虚拟美妆达人，自称会捉妖。2021年10月31日，柳夜熙发布了第一条视频，仅以此视频登上热搜，获赞量达到300多万，同时涨粉丝数上百万。2021年11月1日，柳夜熙发布了第二条视频，点赞数同样近百万（见图5-7）。

图5-7　抖音虚拟美妆达人——柳夜熙

资料来源：凤凰网。

在元宇宙世界里，直播将变得比现在更具有沉浸感和社交性。直播目前是一对多的社会化体验，非常适合展示游戏和教学。直播已经是元宇宙的一部分了。不过直播还会进一步迭代。随着元宇宙内的直播变得立体化，直播将变得比现在更具有沉浸感和社交性（见图5-8）。

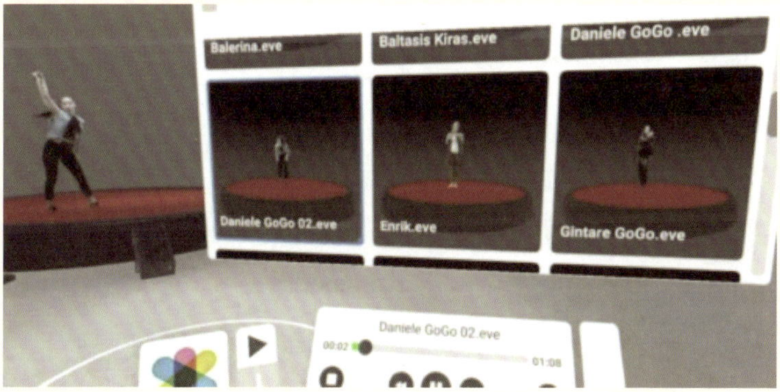

图5-8　元宇宙在直播中的应用

资料来源：腾讯官网。

5.1.2　虚拟演唱会、虚拟会议和虚拟婚礼

（1）虚拟演唱会。腾讯投资的虚拟音乐Wave VR公司开了一

场贾斯汀·比伯“元宇宙”演唱会。2020年11月，Wave VR与腾讯音乐（TME）达成了战略合作，腾讯音乐还将对其以股权形式进行投资，但同时也意味着腾讯正式踏足虚拟音乐会。2021年11月19日，贾斯汀·比伯与虚拟音乐会公司Wave VR合作，向全球歌迷献上了一场时长约30分钟的“元宇宙演唱会”（见图5-9）。

图5-9　贾斯汀·比伯“元宇宙”演唱会

资料来源：腾讯官网。

2020年8月，美国著名流行歌手Ariana Grande在吃鸡游戏《堡垒之夜》中连续举办了5场演唱会。全球上千万的玩家使用自己的游戏角色盛装出席。在演出中，一系列的小游戏贯穿了主线，最后粉丝在绚丽的场景中和“Ariana”一对一共舞，共同冲向天际。区别于一般的线上直播体验，粉丝在“穿越之旅”中能和偶像进行沉浸式互动，并且和游戏中一样，是绝对的主角。

（2）虚拟毕业典礼。2020年5月，由于受新冠肺炎疫情影响，加州大学伯克利分校在《我的世界》（Minecraft）建造了一个模拟的3D伯克利校园，加州伯克利的毕业生们在《我的世界》中共同参加了这次虚拟毕业典礼。典礼流程包含了校长致辞、学位授予、抛礼帽等环节，俨然已与现实世界无异（见图5-10）。中国传媒大学也为学生在统一游戏中打造了毕业典礼。

图5-10　元宇宙在虚拟毕业典礼中的应用

资料来源：《我的世界》官网。

（3）虚拟主题峰会。2020年7月24日，AI领域顶级峰会《AIAC2020》在任天堂出品的休闲游戏《动物之森》中举行，典礼当天整场Workshop分为四大主题，分别是人与AI、自然语言理解、计算机视觉和游戏AI四大版块，本次峰会共以线上形式举行了17场演讲（见图5-11）。

图5-11　元宇宙在虚拟主题峰会中的应用

资料来源：《动物之森》官网。

（4）虚拟婚礼。在现实世界中，结婚成本高，但是在元宇宙中结婚，成本会大大降低，并且定制化程度高，不像现实中会受到诸多制约。很多人都希望像周杰伦、吴奇隆、黄晓明等明星那样，来一场世纪婚礼，但是，世纪婚礼花费巨大，有人曾统计过7场明星的世纪婚礼，人均5 000万元，最贵的超2亿元。即便不是世纪婚礼，2017年的一项数据显示，北京“90后”一场婚礼平均花掉25万元。然而，当时北京人均月薪在9 791元，也就意味着一场婚礼的费用是处在平均月薪水平线的年轻人2年多的工资总和。《2020年中国结婚消费趋势洞察》数据显示，2019年平均中国每对新人结婚消费高达22.3万元。但在元宇宙中结婚，成本会大大降低。

2021年，在美国劳动节这个周末，Traci和Dave Gagnon，准确来说是他们的虚拟化身在虚拟世界中举行了盛大的婚礼。这对夫妇在互联网上聊天中相识。为了纪念这次邂逅，他们决定在网上举办一场婚礼，预计花费了3万美元（约19万元）。婚礼前，Traci和Dave Gagnon发布了一条婚礼邀请短视频，并介绍他们将举行一场称为“Meta Verse Wedding Of The Century”的婚礼。婚礼现场，Traci由闺蜜牵手缓缓走上台，紧接着Dave Gagnon牵过Traci的手。7岁的双胞胎花童，一个拿着戒指，一个手挎花篮，向这对即将结为夫妻的新人走去。这场婚礼在Virbela提供带劲儿虚拟平台举办，这是一家专注于为工作、学习和活动提供虚拟环境的公司。这家公司表示，如果需要工程师建设米高梅舞厅或类似的场所，那么成本就会上升，从几千美元到1万多美元不等。或许很少有人能够理解在元宇宙结婚这种方式，传统婚礼依然占据主流。但是，在元宇宙中结婚，人们就不用考虑各种客观或者非客观因素（见图5-12）。

5.1.3 游戏

图5-12 Traci和Dave Gagnon举办的虚拟婚礼

资料来源：腾讯创业公众号。

游戏是元宇宙现阶段重要应用场景之一。在VR带来的高沉浸感和UGC游戏社区的蓬勃发展下，在游戏领域中的部分产品已出现基本的"元宇宙"底层逻辑和虚拟体验，是目前"元宇宙"的先发领域。《Roblox》是一款在全球拥有近一亿用户的沙盒游戏，同时也是目前世界上最大的多人在线游戏创作平台，被认为是目前最接近元宇宙的应用。它包含了成千上万硬核玩家创造的地图、玩法和模式，除了传统的沙盒建造，还覆盖角色扮演、第一人称射击、动作、生存、竞速等玩法。在《Roblox》中，每个人既可以是游戏玩家，也可以是游戏开发者。玩家可以利用Rolbox Studio创建基于物理的交互模型，设计复杂的几何体和游戏机制脚本。完成的游戏作品，可以直接发布到手机、平板电脑、游戏主机等设备上。玩家还可以通过Developer Hub，找到种类繁多的教学视频，和其他开发者交流，浏览API参考资料等。同时通过游戏内的交易项目，还可以获得报酬，数据表明，优秀的开发者年获利可超200万美元。

5.1.4 元宇宙KTV、VR健身和旅游

（1）元宇宙KTV。KTV本来就是一种社交方式，消费者愿

图5-13 元宇宙在虚拟游艇中的应用

资料来源：腾讯官网。

意付出金钱去体验K歌式社交，但是线下KTV更局限于地点，相隔千里之外的人不可能专门赴约参加一场K歌。元宇宙居民遍布世界各地，而K歌项目本就适合植入线上，元宇宙线上K歌预计将大有作为（见图5-13）。

（2）VR健身。随着VR虚拟现实技术的深度开发，应用领域不断地被开发出来，如今健身行业也吸收了VR技术，通过VR虚拟现实设备去锻炼身体。对于大部分人来说，实现和保持身材、保持身体健康都是不小的挑战。而对于部分健身新人，大多都会认为去健身房是一个令人筋疲力尽的艰苦经历，时间长，很辛苦，锻炼就显得单调又乏味，健身似乎永远与枯燥乏味联系在一起。但VR虚拟现实技术的应用能够使健身提高趣味性，改善本身的枯燥感，可以让人们去享受快乐的健身。

在当前形势下，释放工作压力、追求生活品质、休闲、健康成为大家健身的动力。2021年8月，《全民健身计划（2021—2025年）》正式出台，并明确至2025年，经常参加体育锻炼的人数比例将达38.5%，带动全国体育产业总规模达到5万亿元。随后，在奥运会、全运会等体育盛会的影响下，一场全民参与健身的热潮正在兴起。在这股热潮中，最瞩目的当属居家健身了。自新冠肺炎疫情暴发以来，层出不穷的健身镜等智能设备、健身视频和直播课程为居家健身的人们增添了信心和支持。报告统计显示，国内线上健身用户数量已突破2.61亿。“不用专门换装，也不用办卡，更不用在意别人的眼光”，居家健身满足了许多年轻人对一个完美运动空间的想象。随着运动需求的增长，专业健身指导成为刚需，而兼备专业课程及教练指导和居家属性的智能健身镜刚好站到了这个风口上。再加上科技的加持，令这块集镜子与高清大屏于一体的智能设备能与“元宇宙”链接起来。以FITURE魔镜为代表的部分厂商，已经开始了进一步的探索（见图5-14）。

图5-14　元宇宙在健身中的应用

资料来源：新浪VR。

（3）旅行。旅行是最昂贵和增加环境负担的行业之一，而元宇宙能让我们参观世界上任何一个有趣的地方。在旅游领域，迪士尼已率先开始进行概念布局，迪士尼对自己的元宇宙战略作出如下解读，即“用人工智能、虚拟现实、机器人物联网等技术，将虚实共生的园内外整体体验向更高层级的沉浸感和个性化推进”。身为“旅游剧场理论”的成功践行者，迪士尼在元宇宙的布局可作为旅游业的借鉴与参照。考虑如何通过人工智能、虚拟现实等技术，在声光电2.0版本的基础上，进一步增加游客的互动性、沉浸体验及个性化需求满足。

从年初始，国内旅游业先后在“盲盒经济”和“剧本杀经济”掀起市场消费热潮，各大旅游景区也在实景演绎领域开始沉

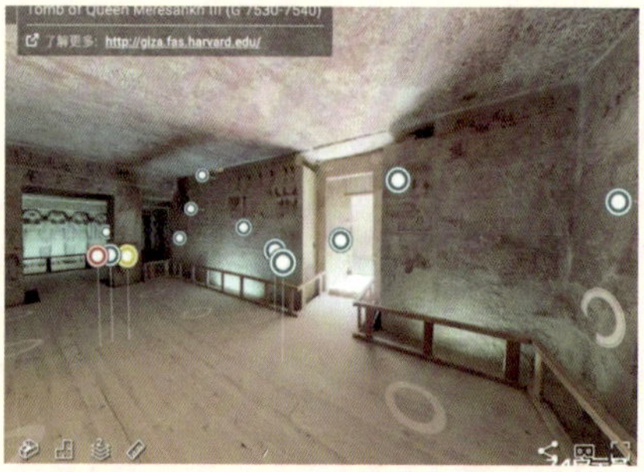

图5-15　元宇宙在旅行中的应用

资料来源：新浪VR。

浸式、行进式体验升级尝试。以河南的“又见河南”梦幻剧城、同程旅游的“机票盲盒”、南京的“南京喜事”等为代表的一批文旅项目先后获得消费市场的一片好评。这些，都可以作为未来旅游业朝元宇宙领域落地实施的升级蓝本（见图5-15）。

5.1.5　文化输出

从李子柒看传统文化输出：2015年，李子柒开始拍摄美食短视频。2017年6月16日，获得新浪微博超级红人节十大美食红人奖。2018年，李子柒的原创短视频在海外运营后相继获得了YouTube平台白银和烁金创作者奖牌。2021年2月2日，吉尼斯世界纪录发文宣布，李子柒以1 410万的YouTube订阅量刷新了由其创下的“YouTube中文频道最多订阅量”的吉尼斯世界纪录。李子柒的视频以美食为主线，围绕衣食住行展现中国的乡村生活。酿酱油从种黄豆开始，做蛋黄酱从孵鸭蛋开始，砍竹子做床，摘桂花酿酒，视频画面唯美，颇具古风，几乎没有一句对白。《人民日报》评论说，李子柒视频中所呈现的田园生活，虽然距离当下普通人的生活比较遥远，但从中依然能看到中国传统“清隽”的审美取向和“出世”价值追求，读懂这些内涵，方能更好理解中国人的精神世界。从近些年全球开设的孔子学院，到《战狼》

《红海行动》等英雄主义电影，由官方背书的中国文化输出投入不少，官媒称李子柒作品是“一个全媒体时代传承与传播中华文化的生动案例”的肯定。在元宇宙世界里，外国人们将能够身临其境地感受到中国传统文化的魅力，元宇宙将加快中华文化传播的进程，同时，要警惕外来的文化入侵。

陕西省社会科学院研究员张宝通表示：文化旅游是“元宇宙”在陕西应用的突破口。元宇宙可再现周、秦、汉、唐的虚拟景象，游客可参与其中，在遗址区体验中国的历史文化，通过虚拟世界和历史故事，增强陕西历史文化的吸引力。外国朋友也可以在家里，戴上耳机和目镜，进入虚拟空间，实现“到西安，看中国”。文化+元宇宙是数字经济为文化赋能的很好体现。

5.2 制造业

由于制造业所包含多个一级行业，且每个一级行业又包含多个二级行业，子行业繁多，我们不能在此穷举元宇宙对各个行业的具体影响。因此，我们选择了机床、汽车和虚拟游艇作为案例进行阐述。

5.2.1 机床行业

机床是制造业的“工业母机”。机床（Machine Tool）是指制造机器的机器。以切削加工为例，基本原理是利用刀具与工件之间的相对运动，去除工件上多余材料，使之达到图纸要求的形状及尺寸精度。金属加工机床分为金属切削机床和金属成形机床：（1）金属切削机床。包括加工中心、数控车床、数控磨床、数控铣床、数控镗床、其他数控机床、非数控机床等；（2）金属成形机床。包括折弯机、压力机、冲压机、剪切机等。

数控机床的设计制造水平是一个国家制造业发展水平的缩影。数控机床分为机床主体、传动系统和数控系统三大部分。数控机床（CNC，装有程序控制系统的自动化机床）的可靠性和稳定性决定加工零部件的质量，更决定整个生产线的可靠性和稳定性。尤其是用于自由曲面精密加工的多轴联动数控机床设计制造水平，反映了一个高端制造业的发展上限（见图5–16）。

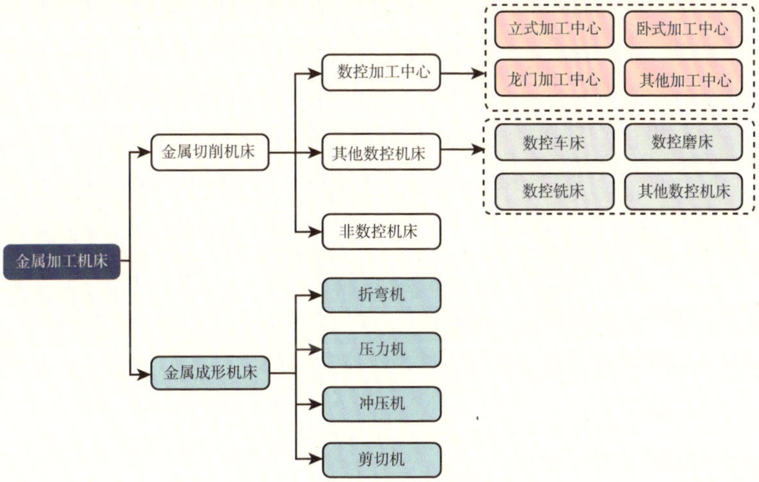

图5–16　金属加工机床分类

资料来源：《中国机床工具工业年鉴2016》。

（1）机床分类。按档次分可分为高档机床（10%）、中档机床（30%）和低档机床（60%）。其中，五轴数控机床为最高端品种，技术壁垒最高，稀缺性最强。若不考虑五轴数控机床，从小型机床到大型机床，技术难度依次上升，市场空间递减，竞争格局更好。大型机床的特点是定制化程度高，产能提升较慢；小型机床标准化程度更高，更容易实现规模化、批量化生产（见表5–1）。

表5-1　机床按档次分类

种类	划分标准	应用领域	国内市场份额
高端机床	4轴以上的加工中心、采用动	汽车、航空航天	10%
中端机床	力刀架的数控车床、车铣复合	工程机械、模具	30%
低端机床	数控机床、精度达到精密级的	核电医疗、电子	60%

资料来源：纽威数控《招股说明书》。

（2）机床产业链。①上游：结构件（铸铁、钢件）、数控系统、驱动系统、传动系统（导轨、丝杠、主轴等）、刀库、刀塔及组件、光栅尺、润滑水冷类（水冷机、泵、密封、紧固等）、传感测量类（传感器）等原材料和零部件。②中游：机床本体制造商。③下游：应用广泛，覆盖汽车制造、造船工业、工程机械、航空航天、电力电子、兵器制造、模具制造、铁路机车等机械制造业（见图5-17）。

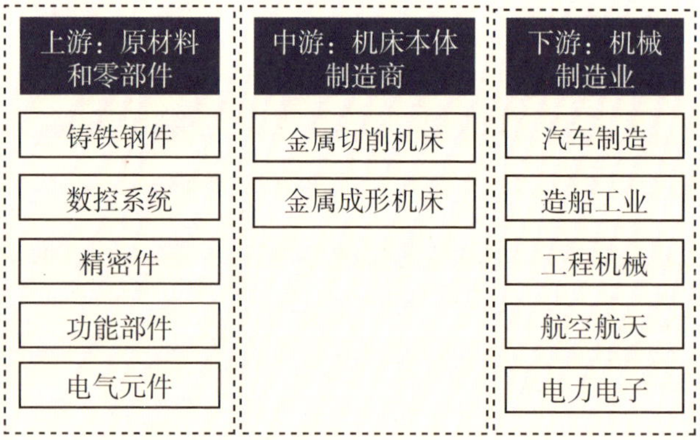

图5-17　金属加工机床分类

资料来源：前瞻产业研究院。

（3）市场空间：全球机床市场空间超4 000亿元，中国市场空间约为1 500亿元。根据Gardner Intelligence发布的2020 World Machine Tool Survey，2020年全球金属加工机床消费为668亿美元，约为人民币4 000亿元，较2019年下降168亿美元，降幅21.1%。2019年中国机床消费223亿美元（约1 500亿元人民币），同比下降64亿美元（同比–25.3%）（见图5–18）。

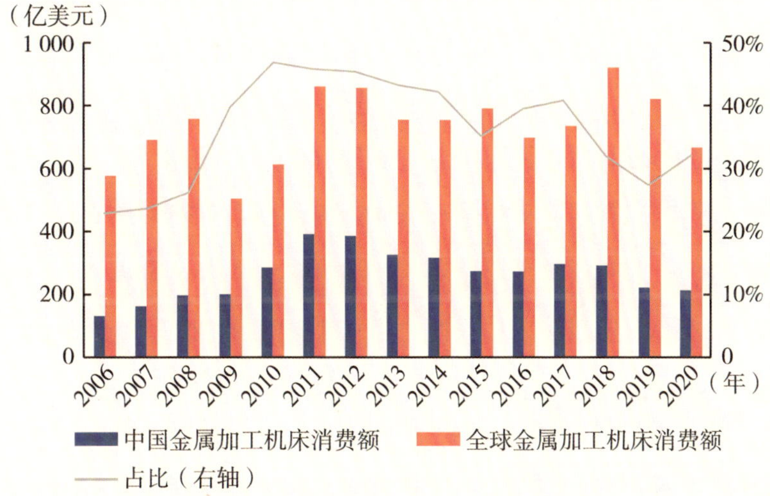

图5–18　中国机床消费额及全球占比

资料来源：Gardner Intelligence，中国机床工具工业协会。

机床行业具有非标产品多技术难度大和下游客户分散黏性弱等特点。（1）非标品占比大且种类多，技术难度大。技工人员要求高，特别是装配等环节：机床制造始终以人为中心，很多场景需要技术人员丰富的经验来判断，对技工人才要求很高，特别是在装配环节，国内外差距很明显，装配不当引起的机床结构差异对其稳定性影响极大，一般不同的机床在使用5—10年后精度会出现大幅分化。（2）下游行业较为分散，用户黏性差。就中低端机床厂商而言，行业竞争格局分散且客户高度分散，单个客户购买较少，但因为定制化程度低，适用于批量化生产；而对于中高端机床厂商而言，客户具有一定黏性和品牌感知，但批量化难度大，定制化程度高（见图5–19）。

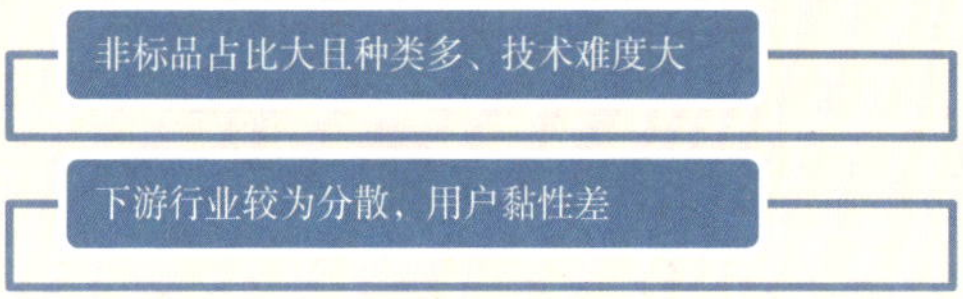

图5–19　机床行业的两大特点

机床行业未来发展具有两大趋势：（1）数控化率持续提升。我国机床数控化率持续提升，由21世纪初的不足10%提升到2020年的43%。但是对标海外，发达国家数控化率普遍在70%以上，德国在75%—80%，日本达到80%—90%。对比发达国家，国产机床数控化率有翻倍空间。（2）高端数控机床市场进口替代。"高端化、高利润"替代"薄利多销"是行业趋势，而随着国内机床技术的提升，高端数控机床将逐步进行进口替代（见图5–20）。

图5–20　机床行业发展的两个趋势

机床行业在发展过程中遇到的问题主要有如下两个：

（1）技术难度大，工艺复杂且烦琐，各环节之间的配合不紧密，效率有待提高。一方面，机床（特别是高端机床）非标性强，制造难度大，这需要大量的熟练员工才能进行快速的操作和安装；另一方面，由于机床复杂，所需零部件多，进行组装时所需时间较长，各个环节可能出现不紧密匹配等问题。

（2）人员培训周期长，所需费用高，导致产能扩张周期长。机床的制造和装配难度大，导致熟练的工人在生产过程中起着至关重要的作用，因而需要对新招的工人进行长时间的培训，这将导致机床产能的提升速度慢（见图5–21）。

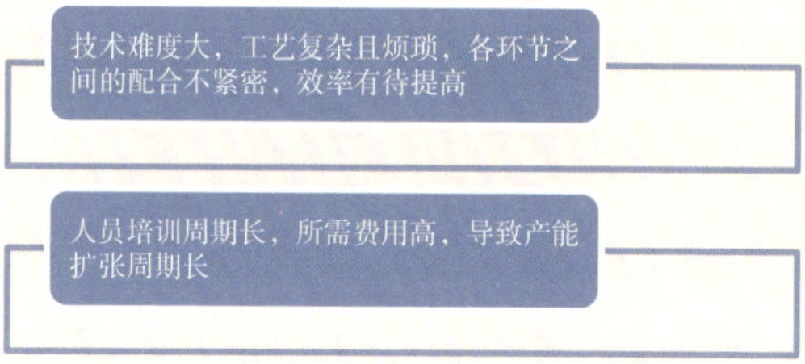

图5–21　机床行业发展过程中遇到的问题

元宇宙可大幅降低机床制造中的人力、时间成本与资源浪费，逐步从企业生产制造环节向研发环节信息化进一步深耕，提高机床制造效率。人工智能、区块链、数字孪生等技术是构建元宇宙世界的关键，这些元宇宙技术应用在机床制造环节中能够实现远端作业、虚拟实境、模拟运作等，大幅降低人力、时间成本与资源浪费，逐步从企业生产制造环节向研发环节信息化进一步深耕（见图5–22）。

图5–22　数字工厂

资料来源：亿欧网。

元宇宙可提升技术人员的培训效率，节约员工培训对资源的占用。一方面，机床工人的培训可以在元宇宙中进行，元宇宙的沉浸感可提供给员工相当于现实世界的体验，进入提升其学习速度。另一方面，在员工培训过程中，可将实际操作的培训更换到元宇宙的虚拟世界中进行，从而降低了培训对于机床的占用，节省成本。元宇宙在工业领域的应用有望实破我国工业数字的“洼地”。

5.2.2 汽车

（1）数字经济已成为经济增长主要动力，数字孪生扮演重要角色。数字化经济目前已成为经济增长的主要动力源泉。近年数字经济陆续取得突破性进展，政府和企业对于数字化转型的理念认识越来越深刻，转型创新逐步进入倍增阶段，成为继农业经济、工业经济之后伴随信息技术革命发展而产生的一种新的经济形态， 并已经成为经济增长的主要动力源泉和转型升级的重要驱动力。中国信通院提出“数字经济四化框架”：数字产业化和产业数字化重塑生产力，是数字经济发展的核心；数字化治理引领生产关系深刻变革，是数字经济发展的保障；数据价值化重构生产要素体系，是数字经济发展的基础（见图5–23）。

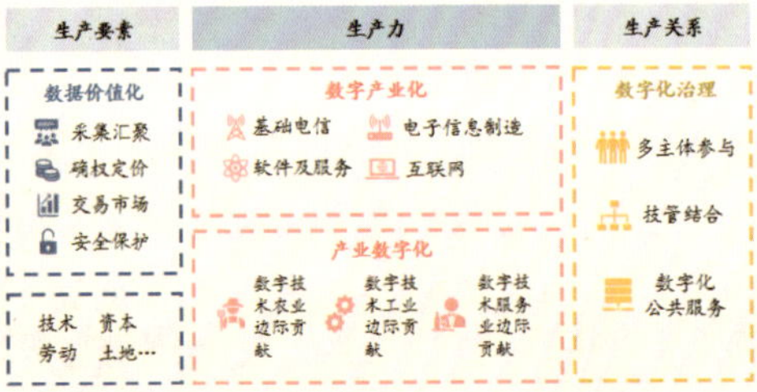

图5–23 数字经济的“四化框架”

资料来源：中国信通院。

我国数字经济规模不断扩展，再上新台阶。近年来数字经济蓬勃发展，已成为国民经济中最为核心的增长极之一。我国数字经济增加值规模已经由2005年的2.6万亿元扩张到2019年的35.8万亿元，数字经济占GDP比重逐年提升，在国民经济中的地位进一步凸显。2005—

2019年我国数字经济占GDP比重由14.2%提升至36.2%，2019年占比同比提升1.4个百分点（见图5-24）。

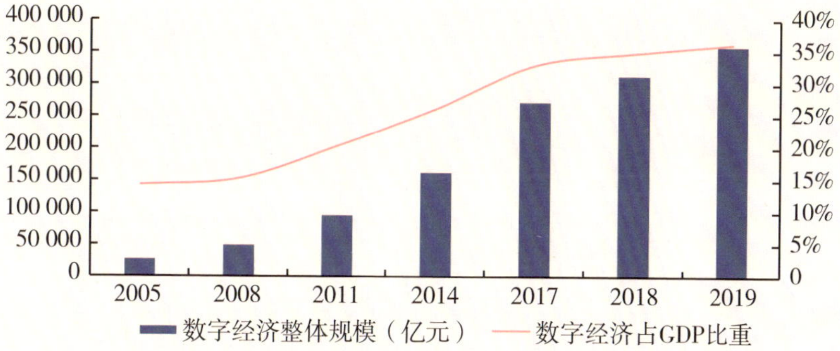

图5-24　2005—2019年我国数字经济规模的发展历程

资料来源：中国信通院。

元宇宙也可于B端企业级服务场景中得以应用，数字孪生是主要应用之一。数字孪生是指针对物理世界中的实体，通过数字化的手段构造一个在数字世界中一模一样的实体，借此来实现对物理实体的了解、分析和优化，建立模拟可在问题发生之前先发现问题，监控物理对象在虚拟模型之中的变化，诊断基于人工智能的多维数据复杂处理与异常分析，并预测潜在风险，合理有效地规划或对相关设备进行维护。数字孪生有五大驱动要素——物理世界中的传感器、数据、集成、分析和促动器，以及持续更新的数字孪生应用程序（见图5-25）。

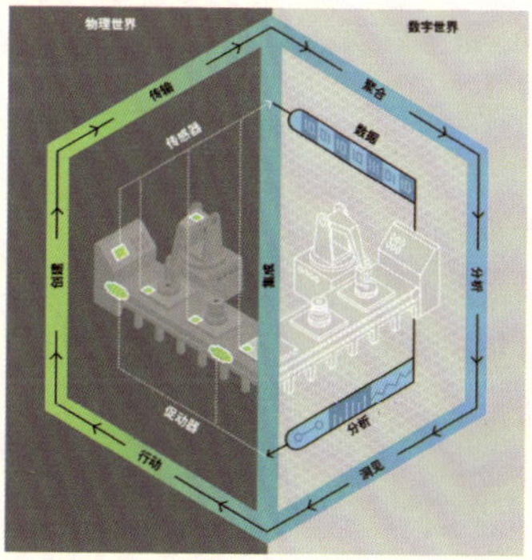

图5-25　数字孪生是在数字世界对物理世界形成映射

资料来源：德勤，民生证券研究院。

数字孪生的核心技术主要体现在六个方面，其中虚拟显示呈现是其中重要环节，帮助使用者通过数字孪生系统迅速地了解和学习目标系统的原理、构造、特性、变化趋势、健康状态等各种信息，并能启发其改进目标系统的设计和制造，为优化和创新提供灵感（见表5–2）。

表5–2　　数字孪生核心技术

多领域、多尺度融合建模	在正常和非正常的情况下从最初的概念设计阶段开始实施，从不同领域、深层次的极力层面对物理系统进行跨领域的设计理解和建模
数据驱动与物理模型融合的状态评估	（1）采用解析物理模型为主，利用数据驱动的方法对解析物理模型的参数进行修正 （2）将采用解析物理模型和采用数据驱动并行使用，最后依据两者输出的可靠度进行加权，得到最后的评估结果
数据采集和传输	高精度传感器数据的采集和快速传输是整个数字孪生系统的基础，各个类型的传感器性能，包括温度、压力、震动等都要达到最优状态，以复现实体目标系统的运行状态
全生命周期数据管理	采用云服务器对西永的海量运行数据进行分布式管理，实现数据的高速读取和安全冗余备份，为数据智能解析算法提供充分可靠的数据来源
虚拟显示呈现	将系统的制造、运行、维修状态呈现出超现实的形式，对复杂系统的各个子系统进行多领域、多尺寸的状态监测和评估，将智能监测和分析结果附加到系统的各个子系统、部件中，在完美呈现实体系统的同时将数字分析结果以虚拟映射的方式叠加到所创造的孪生系统中，从视觉、听觉、触觉等各个方面提供沉浸式的虚拟现实体验，实现实时、连续的人机互动
高性能计算	基于分布式计算的云服务平台是系统的重要保障，优化数据结构、算法结构等提高系统的任务执行速度是保障系统实时性的重要手段

资料来源：《Digital Twin》，民生证券研究院。

元宇宙可深度赋能工业4.0，产品数字孪生体是其中的核心概念。产品数字孪生体是指产品物理实体的工作状态和工作进展在信息空间的全要素重建及数字化映射，是一个集成的多物理、多尺度、超写实、动态概率仿真模型，可以用来模拟、监控、诊断、预测、控制产品物理实体在现实环境中的形成过程、状态和行为，产品数字孪生体基于产品设计阶段生成的产品模型，并在随后的产品制造和产品服务阶段，通过产品与物理实体之间的数据和信息交互，不断提高自身的完整性和精确度，最终完成对产品物理实体的完全和精确的数字化描述。产品数字孪生体的基本功能是模型映射、监控与操纵、诊断、预测（见图5-26）。

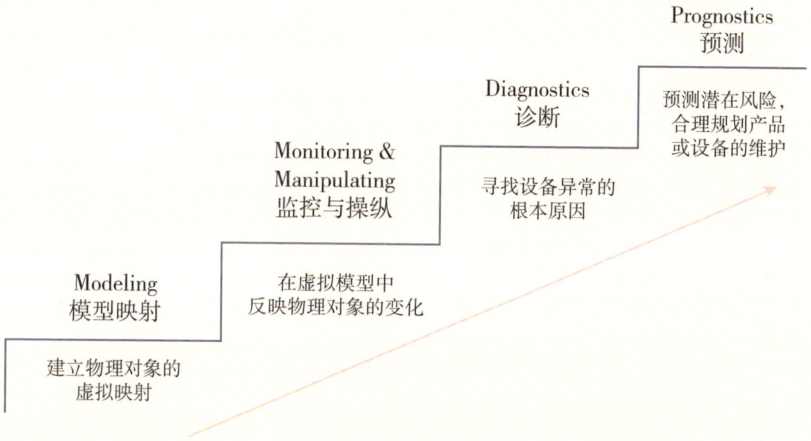

图5-26　产品数字孪生体的四个基本功能

资料来源：民生证券研究院整理。

（2）元宇宙可深度赋能工业4.0，为汽车制造提供数字化支撑。“灯塔工厂”为数字化智能制造业界表率，在汽车行业中排名居前。根据《灯塔工厂引领制造业数字化转型》，"灯塔工厂"为数字化制造与全球化4.0优质厂商，截至2021年9月，全球已有90家工厂入选"灯塔工厂"，其中中国拥有31家，其中汽车行业全球有10家，中国有5家，仅次于电子设备和消费品，排名居前（见图5-27）。

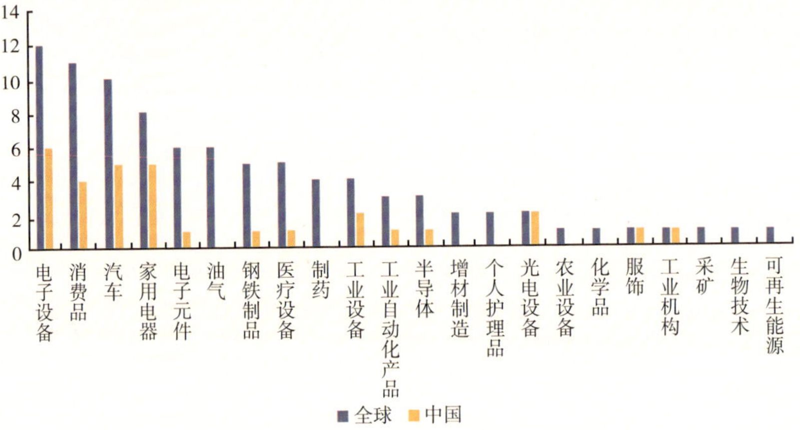

图5-27　全球及中国灯塔工厂行业分布情况

资料来源：工业富联财报。

新能源汽车蓬勃发展下，汽车生产制造逐步向平台化、模块化和智能化迈进。

第一，平台化。核心是将更多车型采用相似工艺方法在同一输送线平台上混流生产。平台化生产能够降低生产成本，简化与统一工艺方法，充分发挥大规模制造带来的成本节约优势，提升制造效率。目前主要方式为基于传统燃油车平台改造及开发新的电动车专属平台。但油改电产品续航里程、动力性能、内部空间受限较多，开发全新平台已成为各大汽车的战略重心，可将车型间共用零部件比例由25%—35%提升至70%以上，降低零部件成本，统一产品生产线的平台化约束，与多种产品动力混线生产相比，电动汽车专属产线减少车型生产切换时间，更加高效，劳动者操作更加熟练，实现规模经济（见图5-28）。

图5-28 上海安亭大众MEB已实现汽车制造的自动化

资料来源：凤凰网。

第二，模块化：在燃油车型技术沉淀的基础上，通过搭框架、构平台、建数据资源库（产线数据、供应商资源）、强运营四个维度，形成纯电动汽车标准化、模块化输送线体系。通过共享模块化平台，实现规模经济，提升效率。比亚迪e平台将新能源模驱动模块电机、控制器、变速器三合一后，扭矩密度提升17%，功率密度提升20%，成本降低33%，体积降低30%，质量降低 25%，生产效率提升40%；高压系统DC-DC、充电器和配电箱模块化集成后，质量减轻25%，功率密度提升25%，产品成本降低43%（见图5-29）。

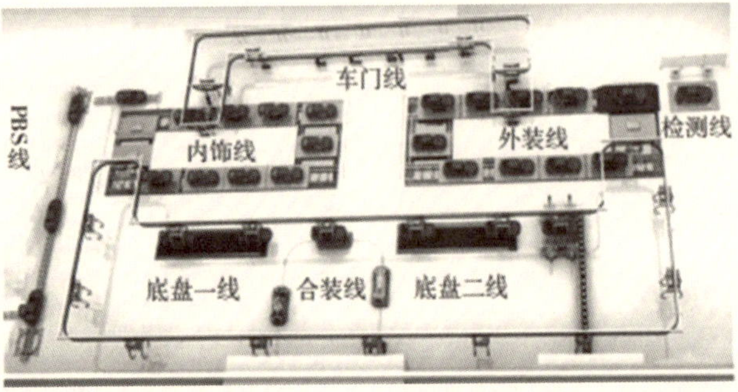

图5–29　国内总装输送线普遍处于优化自动化（工业2.0）

资料来源：AT&M视界。

第三，智能化：汽车行业是制造业中技术含量、智能化程度、产业集中度较高的代表，是制造业向智能化转型的先导阵地。目前国内总装输送线普遍处于优化自动化（工业2.0），普及信息化（工业3.0），积极探索智能化（工业4.0）阶段。目前汽车生产整体可分为四个流程，即设计草图与画效果图、制作油泥模型、制作样车与性能检测、下线量产。我们认为，汽车生产制造各主要环节有望通过元宇宙进行赋能，简化流程并把控各主要环节，提升效率（见图5–30）。

图5–30　汽车生产流程概览

资料来源："从此懂车"公众号。

在设计研发领域，数字孪生可建立物理对象的虚拟映射，主要表现为建立实体模型的三维模型，并运用装配、动画等方式模拟零部件的运动方式。该技术可于汽车生产制造领域得以应用，可通过建立数字三维模型，映射汽车在运行过程中发动机内部各个零部件、线路、接头等方面的数字化情况，从而实现对产品状态的判断（见图5-31）。

图5-31　汽车零部件装配设计模型映射

资料来源：《数字孪生》。

在模拟测试领域，现阶段对车辆抗毁伤性能评估一般采用物理模型模拟毁伤的方式，但是这种方式费用高且精度低，置信度差。基于数字孪生的车辆抗毁伤性能评估可对实体车辆与虚拟车辆的实时信息交互与双向真实映射，实现物理车辆、虚拟车辆及服务的全生命周期、全要素、全业务数据的集合与融合，从而提供可靠的抗毁伤评估服务。基于数字孪生，车辆能够实现对其材料性能、结构变化、零部件完整性及功能进行精确仿真，从而对车辆的抗毁伤状态进行精准预测与可靠评估，使车辆的毁伤情况和毁伤性能得到更加全面和深入的反映，并促进下一代车辆产品抗毁伤性能的改进和优化（见图5-32）。

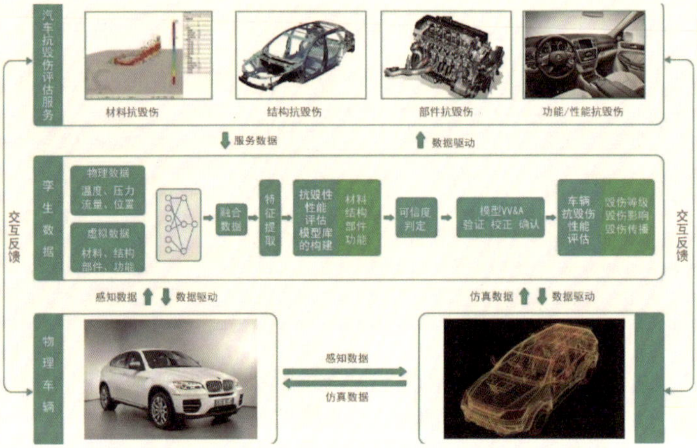

图5-32　数字孪生车辆抗毁伤性能评估

资料来源：《数字孪生》。

在工业生产领域，数字孪生可过虚拟模型反映物理对象的变化从而得以对物理设备进行监测，该技术可应用于工厂设备管理，来了解实体设备的运行方式，实时获取设备监控系统的运行数据，从而实现故障预判和及时维修，同时可以实现设备的远程操控。诊断即通过数字孪生可以寻找设备发生异常的根本原因，可以帮助企业预测潜在风险，合理规划产品或用于设备的维护（见图5-33）。

图5-33　工厂运行状态的监控与操纵

资料来源：《数字孪生》。

在新技术研发领域，自动驾驶仿真测试尽管可以快速模拟场景，但不能验证真实情况，因而传统汽车行业更依赖现场测试，但真实道路测试部分情况下昂贵且耗时，部分场景甚至无法进行。数字孪生与现有测试方法相比，由于所有测试基于虚拟试验场，具备可实现复杂场景快速搭建节约场地建设成本、测试效率高、场景可复现、可快速适应自动驾驶技术发展所带来的测试需求等优势，我们认为未来有望成为自动驾驶仿真测试的主要方式之一（见图5-34）。

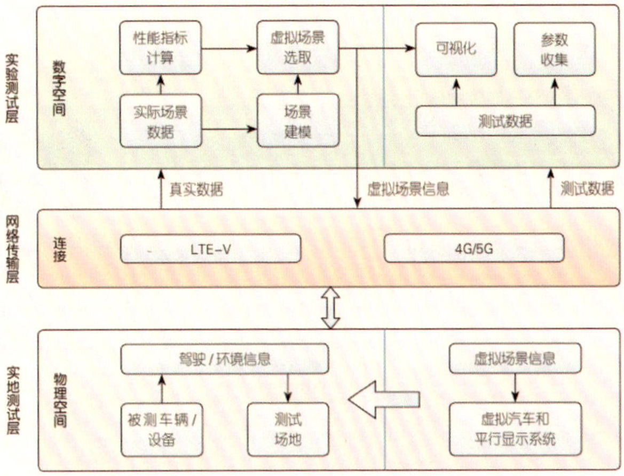

图5-34　基于数字孪生的网联自动驾驶测试框架

资料来源：《基于数字孪生的网联自动驾驶测试方法研究》。

（3）主要TIER 1供应商及主机厂已启用，未来成长空间广阔。博世作为汽车制造业中核心Tier1供应商，采用增强型AR可视化技术来演示智能连接型CytroPac液压动力装置的设计和功能。AR应用程序允许客户在多种配置下查看设备内部泵3D演示和冷却选项，以及子系统的配合方式。西门子2016年收购了

图5-35　VR陀螺

全球工程仿真软件供应商CD-Adapco并配以西门子自由的多学科仿真产品Simcemter，可将方针和物理测试、智能报告、数据分析和技术相结合，更准确地预测产品开发过程中各阶段的产品性能。大陆集团也已委托数字孪生体联盟，遴选数字孪生工厂解决方案提供商（见图5-35、图5-36）。

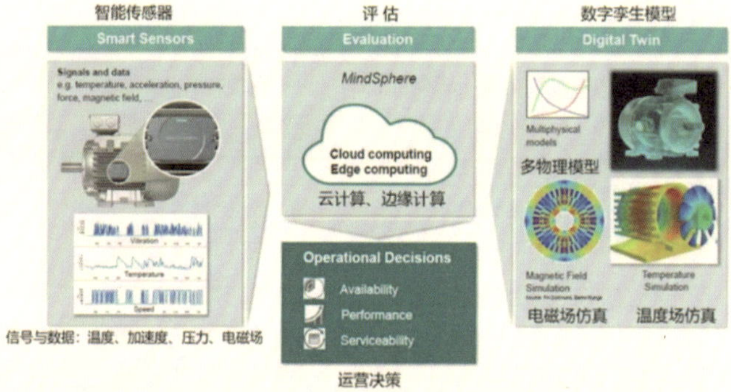

图5-36　西门子采用用数据孪生技术进行生产制造

资料来源：《数字化企业》。

2021年6月，阿里助力一汽集团吉林长春汽车超级工厂建成，对工具模型做了沉淀，仅需简单地拖拉拽便可用几个礼拜的时间搭好1∶1的产线。2021年8月，长安汽车发布全场景数字孪生开发开放平台，行业首发驾驶、座舱、车控三域打通的整车级虚拟仿真环境，实现全车功能场景可编排（见图5-37）。2021年10月，上汽通用奥特能超级工厂在上海浦东新区金桥正式投

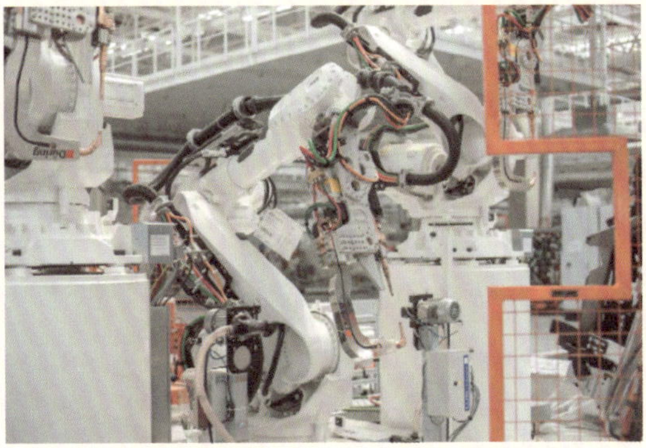

图5–37　长安汽车发布全场景数字孪生开发开放平台

资料来源：一汽集团官网。

产，其中装配工艺方面奥特能超级工厂电池生产的涂胶、合盖等工艺，全部由基于数字孪生技术的机器人自动完成（见图5–38）。设备加工方案在设计初期，会针对轨迹、速度、出胶量等工艺参数进行数百次虚拟仿真，生产时将仿真运行后的最优程序输出到现场设备，并配合3D视觉手段进行多重质量保证，全系统实现测量精度小于0.1mm。

图5–38　上汽通用使用数字孪生技术进行高标准装配

资料来源："电动知士"公众号。

第一，未来演化方向为建模的拟实化与互动体验的提升。

第二，建模层面，数字孪生体的拟实化推进。产品数字孪生体是物理产品在虚拟空间的真实反映，产品数字孪生体在工业领域应用的成功程度取决于产品数字孪生体的拟实化程度。产品的每个物理特性都有其特定的模型，包括计算流体力学模型、结构动力学模型、热力学模型、应力分析模型、疲劳损伤模型及材料状态演化模型（及材料的刚度、强度、疲劳强度演化等）。将基于不同物理属性的模型关联在一起，是建立产品数字孪生体继而充分发挥产品数字孪生体模拟、诊断、预测和控制作用的关键。基于多物理集成模型的仿真结果能够更加精确地反映物理产品在现实环境中的真实状态和行为，使在虚拟环境中检测物理产品的功能和性能并最终替代物理样机成为可能，能够解决基于传统方法（每个物理特性所对应的模型是独立分析的，没有耦合在一起）预测产品健康状况和剩余寿命所存在的时序和几何尺度等问题，多物理建模将是提高产品数字孪生体拟实化、充分发挥数字孪生体作用的重要技术手段。

第三，互动层面，与AR技术深度融合，提升虚拟与现实互动体验。增强现实（AR）技术是一种实时的可在屏幕上把虚拟世界安置于在现实世界上并进行互动的技术。将AR技术与产品的设计过程和生产过程更加深度融合，能够在实际场景技术上搭建一个全三维的浸入式虚拟场景平台，通过虚拟外设，开发人员、生产人员在虚拟场景中所看到的和所感知到的均与实体的物质世界完全同步，由此可以通过操作虚拟模型来影响物质世界，实现产品的设计、产品工艺流程的制定、产品生产过程的控制等操作。AR技术通过增强我们的见闻触听，打破人与虚拟世界的边界，加强人与虚拟世界的融合，进一步模糊真实世界与计算机所生成的虚拟世界的界限，使人可以突破屏幕中的二维世界而直接通过虚拟世界来感受和影响实体世界。AR技术与产品数字孪生体的融合将是数字化设计与制造技术、建模与仿真技术、虚拟现实技术未来发展的重要方向之一，是更高层次的虚实融合。

我们统计了国内各主要主机厂的员工结构、汽车产量与工厂/产线数目，其中多数主机厂研发/技术人员占比均在15%以上，长城汽车研发技术人员占比超过30%。我们认为整车制造行业大体量研发/技术人员及工厂数目将为工业元宇宙提供广阔B端需求，进而对元宇宙相关设备带来广阔需求空间（见表5-3）。

表5-3　国内主要主机厂生产情况概览

企业		员工人数	研发/技术人员	研发/技术人员占比	2020年汽车产量	工厂/产线数目
上汽集团	上汽大众	204 815	28 076	12.90%	1 495 669	8个工厂
	上汽通用				1 409 945	4个整车生产厂、2个动力总成厂
	上汽自主				640 811	4个生产基地
	通用五菱				1 554 683	5个工厂
广汽集团	广汽丰田	93 745	5 832	17.39%	764 999	5个工厂
	广汽本田				805 563	3个厂区：4条整车线+1条发动机线
	广汽自主				345 912	1个工厂
东风汽车	东风本田	4 957	776	15.65%	174 781	3个工厂
	东风日产					6个工厂，5个生产基地

续表

企业		员工人数	研发/技术人员	研发/技术人员占比	2020年汽车产量	工厂/产线数目
长安汽车	长安自主	40 298	6 636	16.47%	2 033 160	23个工厂，9个基地
	长安福特				231 900	7个工厂（其中整车5个）
长城汽车		63 174	19 347	30.62%	1 124 043	12大全工艺整车生产基地+5个KD工厂
吉利汽车		38 022	9 079	23.88%	462 228	24个工厂，8个基地
比亚迪		224 280	35 776	15.95%	431 954	6个基地
奇瑞汽车		3万以上	—	—	724 904	10处国内+17处海外工厂
华晨宝马		5 611	1 748	31.17%	351 934	2个整车厂+1个发动机厂
北汽集团		21 038	4 022	19.12%	365 752	1个工厂（北京经济技术开发区）

资料来源：各公司年报，民生证券研究院。

高端智能纯电动车品牌智己汽车入局元宇宙，打造真实车和虚拟车的元宇宙空间“密境时空”。智己汽车“原石谷”社区正式在上线，用户在这里可以拓荒原石、交流心得、升级装备、进化车辆，在社区中不断创造价值。在今后，用户将拥有一辆属于自己的实体车辆，而在“密境时空”中，还会存在一台映射出来的虚拟车辆，与现实中的车辆相互关联、相互影响。真实车辆行驶过程中发生的一些驾驶行为、产生的特殊数据，都会影响虚拟车的特征，后者将被逐步养成。反过来，虚拟车所养成的能力以及各方面的能力可以反过来作为真实车辆的升级，更有机会升级一些好的硬件或者是软件服务（见图5-39）。

图5-39 智己汽车“原石谷”

资料来源：智己汽车官网。

同时，智能汽车的高速发展又很有可能在未来为人类进入元宇宙世界提供入口。传感器、处理器、AI智能、云，然后应用到语音识别，面部人脸识别或许这就是元宇宙接口的基础，汽车能够成为一个接入元宇宙最好的移动设备。当前的智能驾驶车辆，从车辆的内部对人体进行检测的传感器，例如人脸识别，语音控制等以及各种反馈执行机构例如座椅内部的按摩执行器，方向盘的提醒等，都可以成为用户在元宇宙里面与朋友进行游戏互动的设备，前挡风玻璃投屏或者整个屏幕都能够成为视觉虚拟的AR HUD。

5.2.3 虚拟游艇

VR正在以极大的方式改变着世界各地的游艇设计和建造。从节省数千个工作小时到进一步节省大量资金（帮助船东、设计师和造船厂避免在所有过程中出现的代价很高的错误），该技术不仅提高了效率，而且还在改善客户体验。

另外，虚拟游艇可以作为一种NFT资产进行收藏和交易：虚拟游戏平台Sandbox Metaverse售出了其平台上迄今为止最昂贵的NFT资产—— 一艘Metaflower超级游艇。有人为此支付了149枚以太坊，价值约65万美元。Sandbox是一个虚拟世界，玩家可以在其中建造、拥有并货币化他们的游戏体验。Metaflower是一艘超级豪华游艇，由元宇宙开发商Republic Realm发布，是该公司为Sandbox设计的Fantasy Collection系列的一部分，这是一系列NFT豪华项目，包括私人岛屿、水上摩托艇、快艇、超级游艇以及一个会员制的海滩俱乐部和梦幻码头。

5.3 金融与地产业

5.3.1 金融

数字孪生赋能金融资产数字化管理。数字孪生可实现金融机构的金融资产数字化呈现，盘点现存金融产品及资产数据，创建金融资产门户，对存量金融资金进行资产分类导航、资产标签、评价等级的工作，通过知识图谱追溯资产价值网络中深层次的风险与价值联结，通过机器人流程自动化等AI技术实现金融资产的全生命周期监控和管理。未来成熟的数字化将势必成为金融行业坚固发展的基础底座，金融的数字化转型其实需要的是我们从传统金融发展属性和背景入手，依托以大数据、人工智能、物联网、云计算等元宇宙技术从根本上开拓与创新实践出一条适合金融行业向数字经济发展的运营模式的应用落地。

11月12日，招联消费金融官方微信号“招联金融”发文称，正式进军元宇宙，招联金融已提交注册“招联金融元宇宙”商标，后续将推出新品牌“买它消费金融”——Metacfc。在构建消费金融元宇宙方面，招联消费金融计划通过普惠服务自动化、消费体验全真化、智能管家定制化等三方面进行布局。其中，普惠服务自动化包括通过虹膜识别、云计算等技术，只需要1微秒即可完成身份校验、信用评估、放款等全金融流程，实现更灵活的借贷产品匹配；消费体验全真化是依托物联网、全息投影、裸眼3D、物理仿真模式以及新一代手势跟踪等技术，摆脱场地限制，享受沉浸式购物体验；智能管家定制化则是语音召唤AI智能管家，输出定制化的普惠金融服务方案。

5.3.2 房地产

房地产中介服务是贯穿房地产全产业链的房地产综合服务业务。房地产中介服务行业的服务内容涵盖了顾问、代理、经济、估价以及物业管理等服务内容，从最初的土地规划出让到项目的前期规划设计，再到物业销售运营，直到最后的二手房租售，房地产中介服务包含了贯穿地产一二三级市场的所有业务环节，涵盖了顾问、代理、经纪、估价、金融服务、电子商务以及物业管理等服务在内等诸多内容（见图5-40）。

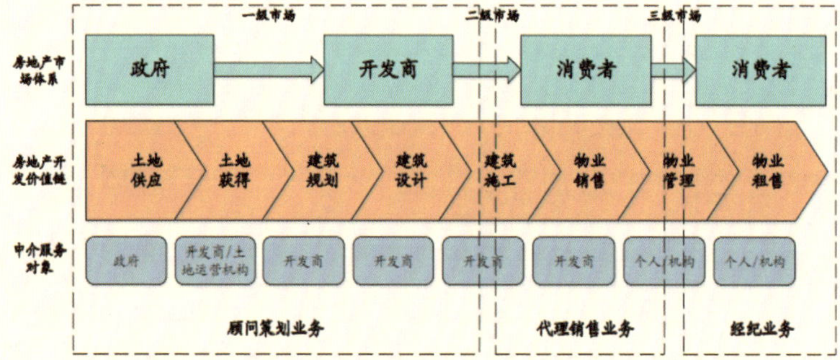

图5-40 房地产中介服务涵盖了地产全产业链业务

资料来源：世联行“招股说明书”。

根据中介服务业务发生于产业链的位置不同，我们粗略地将房地产中介业务分为前地产服务业务、新房服务业务和后地产服务业务。由于房地产中介业务与传统的房地产开发业务十分不同，因此我们根据处于产业链的位置不同，粗略地把地产中介业务分为三类：第一类我们称之为前地产业务，主要发生于一级土地开发，主要为顾问策划业务；第二类我们称之为新房服务业务，主要为与新房服务相关的代理销售业务、电子商务业务以及金融服务；第三类我们称之为后地产服务业务，主要包括二手房经纪服务、房屋租赁服务、物业管理服务等发生在三级市场的业务。

后地产服务业务是房地产市场的润滑剂，在促进市场健康效率运行方面起着不可替代的作用。后地产服务提供商一方面借助信息优势有效地缓解了交易双方信息不对称的现象，而且利用自身的信息和专业优势提供市场信息，而且它们的存在使得交易更加安全，并利用互联网优势进一步降低交易成本。行业现在正处于传统中介向互联网中介的转型阶段。二手房经纪和租赁经纪传统模式是以地铺模式为主，依靠门店与经纪人形成对区域的信息和业务的把控，并将数据汇总形成自己的数据库，从而提高信息匹配效率。随着互联网的冲击，人海战术、扩张门店所带来的高成本的弊端逐渐显现，鱼龙混杂的经纪人市场也使得这一行业饱受批评。因此借助互联网技术，实现线上线下的结合，从而降低运营成本，提高匹配效率成了行业现在的转型方向之一。

后地产服务时代主要以存量房为收入载体，其收益来自房屋的现有价值，通过向交易双方收取佣金的方式获得收入。从房屋的现有价值中分得一杯羹，如果房屋不进行交易和租赁，则后地产服务并不能产生价值。而房屋的交易和租赁却并不一定需要通过中介，因此后地产服务时代的价值源于匹配和效率，从更高效率的匹配中获取收益，从某种意义上来讲，后地产服务时代扮演的是红娘的角色，收取所谓的媒介费用。二手房经纪业务以交易价格为基础，房屋租赁经纪业务以租金为基础收取佣金。后地产服务时代根据效率动态流动，提供不同的服务，其目的依然在于缩短匹配时间。效率的源头关键为信息平台，其目的在于降低搜寻成本；效率的流动关键在于经纪人，其目的在于降低配对成本；而效率的实现关键在于撮合，核心依旧是经纪人。只有买、卖、房、价四者达成一致，一笔交易才算完成（见图5-41）。

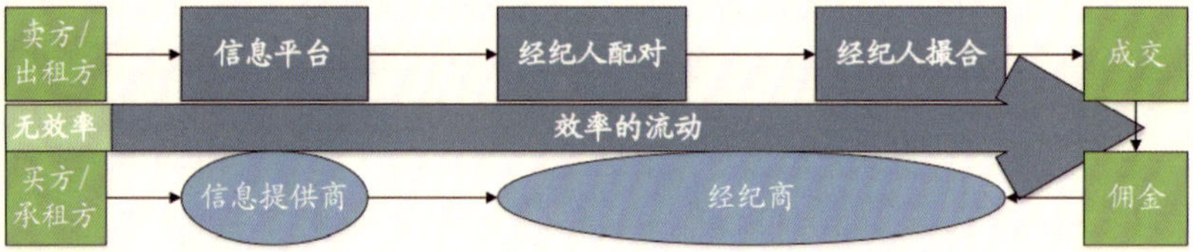

图5-41　后地产服务业务主要在于高效地匹配交易双方的需求

地产中介服务的“润滑”作用主要体现在以下几个方面：（1）有效缓解供求双方信息不对称的现象。因为房地产中介提供的服务是贯穿整个房地产产业链的，因此房地产中介的从业人员同样活跃于地产市场的各个层面，借助中介企业的经营优势，他们能够更好地汇集和归总市场信息，使得房地产市场更加透明，降低信息不对称的现象。（2）中介服务是地产市场运行的纽带。一方面，地产中介凭借自己的收集汇总信息的优势为地产企业以及政府机构提供市场相关的信息，为企业和政府的决策提供依据；

另一方面，地产中介企业一般不参与房地产开发，更加注重提升自身的专业服务能力，凭借自身的专业优势，在房地产各个市场提供专业化的服务。(3) 保证交易公平，保障供求双方安全。由于房地产商品不动产的特性，其交易具有高度的复杂性，地产中介为交易双方缓解了信息不对称现象，保证交易公平地、顺利地进行以及保障交易双方的安全性。同时，地产中介成功的匹配经验可加大可信度和客户流量，进一步提高市场效率。(4) O2O模式降低交易成本，刷新付费模式。匹配困难、交易成本高是过去传统地产中介服务普遍存在的问题，客户和业主分别交付半个月的中介费用给中介商作为佣金。随着互联网+时代盛行，互联网代替人工以及大数据的应用将大大降低了交易成本，随交易格局的日趋激烈，未来佣金的降低已成趋势(见图5-42)。

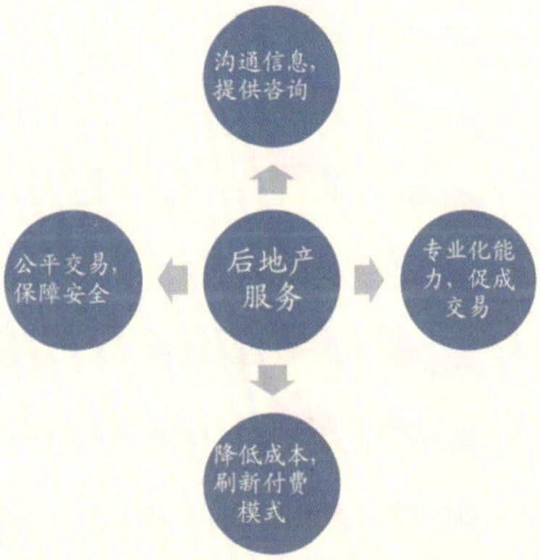

图5-42　地产中介服务的"润滑"作用

无论是中介还是租房者都需要在线下多次看房，看房的时间成本较大。人们购房租房时需要到线下进行多次看房，中介也需要多次带领客户看房，这无疑会导致中介和购/租房者的时间成本大幅增加(见图5-43)。

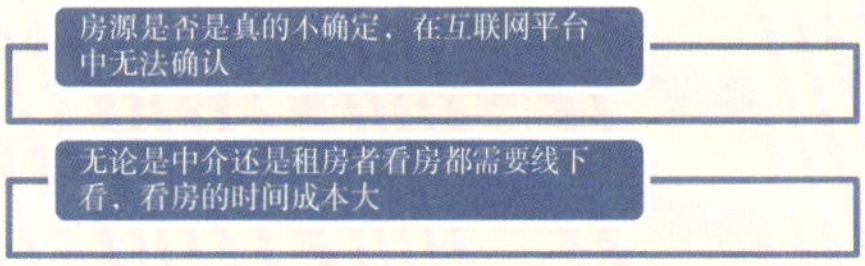

图5-43　房地产中介服务行业发展过程中遇到的问题

一方面，元宇宙可大幅降低看房的时间成本。通过元宇宙的数字孪生技术可将现实世界的房屋“复制”到虚拟世界中，进而中介和房屋租赁者可以在虚拟世界中进行看房。虽然目前部分互联网房屋中介服务商已将3D看房运用起来，但是限于技术的不完善和沉浸感的不足，中介及房屋租赁者无法通过简单的3D房屋模型了解房屋的具体情况。而通过在元宇宙中进行看房，可提升中介及房屋租赁者的看房体验，且可大幅降低线下看房的时间成本。

另一方面，在元宇宙中，虚拟地产能够成为一种虚拟资产进行交易和收藏。天下秀发布了一款“虹宇宙”（Honnverse）的产品，根据计划，“虹宇宙”平台将总计发行虚拟房屋350 000套，这些虚拟房屋根据P星球的不同地貌，有13种房型，每种房型的发行量和稀缺度都不同，房子的等级从高到低分为SSS、SS、S、A、B级，虚拟房产根据不同的房型等级不同，价格也不一样，从8.88元到88元不等。10月28日，“虹宇宙”开启了线上限量版虚拟房产的预约抢购，首日预约量两小时破万人，全日破5万人，由于抢购人数众多，服务器一度崩溃。11月3日，第二轮预约，超10万人登录。11月4日，第三轮预约。刚开始，就有114 371人预约登陆。根据官方消息称，已经有超过13万用户注册抢购。虚拟房产还出现在了“二手市场”。一些稀缺的前500号及“幸运号码”在二手交易平台上不断被炒高。有用户称，一套海岛别墅被炒到了53万元。

5.4 网络安全与隐私计算

5.4.1 网络安全

（1）网络安全（简称“网安”）黄金年代正当时。国内网络安全产业已由单一政策驱动向合规+产业内生需求双轮驱动进阶。1995—2005年，我国启动上网工程与信息化建设，网络安全经历了从0到1的发展，由于网络攻击手段相对单一，网络安全需求不高，信息化渗透率到达一定程度后，行业增速逐渐放缓。2013年，云计算等新技术催生了IT架构变革，从产业侧加快了安全需求释放，行业驱动因素由单一合规向合规+产业内生需求过渡，逐步在技术和商业模式上迎来新变革。在技术层面，以数据驱动的态势感知、EDR等逐渐成为主流；在商业模式层面，企业上云、IT架构复杂化带动了安全即服务SECaaS发展（见图5-44）。

2014年是我国网络安全黄金时代元年。2014年，我国成立中央网络安全和信息化工作小组，将网络安全上升至国家战略。2016年11月，《中华人民共和国网络安全法》的出台，正式将网络安全等级保护提升至法律层面；同年，公安部也首次组织开展全国网络安全攻防演练行动。

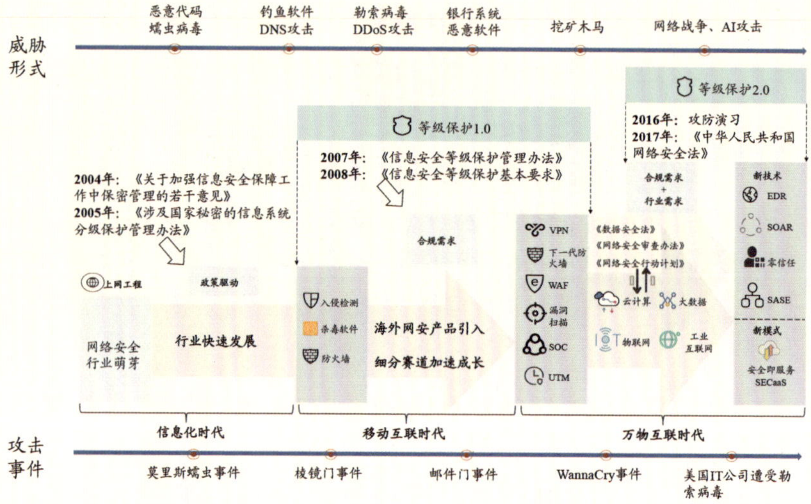

图5-44　网络安全行业发展复盘

资料来源：国务院官网，网信办官网，工信部官网，公安部官网。

政策持续加码，行业利好逐步落地。2016年以来，我国政府出台多项网络安全政策条例，在明确网络安全治理目标的基础上着重强调了基于云计算、大数据等新场景下的网络安全问题，并将上述新场景中产生的企业/个人数据列为关键信息基础设施。2019年出台的等级保护2.0制度对云计算、物联网、移动互联网、工业控制、大数据等新场景提出了新的安全拓展要求，2020年的《数据安全法（草案）》《个人信息保护法（草案）》也推动信息保护步入新阶段，实现了企业数据、个人信息等关键信息保密有法可依。2021年7月出台的《新型数据中心发展三年行动计划（2021—2023年）》明确了2023年我国网络安全市场规模达到2 500亿元，电信等行业网络安全支出占IT总支出比重不低于10%。近些年以来，就数据安全问题，国家、地方及各行业监管部门已颁布50余部相关法规，在政策驱动与新场景需求带动下，我国网络安全行业处在黄金时代。

网络安全等级保护2.0提出主动防御要求。随着信息化程度提升，等级保护1.0时代的被动防御已无法满足各行业用户的安全需求，2019年5月13日，国家市场监督管理总局正式发布网络信息安全等级保护2.0版本，2019年12月1日正式实施。等级保护2.0从法律法规、标准要求、安全体系、实施环节等方面对网络安全进行了重新定义（见表5–4）。

表5–4　等级保护2.0较等级保护1.0更为严格细致

	等级保护1.0	等级保护2.0
法律法规	国务院147号令	由条例层面上升至法律层面
标准要求	安全要求	需要同时满足安全“通用要求+扩展要求”，对云计算、物联网、移动互联网、工业控制、大数据新技术提出了新的安全扩展要求；将安全管理中心从管理层面提升至技术层面
安全体系	被动防御	主动防御
定级对象	信息系统	扩展至基础信息网络、工业控制系统、云计算平台、物联网、大数据等
定级流程	自主定级	专家评审→部门主管审核→公安机关备案
合格要求	60分基本符合	75分基本符合

资料来源：国家市场监督管理总局官网。

关键信息基础设施是等级保护2.0下的关注焦点与重点保护对象。2014年，中央网络安全和信息化领导小组第一次会议正式提出关键信息基础设施（简称“关基”），2021年8月18日正式公布《关键信息基础设施安全保护条例》。关基主要包括“公路、铁路、水运交通设施、大型水利设施、大型煤矿、重要电力设施、石油天然气设施、城市基础设施”九种类别。对关于组织自身利益、社会秩序、公共利益、国家安全的信息系统，都需要做等级保护。等级保护工作是关键信息基础设施保护工作的基础，关键信息基础设施是等级保护制度中重点保护的系统。

关基系统不会低于等级保护三级。信息系统运营商应当在等级保护三级及以上的系统中确定哪些是关键信息基础设施，并进行重点保护。换言之，关基系统至少为等级保护三级系统，也可能为等级保护四级或者更高级别的系统。

关基源于等级保护，要求高于等级保护。等级保护是基础，关基是等级保护的对象上更进一步梳理，关基的安全防护在等级保护的安全建设整改的基础上开展，其检测评估内容包括等级保护的等级测评、安全建设情况等。关基安全要求力度要求也高于等级保护（增加动态风控相关要求），更加注重网络安全实战化、体系化、常态化。

5G催生新场景、新应用。5G具备“增强移动宽带”“低延时、高可靠”“低功耗、大连接”三大特征。①“增强移动宽带”前期以支持To C应用为主，后期主要支持To B应用如车联网、智慧医疗等。在网络安全方面侧重流量清洗、Ipv6安全、空口协议等；②“低延时、高可靠”特点为业务实时发生，对安全的要求极高，需要具备实时安全以满足实时系统、专用硬件/App的需要，对应主要场景为工业互联网；③“低功耗、大连接”特点为海量设备相互连接，促使网络安全能力不断前移、下沉，网络安全需要具备态势感知能力，网安边缘部署需要注重安全部署，并具备人工智能、深度学习等能力，典型应用场景为物联网、智慧城市。新场景产生海量数据，数据安全重要性提升，海量数据是发展云计算、物联网等新场景的基础，数据安全已成为当下基础性安全问题（见图5–45）。

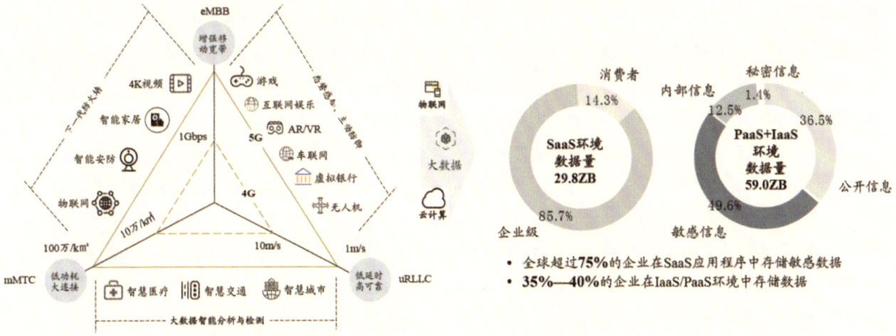

图5–45　新技术催生新应用场景，产生海量数据催生网络安全新需求

注：数据截至2020年12月31日。

资料来源：NSA，IDC's Global Datasphere 2020。

（2）如何划分网络安全赛道？网络安全逐渐从单一工具产品升级为产品+服务生态建设。安全主要防止网络环境中的软硬件及数据遭受破坏、更改或泄露，存在短板效应与持续更新性。系统的安全性由安全级别最低的部分决定，网络威胁形式不断进化，防御思路也在不断升级。纵观网络安全厂商发展路线，基本都从单一优势产品出发，通过技术复用，布局多产品线，不断加强产品间关联度与联动性，逐渐形成贯通事前预警、事中防御与事后溯源分析的防御生态。结合IDC分类口径、网络安全技术及应用场景，我们将网络安全赛道划分为边界安全、终端安全、身份安全、安全管理、数据安全、应用安全、安全服务等七大类（见图5–46）。

工具→解决方案→生态

成熟→发展→新兴

行业赛道	主要功能	核心技术	2020市场规模	网络安全核心产品：主要产品		网络安全核心产品：新场景
边界安全	防入侵	网络层协议分析 网络流量分析	250亿元+	防火墙 入侵检测与防御系统	上网行为管理 抗DDoS	工业互联网
终端安全	反病毒	文件解析 漏洞检测 终端管控	30亿元+	杀毒软件 端点保护平台EPP	终端设备管控 终端检测与响应EDR	车联网安全 智能硬件安全
身份安全	访问管理	文件加密 身份认证 权限管理 LDAP技术	40亿元+	统一管理平台 访问控制/单点登录 密码/令牌/生物识别	访问控制 堡垒机 零信任架构	云安全 移动互联网安全
安全管理	安全态势分析	可视化 关联分析 数据挖掘 行为分析	40亿元+	安全管理平台 威胁情报 漏洞管理	态势感知 XDR APT检测分析	云安全 大数据安全 移动互联网安全
数据安全	数据防泄露	文件透明加解密 文件沙箱 数据访问隔离	40亿元+	数据库安全 数据治理	数据防泄漏 文档加密	大数据保护
应用安全	防Web攻击	Web漏洞扫描 流量清洗 反向代理	20亿元+	Web防火墙 网页防篡改	Web扫描器 代码卫士	云安全 智能硬件安全 车联网安全
安全服务	完善安全体系	业务布局及支撑 自动化响应能力	150亿元+	安全托管服务 安全实施与集成	安全咨询 安全教育与培训 安全运营	SECaaS

图5-46　网络安全产品全景图

资料来源：IDC。

边界安全市场存量规模最大。边界安全产品包含防火墙、入侵检测与防御、VPN等，也是各大网安厂商最早布局的产品，市场较为成熟，边界安全是大型机构安全系统的刚需，未来数据驱动的安全也需要边界侧产品进行流量采集和挖掘。我们认为，边界安全赛道仍将保持稳定增长。

终端安全、身份安全、数据安全、应用安全发展迅速。①在万物互联趋势下，终端设备的形态、端点数量快速增长，终端安全需求不断放大。②以零信任为代表的新安全理念重塑身份安全市场，传统的身份安全包括动态口令、生物识别、单点登录等产品，当用户身份通过一次认证后即可访问大部分资源，而零信任秉承“普遍不可信”，需要对访问者身份进行持续检测。目前，国内以奇安信为代表的厂商正在大力推动零信任架构，尽管落地尚不成熟，我们认为零信任是身份安全的重点发展方向。③《数据安全法》于2021年9月1日正式施行，数据收集、处理与使用等环节正逐步被纳入监管，《数据安全法》的落地进一步提升了行业景气度和产品落地的确定性。④Web应用防火墙（WAF）是应用安全核心产品之一，WAF工作于应用层，能够通过拦截非法请求抵御DDoS、SQL注入等攻击。网站是大中小企业的门户，防火墙本身是发展最为成熟的网络安全产品，随着各企业上云趋势加强，WAF正逐渐成为云化程度最高的网安产品之一。根据安全牛统计，我国WAF云化比例已超过30%，我们认为随着云计算发展，云WAF有望持续带动应用安全赛道增长。

安全管理与安全服务具备高成长性。①态势感知是安全管理的重要一环，态势感知能够发现网络安全数据在时间、空间上的关系，并结合资产维度、漏洞维度数据，对攻击事件进行复盘，出具攻击溯源报告，提升安全管理便捷度，推动管理平台落地。②安全服务驱动因素来自合规需求与产业升级需求，企业客户面临攻防演习，需要网安厂商提供持续性安全服务；此外，日益复杂的攻击形式要求网安厂商具备专业的安全产品结构规划、安全平台建设与安全运营能力，我们认为安全服务与安全管理融合度逐渐提升，价值也更加被认可。

（3）从技术和商业模式两个维度理解“传统安全”与“新安全”。从技术维度而言，新安全可分为面向新场景的安全产品与新安全技术。新安全场景通常指云计算、物联网、大数据、工业互联网等，这类场景下的应用发展快、数据交互频繁，用户的服务器、网站与业务系统等安全设备的部署变得多样，用户可以从自己的设备通过云端访问企业数据，边界概念逐渐模糊。新场景下的安全产品本质上是基于场景进行适配，底层技术并没有发生太多变化（如针对工业互联网的工控防火墙是在传统防火墙的基础上内置了工业通信协议的过滤模块）。而EDR、SOAR等都是通过新技术增强了产品有效性，但解决的安全问题并没有产生太大变化。在不变的核心问题与变化的技术、场景和需求面前，如何构建好自身的安全产品生态成为网络安全厂商的成功关键。我们通过拆解下一代防火墙、EDR、态势感知三类产品进行分析。

①下一代防火墙（NGFW）。NGFW的本质为网安产品一揽子工程。网络安全产品线的布局方向是决定安全厂商长期竞争力的关键。作为传统网络安全产品，防火墙只能被动响应已发生的威胁，下一代防火墙通过将流量分析、信息分析等功能整合至传统防火墙，对网络环境数据包深度检测，实现基于应用层构建安全、主动防御、多威胁检测机制智能融合。

面向新场景，NGFW具备高级安全功能与智能分析能力。以云计算为例，为解决云计算存储虚拟数据安全性，下一代防火墙支持基于第三方用户存储、公有/私有云对象、外部服务源（如Office 365、AWS地理位置）及新设备（如IoT）。NGFW需要在多维统计基础上加以深入分析，通过引入外部威胁信息，实现安全态势感知和风险预测。

②终端安全响应系统（EDR）。现有EDR产品本质上是EPP（终端防护平台）与EDR理念的结合（见图5-47）。在EDR概念提出前，基于机器学习、行为分析的EPP已被应用，能够有效检

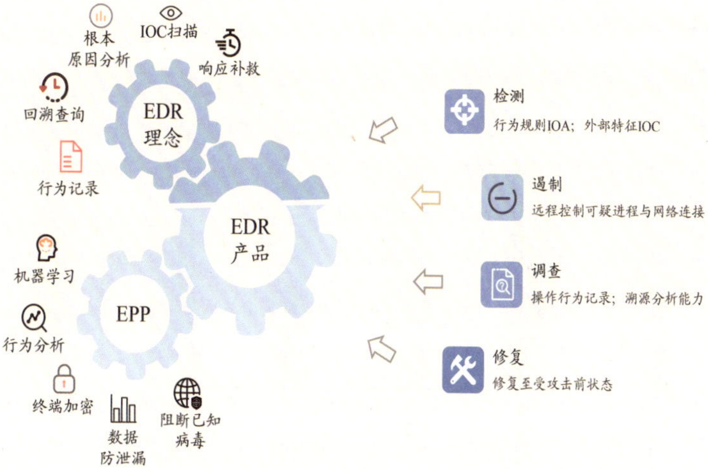

图5-47　EDR产品是EPP和EDR理念的组合

资料来源：Gartner《Endpoint Detection and Response（EDR）Solutions Reviews and Ratings》。

测、阻止勒索病毒活动，通常包括防病毒、防火墙、端口与设备控制等功能。但EPP主要针对的还是已知威胁，如想要单纯通过EPP“看清无文件攻击”存在难度。2013年，Garter提出了EDR理念，要求持续检测端点，并进行事后的响应补救、攻击原因分析、回溯查询、影响范围评估。Gartner对EDR提出了如下四种基本功能：检测、遏制、调查、修复，实现安全闭环。

EDR有望成为未来终端市场增长的重要推动产品。根据IDC，2017年全球企业级终端安全市场规模达61.5亿美元，预计2022年将超过92亿美元，年复合增速8.6%，传统终端安全防护平台（EPP）相对EDR产品的增速已明显偏低（见图5-48）。我们认为，EDR将成为未来终端安全市场持续增长的重要推力，类似于下一代防火墙在边界安全市场的推动作用。

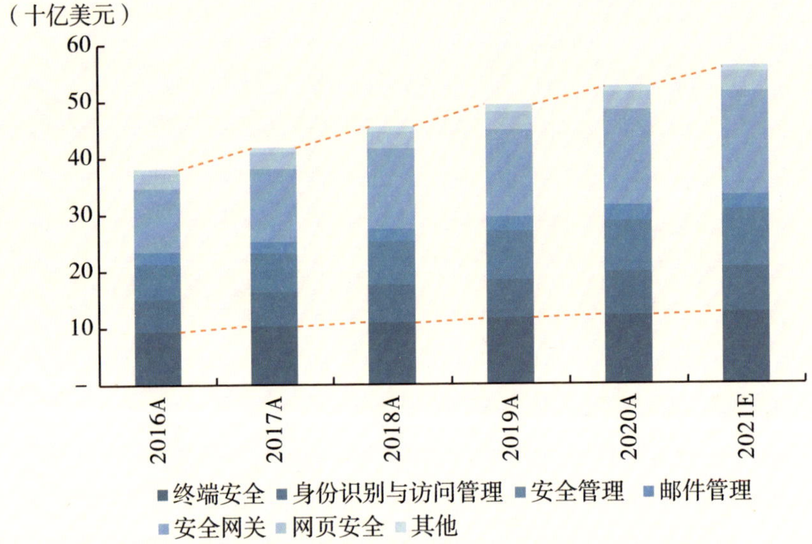

图5-48　全球传统终端安全市场增速低于网络安全产品平均增速

资料来源：IDC。

本土网络安全厂商EDR市场空间扩大，安全防护统一性与整体性成为重要评判指标。根据IDC，2010—2020年，外资网安厂商EDR市场份额逐渐缩窄。2015年，亚信科技收购Trend Micro中国区业务，成立亚信安全。2019年起，亚信安全EDR国内市占率稳定在12%左右。目前，奇安信与亚信安全合计市占率已超过30%。产品核心技术能力、威胁可见性、安全专家能力、托管安全服务能力以及安全防护的统一性和整体性成为重要评价指标。奇安信EDR作为天擎终端安全管理的重要模块，能够依托海量数据通过机器学习与数据处理技术，在第一时间内对威胁进行监测与响应（见图5-49）。

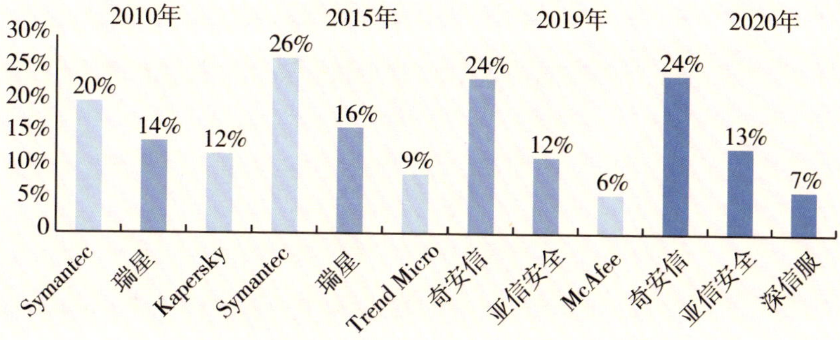

图5-49　国内厂商EDR产品市占率逐步提升

资料来源：IDC。

③态势感知。态势感知是以大数据分析为支撑，赋能网络安全的新应用。态势感知强调网络安全解决方案基于当前网络环境中各类特征要素，通过大数据分析，叠加人工智能对潜在威胁进行预测与诊断，准确理解、量化与预测当前网络空间安全态势。

态势感知的核心在于数据采集与特征提取。类似深度学习系统，只有通过足够多数据的输入，态势感知才能学习各类攻击特征，并通过内嵌算法对潜在威胁进行预测。态势感知数据采集方法很多，除了设备自带数据采集工具，态势感知还能够搭载在网络系统中各类辅助性设备上，如防火墙、入侵检测系统等，进行企业资产、漏洞、威胁等维度信息的采集。目前，态势感知数据采集主要通过日志采集与协议采集实现。此外，为避免采集后数据量过大而产生的数据过载问题，态势感知还需要对数据降维，发现关联数据。考虑到态势感知对输入数据要求较高，安全厂商自身的终端布局更显重要。以奇安信为例，2019—2020年态势感知平台NGSOC在国内安全管理平台产品市场占有率排名第一，支持国内外数十家厂商的上百种常见设备的自动解析、过滤、内容转化与归一化，并支持通过DB、SNMP、NetFlow、API接口等多种采集方式（见图5-50）。

态势感知对于网安厂商数据融合能力有高要求。总体而言，态势感知更类似于深度学习领域在网络安全行业的迁移应用。就纯技术层面而言，态势感知设计的技术并不复杂，主要以层次分析、神经网络模型为主；就数据层而言，态势感知需要整合设备资产维度数据（主要包含企业硬件、软件与信息资产）、漏洞维度数据、威胁维度数据，三类数据具备不同的数据结构与口径，标准化难度高，且不易收集。因此，我们认为通过传统网安产品收集流量数据成为网安厂商开发态势感知的优先切入点。

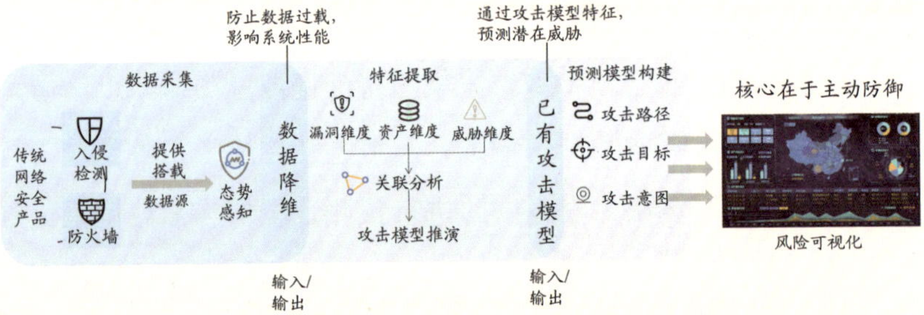

图5-50　态势感知通过数据采集、特征提取构建攻击预测模型

资料来源：Gartner《全球威胁情报市场指南》。

商业模式维度，新安全可以理解为新服务模式。安全即服务（SECaaS）是云计算时代下的新型服务模式，将安全产品功能模块部署在公有云，以订阅制方式向用户提供安全能力。SECaaS在敏捷性、可扩展性与收入持续性上具有优势，成为海外网安厂商的主流模式。

SECaaS模式可以从收入与成本两个角度进行分析。收入上，SECaaS本质为通过订阅化方式为厂商带来可持续性收入；成本上，基于轻量化部署的SECaaS能够降低厂商的边际成本。对标海外，我国主要网安客户仍以私有云为主，网安产品SaaS化仍处于萌芽期，但大多厂商如奇安信、启明星辰、安恒信息、深信服等已开始布局订阅制安全服务方式，逐渐发展出具有中国特色的SECaaS。奇安信安全服务采用订阅制，用户按年订阅管家式服务，订阅期内奇安信负责保障用户攻防演习等需求，启明星辰建设了城市级安全运营中心，为用户提供7×24小时全天候、全方位安全检测、安全响应服务，深信服在行为管理、EDR等产品线重点发力SaaS化模式。

智慧城市发展为安全运营服务带来机会。智慧城市中储存着海量城市数据信息，涉及政务、医疗、交通等行业，如何保障海量数据在融合与使用过程中，居民个人隐私信息、企业和政府敏感数据不被入侵篡改和肆意泄露是打造智慧城市面临的难题。目前，国内智慧城市主要参与厂商的网络安全基础较为薄弱，大多需要通过第三方网络安全厂商协助，构建安全运营中心。根据IDC，2023年中国智慧城市相关投资将达到389亿美元，网络安全是重要组成部分。除网络安全相关产品的投入，网络安全运营对于智慧城市是一个更长期的专业性服务，具有长期投资价值。城市安全运营中心有较强的排他性，通常一个城市只有一个安全运营商，各大综合型网安厂商纷纷布局。

第一，启明星辰是最早布局安全运营业务的厂商之一，打造了北斗成都安全运营中心，由专业安全团队进行全年不间断监测服务，并以成都运营中心为模板不断进入新的城市，通过与客户长期合作形成标杆效应。成都安全运营中心已通过等保三级测评，设立了大数据安全实验室、深度安全攻防实验室、培训服务中心等，为国家培养信息安全新型人才。

第二，奇安信以数据驱动面向智慧城市提供全线安全产品与服务，结合态势感知、数据关联分析能力实现安全资源合理配置，解决地方网络空间安全防御资源有限、安全事件应急处理能力不足等问题。奇安信在贵阳、长沙、绵阳与武汉等地建设了城市运营中心，敏捷高效地提供安全托管服务。

第三，深信服打造了“1+1+N”智慧城市运营服务，通过打造一套整体安全体系防护框架，辅以一个数据汇聚与计算平台，同时赋能N个智慧城市应用中心。深信服同运营商达成了深度的合作，在深圳龙华智慧城市、青岛高新区智慧城市等20多个智慧城市基础设施平台建设项目中积累了丰富的经验（见图5–51）。

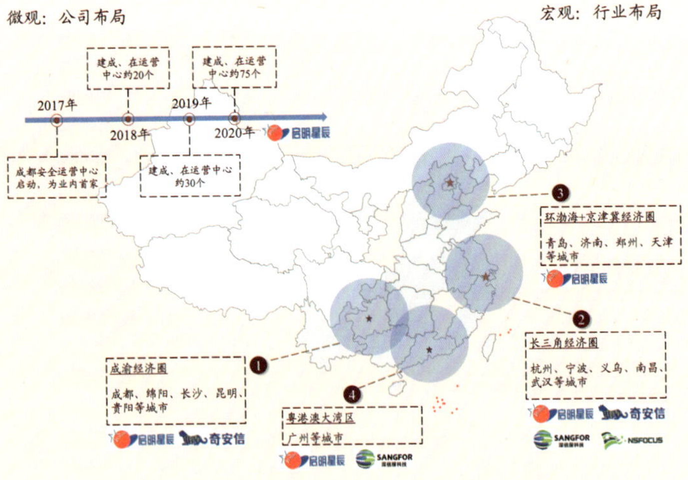

图5–51　慧城市带动安全运营服务发展

资料来源：各公司公告。

（4）未来演化方向，技术革新驱动应用场景迭代。网络安全是伴生性技术，同信息技术革新密切相关。信息技术的升级催生新应用场景，安全产业更多是适应性创新。在同步迭代的过程中，原有的市场价值分配机制也会随之调整。以云计算为例，原有数据中心云化后，以硬件形式布局在数据中心的安全产品应用场景不断缩窄，如何在云场景下开展网络安全成为新趋势。

我国网络安全行业仍未形成清晰的商业模式。我国信息化起步较晚，行业用户未形成业务上公有云的习惯，厂商的商业模式较为传统。部分产品型公司也会承担少量集成与服务业务，服务型网安厂商也提供自研产品，国内网安厂商应对激烈的竞争，主要通过扩大产品覆盖面与扩充销售人员规模以挖掘更多业务机会，且国内客户对网络安全认知仍不完备，选择网安产品或解决方案主要为了合规要求，竞争中销售能力成为赢单的关键因素。

海外网安公司的商业模式转向SECaaS。随着企业逐渐将业务迁移至云端，海外厂商也逐步以云化的形式交付安全能力（SECaaS）。用户根据自己的业务特点，线上自助选择不同形态的产品或服务，厂商可以借助产品间的协同效应打造平台化产品，降低边际成本同时提升开发效率。市场对CrowdStrike、Okta、Zscaler等代表性的SECaaS公司给予较高估值。但商业模式仅仅是一方面，企业自身产品力和业绩同样重要。以同样是SECaaS模式的Carbon Black为例，2018财年，其收入增速持续下行，估值回撤，低于竞争对手CrowdStrike。

我们认为，随着网安厂商与公有云厂商合作深化，公有云平台上将接入更多第三方厂商提供的安全功能模块。目前，阿里云、腾讯云上已开放安恒信息、深信服、绿盟等厂商提供的防火墙、抗DDdoS等产品。网安厂商产品多采用一次性授权+实施、后续更新病毒库、行为库采取额外收费模式，本质上追求一次性客户成功，对销售的要求高于产品本身使用要求。通过将产品放入公有云平台，采用订阅制收费将产品价值与客户进行深层次绑定，网安厂商有望实现更多持续性收入。

安全软件市场具备后发市场与先发优势双重属性，率先布局对应赛道尤为重要。网络安全行业跟随信息化进程同步发展，信息化本身仍处于上升阶段，各项技术不成熟，各数据口径不统一，网络安全产品在某种程度上是滞后于新技术、新场景发展的。网络安全厂商较难在某项技术或某个场景得到规模化应用前事先布局对应产品，因为一旦新场景自身发生改变或数据标准更新，原先大量研发投入无法得到应用。但网络安全同时又是受下游客户需求驱动，一旦某项新技术得到应用，用户迫切需求相应网络安全产品，率先推出对应产品的网络安全厂商能够占据先机。而网络安全产品本身又需要一定的研发周期，不仅需要网安厂商拥有一定业务量、数据量的积累，同时也需要网安厂商拥有超前意识，能够快速把握未来赛道。我们认为，应对不断变化的场景、缩短原本较长的研发周期、及时解决下游客户的需求成为网络安全新赛道产品的“不可能三角”。

增强产品间的关联程度是突破“不可能三角”的有效途径。过往的攻击终端主要为PC，各终端间有着较为清晰的边界，用户可以将网络安全产品部署至数据中心出入口处，即可做到南北向流量防护，网络安全产品间关联程度较低。在新场景下，数据交互终端更加多元，用户内部数据交互更加频繁，单一产品无法有效解决问题，多数厂商为实现快速布局新赛道，减少无效投入，会首先选择在某一细分赛道部署产品，通过在该赛道获取一定市场份额后，再逐渐导入其他赛道。如边界安全的龙头Palo Alto Networks、Fortinet、深信服、天融信等；终端安全的CrowdStrike、Trend Micro；数据安全领域的安恒信息等，各细分赛道均存在龙头公司（见图5-52）。

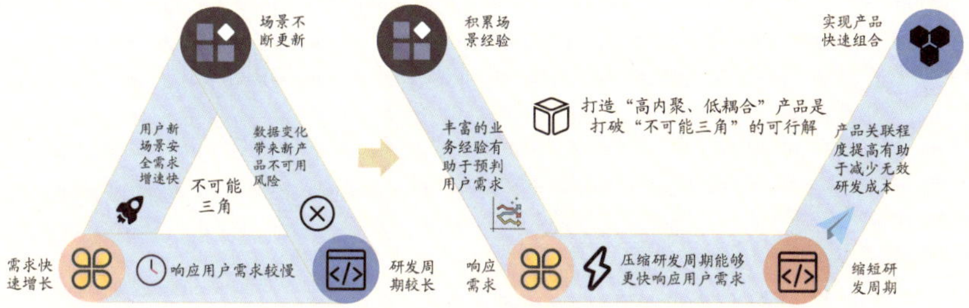

图5-52　提高产品关联度能够解决“不可能三角”

资料来源：中国网络安全产业联盟《中国网络安全产业分析报告（2020年）》。

随着场景间交集扩大，各赛道间的边界也逐渐消失，工业互联网也会逐渐上云，保障云安全的同时也需要关注数据安全。产品仅仅聚焦于单一安全赛道已无法满足用户日益复杂的安全需求，产品的综合性能力成为用户关注的重点。海外网安厂商针对用户需求打造了集成化产品，能够应用于多种场景，如Palo Alto Networks的下一代防火墙、CrowdStrike的Falcon平台、Zscaler的SASE平台。增强产品间的关联程度，通过数据驱动，在新场景下实现各产品间的协同防御是“不可能三角”的可行解。我们认为，成功的网络安全公司需要提升产品间的协同度。一方面，在新场景下快速迭代，带来增量市场收入；另一方面，高内聚、低耦合的产品能够降低研发费用率，减少冗余开发。以奇安信为例，采用模块化研发模式，即通过打造大量标准功能模块并进行组合，实现新产品高效落地，前端研发效能提升20%，开发成本降低10%。

元宇宙是网络安全未来发力重要方向。元宇宙是基于下一代网络技术搭建的全新生态，是愈加真实的数字虚拟世界。元宇宙是下一代互联网，而网络安全则是元宇宙发展和繁荣的重要前提。科技的发展从来不是以牺牲安全为前提，作为下一代互联网的典型场景，元宇宙的发展更离不开网络安全的护航。

元宇宙集成了诸多信息技术，其安全隐患可能更加突出、多元。从其所集成的技术来看，元宇宙很可能将面临以下技术安全问题：

①网络攻击。网络攻击是数字生态所面临的主要威胁，元宇宙也无法避免这一危害。网络攻击既可能针对元宇宙的最终用户和设备终端，也很有可能针对元宇宙的运营商或关键服务提供商。元宇宙带来的虚拟世界与现实世界的融合将令网络攻击变得更为危险，可能对一国或特定群体造成系统性影响。

②技术安全缺陷。元宇宙所采取的技术集成模式令其可能蕴藏更多的设计缺陷或漏洞。这些漏洞有可能被网络攻击者利用，也有可能破坏系统自身的运行。由于元宇宙试图实现在线信息的永久保存和系统的完整性，系统整体升级、修复的成本将远大于当前的数字生态系统。一些缺陷有可能在多年后才会被发现和弥补。

③关键基础设施。元宇宙将产生新的关键基础设施，这些基

础设施一旦受到攻击或发生故障，其所带来的影响和社会冲击可能会超出预期。例如，元宇宙中的交易市场和信息存储系统如果发生故障，将严重削弱元宇宙的整体价值，造成巨大的经济损失。

④篡改、盗取和大规模泄漏。虽然元宇宙设计者试图运用区块链技术保障元宇宙中用户的信息安全，但区块链技术对于一些网络攻击者来说仍然十分脆弱。元宇宙中用户的“化身”资产和信息如被盗取，其用户价值将瞬间归零。巨大的潜在收益将让全球黑客群体将元宇宙作为下一个开展网络犯罪的重要目标。

元宇宙赋能安全服务。元宇宙的虚拟现实技术大幅增强了用户体验，同时能够为网络安全服务“添砖加瓦”。以智慧城市安全运营为例，我们认为智慧城市深度融合新一代信息技术，具有高度信息化的特点，聚焦云计算、大数据、物联网、工业互联网。智慧城市本身就是“微缩型元宇宙”。网络安全厂商为智慧城市提供的安全服务侧重利用可视化技术，实现资产管理可视、漏洞风险可视、分析结果可视（见图5-53）。通过对元宇宙内部风险要素进行分析，网络安全企业可以搜集更多虚拟数据，并以此为基础进行安全攻击的反向推演，大幅提升防御效率。

图5-53 智慧城市可视化系统

资料来源：金科服务官网。

5.4.2 隐私计算

（1）隐私计算源于数据融合与隐私保护需求。数据已成为重要的生产要素。随着云计算、物联网、大规模存储与高性能计算芯片技术的发展，全球已进入“数据爆炸时代”。根据中商产业研究院统计预测，我国大数据服务市场规模由2016年的698亿元跃升至2018年的1 317亿元，2020年我国大数据服务行业市场规模将达到1 922亿元（见图5-54）。数据作为新型生产要素，其价值日益被充分认可，数据安全也备受社会广泛关注，一个完整的数据生命周期包括数据从产生、获取到销毁的全过程，具体可分为采集、存储、整合、分析应用、归档与销毁。任何一个阶段都存在数据资产损失风险。

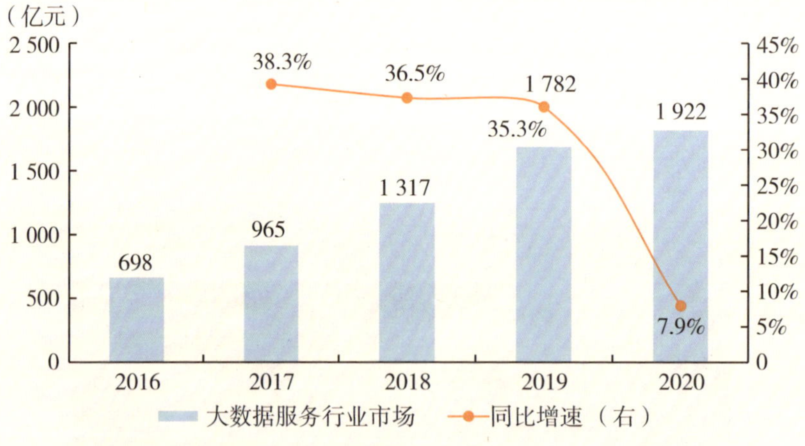

图5-54　2016—2020年我国大数据服务行业市场规模

资料来源：中商产业研究院。

如何打通融合多方数据、做好隐私保护是大数据服务行业的两大难题。目前，社会各界已高度认同数据生产要素的重要意义，如何合理挖掘、释放与使用数据要素所蕴含价值已成为产业与政策的热点话题，需要通过促进数据共享流通，创造不同数据间的协同效应。但目前实现数据互融互通存在如下两大问题：

第一，如何打通融合多方数据，创造整合多维数据、释放更大价值？数据要素具有积累突出且矛盾的特性：①分散性。数据持续不断从各途径产生，来源分散，缺乏数据授权、获取、存储、传输、验证及共享等交互标准；②数据复制成本极低。上述两类特性决定了很多情况下，各数据所有方不愿意、不能共享数据。不仅因为分享数据意味着失去对数据的控制权，也因为数据互联互通成本较高，因此存在“数据孤岛”。③价值聚合性。单一数据源价值有限，多维数据、海量数据的联合应用价值更高，价值聚合性同“数据孤岛”效应构成一对尖锐的矛盾——一方面，数据需要聚合才能彰显更大价值，但另一方面，目前各数据却无法互联互通。我们认为，如能够打破数据高度分散状况，以适当方式集成多方数据资源，并保证数据的可靠性，就能够产生可观的协同效应。

第二，如何做好隐私保护，合规使用数据？在监管不严格的情况下，数据能够以极低的成本复制和无限使用，从而引发了数据泄露、滥用盗用等问题。欧盟GDPR、美国加州CCPA与我国《数据安全法》《个人信息保护法》等代表性法律法规相继出台，严格要求在数据使用过程中做好隐私保护，不允许未经授权使用个人数据。上述法规的出台一定程度上给多方数据融合创造了良好条件，要求数据应用者合理合规实现数据共享流通。

为克服两大难题，隐私计算应运而生。隐私计算旨在处理和分析计算数据过程中能保持数据不透明、不泄露、无法被计算方以及其他非授权方获取。根据数据全生命周期，隐私计算参与方可分为数据输入方、计算方与结果方。输入方不能在非授权状态下获取或解析原始输入数据与中间计算结果，输出方无法从输出结果反推出敏感信息。

（2）大势浩荡。隐私计算是政策趋势所向。数据流通共享是实现数据价值的必然选择，如何兼顾数据流通性与安全性成为业界的关注重点。隐私计算能够有效解决数据流通过程中各项难题，为释放数据价值打下基础。政策的有效引导与支持成为发展隐私计算的必要条件之一。目前，我国隐私计算政策主要分为以下几类：①大数据产业相关政策，确定了数据是重要生产要素，为隐私计算发展奠定环境。②数据安全与隐私保护政策，如2021年8月由全国人大常委会通过的《个人信息保护法》，明确了个人信息受法律条款保护，并设置了严格的处罚条件。③明确提出鼓励应用隐私计算政策，目前主要有工信部和大数据产业相关政策。2016年，工信部发布《大数据产业发展规划（2016—2020年）》，提出要支持企业加强多方安全计算；2020年5月，工信部进一步出台《工业大数据发展指导意见》，指出要提升数据治理和安全防护能力，加快多方计算在数据流通中的应用。一系列政策的出台与落地，不仅从国家层面明确了数据安全与个人隐私保护的必要性，更从国家层面为隐私计算与应用发展奠定基础，促进了各行业在数据采集、使用、交易和流通环节中加强数据保护（见表5-5）。

表 5-5　我国隐私计算相关政策性文件

发布时间	文件名	类别	发布机构	相关核心内容
2016年11月	《网络安全法》	法律	全国人大	第一部网络安全和数据保护相关法律
2016年12月	《大数据产业发展规划（2016—2020年）》	发展规划	工信部	提出支持企业加强多方安全计算等数据流通的关键技术攻关与测试验证
2017年12月	《个人信息安全规范》	技术标准	全国信标委	明确了个人信息保存和处理的具体要求
2019年9月	《金融科技发展规划（2019—2021年）》	发展规划	中国人民银行	强化金融与司法、社保、工商、税务、海关、电力、电信等行业数据资源融合应用
2020年2月	《个人金融信息保护技术规范》	技术标准	中国人民银行	对个人金融信息保护提出具体明确要求
2020年4月	《关于构建更加完善的要素市场化配置体制机制的意见》	规范性文件	中共中央、国务院	将数据列为一种新型生产要素
2020年5月	《工业大数据发展指导意见》	发展规划	工信部	在工业领域积极推广多方安全计算技术
2020年6月	《民法典》	法律	全国人大	明确个人信息受法律保护

续表

发布时间	文件名	类别	发布机构	相关核心内容
2020年10月	《关于制定国民经济和社会发展第十四个五年规划和二〇三五年远景目标的建议》	发展规划	中共中央	明确数据核心作为核心生产要素的重要性
2020年12月	《关于加快构建全国一体化大数据中心协同创新体系的指导意见》	规范性文件	发改委、网信办、工信部、能源局	指出要加快构建全国一体化大数据中心，加快数据流通融合，强化大数据安全保障
2021年5月	《全国一体化大数据中心协同创新体系算力枢纽实施方案》	规范性文件	发改委、网信办、工信部、能源局	提出试验多方安全计算、区块链、隐私计算、数据沙箱等技术模式，构建数据可流通环境，提高数据流通效率
2021年6月	《中华人民共和国数据安全法》	法律	全国人大	强调数据安全与开发利用并重，确立数据分类分级管理，要求通过多种手段保证数据交易合法合规
2021年8月	《个人信息保护法》	法律	全国人大	第一部保护个人信息法律
2021年10月	《网络安全产业高质量发展三年行动计划（2021—2023年）》	发展规划	工信部	提出推动隐私计算等数据安全技术的研发与部署，促进数据安全要素安全有序流通

资料来源：国务院、工信部、全国信标委、发改委、网信办、能源局。

（3）隐私计算撬动千亿级市场规模。隐私计算供应商以技术服务商为主，为客户提供软硬件系统解决方案。长期来看，隐私计算需要部署于设备边缘侧甚至终端设备——如以SDK形式嵌入手机App，满足中小型企业客户日常隐私需求，但受技术、通信协议等限制，该应用场景距离落地还较为遥远。目前，隐私计算主流应用仍主要聚焦于大型政企机构。根据商业模式，隐私计算收入主要分为两大类：①传统软件销售与服务；②通过隐私计算平台业务运营获取利润分成。

软件销售与服务三年后潜在规模可达100亿—200亿元。

第一，自上而下角度，从国内大数据软件市场出发。由于隐私计算服务于数据市场，软件系统又可以归为大数据相关软件体系（暂不考虑基于可信执行环境TEE带来的硬件市场）。根据IDC 2020年发布《全球大数据和分析支出指南》，我国大数据相关市场规模104.2亿美元，其中25.4%为大数据软件，约26.5亿美元。在大数据软件领域，约有50%份额由三个细分自赛道组成：终端用户查询汇报分析工具、人工智能软件平台以及关系型数据仓库。我们假设上述三个细分自赛道市场规模相近，则人工智能软件平台占大数据软件市场比重为16.7%，约4亿美元。

根据IDC《全球大数据和分析支出指南》，2024年我国大数据相关市场将达到208亿美元，其中硬件、服务、软件将各占三分之一，即我国软件市场约为70亿美元。若人工智能软件平台仍占比16.7%，则其规模约为12亿美元。根据IDC《中国人工智能软件及应用跟踪（2019年下半年）》，我国人工智能软件市场在2018—2024年复合增速达39.0%，我们假设人工智能软件平台也以类似速度增长，则人工智能软件平台市场规模将由2020年的4亿美元增长至2024年的15亿美元。

上述两种方法得到的市场规模较为相近，一定程度上交叉验证了对人工智能软件的推算。由于隐私计算本身采用人工智能方法，与人工智能软件通常结合紧密，我们认为未来在人工智能软件中增加隐私计算模块将成为较普遍的现象。我们假设用人工智能软件平台市场规模拟合隐私计算市场规模，作为隐私计算市场规模上界，即2024年我国隐私计算软件平台市场规模上界约为12亿—15亿美元，约77亿—96亿元。

第二，自下而上角度，考虑各行业IT支出。隐私计算本质属于行业用户IT支出重要组成部分，客户IT预算高低决定了隐私计算市场的上界。根据KPMG，我国隐私计算主要应用于政府、金融、医疗三大行业。

隐私计算在金融行业应用较为成熟，银行为主要用户。根据微众银行统计，银行业IT投入占金融行业总IT投入的80%，我们假设金融行业隐私计算需求主要来自银行业。目前，隐私计算主要应用于风险管理与反欺诈，同时也应用于商业分析，如信用卡目标用户精确定位，上述应用场景均可归类为智能风控。根据亿欧智库、智研咨询，我国智能风控2020年市场规模约为78亿元，2024年有望达到203亿元，其中反欺诈约为81亿元、信贷风控约为91亿元。随着未来金融业数据合规与隐私保护要求越来越严格，隐私计算将成为智能风控必不可少的基础，成为主要技术模块，我们假设反欺诈、信贷风险模块均需要隐私计算辅助，则2024年我国隐私计算潜在市场空间约为172亿元。

对于医疗与政务场景，隐私计算应用较为分散。医保控费、电子病历、互联网医疗及政务信息平台等多个场景下隐私计算均能够应用，场景较为碎片化。以政务信息平台为例，根据IDC统计，2020年我国一体化政务服务解决方案市场规模58亿元，同比增长29.2%，但由于医疗政务场景应用分散，很难准确估计隐私计算模块所占比例。我们认为，到2024年我国仅金融行业隐私计算市场规模预计能达到172亿元，加上医疗与政务场景，我们认为2024年我国隐私计算市场有望突破200亿元。

结合自上而下与自下而上两种估算角度，我国隐私计算系统销售与软件服务收入规模在2024年有望达到100亿—200亿元（见图5-55）。

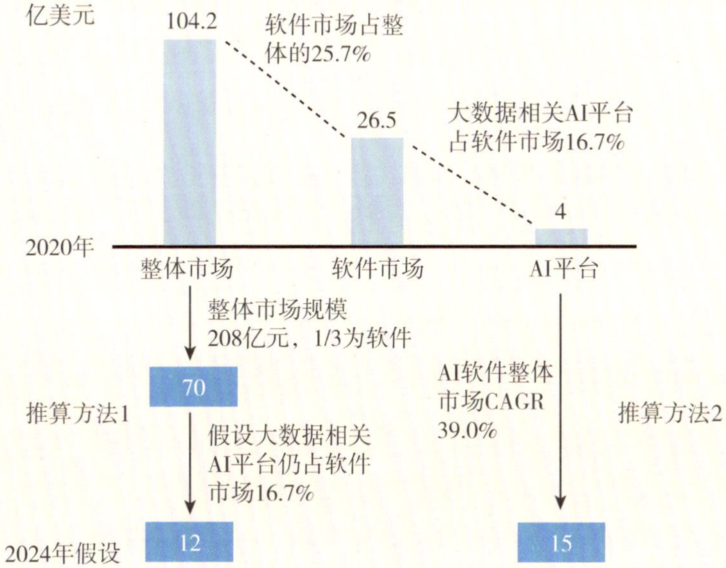

图5-55　隐私计算潜在市场规模（自上而下）

资料来源：IDC。

（4）海内外隐私计算发展对比。海外隐私计算技术研究活跃，但商业化进程较缓。技术发展历程看，谷歌、Intel等国际龙头企业开创隐私计算时代潮流。从整体发展路径看，国际企业在学术研究与开源生态建设上较国内企业更为活跃，但产品商业化形态较为局限，产业生态也尚未形成激烈竞争。

微软研究院自2011年起大规模推进多方安全计算研究。微软从两方计算入手，逐渐拓展至三方计算与不存在交互行为的多方计算。2018年，微软印度研究院推出EzPC项目，以解决加密协议在复杂分析功能中有效性减弱、计算运行环境受限问题。EzPC是一个加密成本感知编译器，使用算术和布尔电路的组合，通过高级语言执行计算，支持神经网络训练和预测等复杂的算法。

谷歌是联邦学习引路人。自2017年4月，谷歌就提出联邦学习概念，并于2019年发布论文对可扩展大规模移动端联邦系统进行描述，用于改进谷歌输入法的自动关联与推荐。2019年8月，谷歌开源了新型多方安全计算开源库（Private Join and Compute），帮助各组织和隐私数据集协同工作，提高隐私性。

Intel的Trust Zone在可信执行环境硬件中处于龙头地位。Trust Zone于2008年推出，能够以物理方式将系统划分为安全与非安全组件，确保在正常操作下的软件无法直接访问安全区域的数据。根据信通院云计算与大数据研究做调研，目前市场上可信执行环境的商业化落地大多基于Trust Zone解决方案。

除上述科技巨头，海外互联网、AI、区块链领域相关企业也在加快布局隐私计算。Facebook将基于PyTorch的隐私计算机器学习框架进行开源；AI公司Zama开源了基于全同态加密的软件库Concrete；创业公司Sharemind、Privitar致力于搭建自研的多方安全计算平台。

国内隐私计算蓬勃发展，形成一定优势。我国的隐私计算技术产业化在2018年后开始进入快速启动阶段，形成了互联网、大数据公司、运营商、金融机构和金融科技企业、隐私计算初创企业为代表的五大类市场主要参与者。

阿里巴巴、百度、腾讯、京东等互联网巨头凭借技术积累，自2019年纷纷推出隐私计算产品。由于互联网巨头内部业务线繁多，涉及云计算、协同办公、金融等多个赛道，集团内部不同业务根据自身的业务特点和需求，选择一种或多种技术方案融合的方式进行开发。

电信运营商作为大规模数据资源拥有者，在集团层面开展了隐私计算技术选型与应用。同时，天翼支付、电信云等子公司还自建平台服务于内部或其他机构的数据流通业务。

金融机构是隐私计算的主要需求方。国有银行下属研究院或事业部也均开始了隐私计算技术的研究工作，新心数科、神谱科技、平安科技、百融云创、度小满等金融科技类企业也将传统的数据建模、数据分析等业务拓展到基于联邦学习平台等的隐私计算服务中；同盾科技、星环科技、Talking Data、京信数科等代表性的大数据技术厂商也快速布局基于隐私计算的数据流通产品或平台。

（5）元宇宙为隐私计算提供发展的土壤。根据第一家将元宇宙（Metaverse）写进招股说明书的公司Roblox定义，元宇宙具备如下八个关键特征：身份（Identity）、朋友（Friend）、沉浸感（Immersive）、低门槛（Low Friction）、多元化（Variety）、随时随地（Anywhere）、经济系统（Economy）、文明（Civility）。

我们认为，元宇宙是整合多种新技术而产生的虚实相融的互联网应用和社会形态，是独立于现实物理空间的虚拟数字空间；元宇宙基于扩展现实技术提供沉浸式体验，基于数字孪生技术生成现实世界的镜像，基于区块链技术构建独立的经济系统和治理规则。元宇宙将虚拟世界与现实世界在经济系统、社交系统、身份系统上密切融合，并且允许每个用户进行内容生产和编辑，拥有无限可能性。经济系统与文明是元宇宙区别于普通电子游戏的关键所在。

每个在元宇宙中生活的人类个体，都能够通过努力付出获取“虚拟物资”，并且变为真正意义上自己的数字财产，比如电影《头号玩家》中的玩家可以通过游戏获取金币和装备，高级玩家艾奇还可以利用特定工具和资源为绿洲的其他玩家定制钢铁巨人以获取资产等（见图5-56）。如果个体在元宇宙拥有的虚拟物资和数字资产不能得到广泛确权和保护，没有自由处置资产的权利，虽然虚拟空间的数字替身不会被饿死，但人在其中的活动将失去意义，实际上等同于灭亡。

图5-56 《头号玩家》包含虚拟资产系统

资料来源：新浪。

因此，元宇宙存在的目的与现实世界相同，以保护个人私有财产为社会基础，因此元宇宙必须建立一套底层的货币体系和价值体系，可以充分保证个人数字资产的归属和价值。个人数字身份在元宇宙里积累的经验、社交关系和数字财产可以在元宇宙中得到无边界的广泛确认和保护，这是吸引人们愿意在这里建立身份、沉浸和进化的前提，也是元宇宙能够真正被建立和存续下去的底层逻辑。

未来的元宇宙不只是现在的几张图、几个视频，抑或是几个游戏，而是一个超大的数据集合体。元宇宙作为一个超越现实的虚拟空间，为了给用户提供更好的沉浸式体验，其收集的个人数据的数量和丰富程度将是前所未有的，例如需要对用户的身份属性、生理反应、行为路径、社交关系、财产资源、所处场景甚至是情感状态和脑波模式等信息进行海量采集，并进行细颗粒度的挖掘和实时同步。不断更新和快速增加的个体隐私数据将是支撑元宇宙持续运转的重要底层资源和生产要素。

我们认为，元宇宙为数据交易、虚拟资产交易等提供了更为丰富的场景。交易对象形态会从数字货币向更加多元化的虚拟资产发展，如虚拟住房，虚拟账号等。交易形态的不断复杂化对交易记录、交易安全保障提出了更高的要求。

5.5 资产管理与运营

5.5.1 虚拟资产是元宇宙的重要组成部分

从功能层面来说，元宇宙是一个承载虚拟活动的平台。用户能够进行社交、娱乐、创作、教育、交易等社会性和精神性的活动。元宇宙提供了丰富的消费内容、公平的创作平台、可靠的经济体系、沉浸式的交互体验，它能够寄托人的情感，让大众在心理上有所归属，通过在元宇宙体验不同的内容，结交数字世界的好友。

同时，元宇宙构建了沉浸式的虚拟世界。在其中可以进行社会生活所必需的社交、交易等活动，而交易的对象物品便是NFT。可以说，元宇宙是由NFT组成的，大到房子小到衣服，只要是可以被用户私人所有，便可以把它铸造成NFT。

元宇宙为NFT提供了应用场景。NFT可以运用到艺术品、音乐、体育、游戏等领域，这种收藏品的购买多出于身份象征和美化生活空间的目的。而元宇宙的沉浸式体验让NFT的使用更贴近真实生活，增大了它的使用价值。

5.5.2 虚拟资产运营是元宇宙内的重要场景

（1）元宇宙打开商业资产运营的想象空间。房地产行业整体进入“存量房”下半场。传统房地产企业的发展空间正逐渐变小，在此情况下，众多龙头房地产企业纷纷寻求新的发展空间。将发展目光转向了商业、公寓、酒店等不动产领域，意图将此类资产打造成新的业务增长极。与此同时，房地产资产管理的价值，在发展持有型不动产的存量时代愈加得以凸显。

资产管理是地产和金融结合的环节。与传统的地产开发“快周转”的模式不同，资产管理的核心目标是满足投资回报的要求。从管理对象划分，商业资产管理与运营的对象主要为大型购物中心、写字楼、企业园区等；从运营方式划分，商业资产管理与运营又可以分为重资产运营与轻资产运营。

在重资产模式下，购物中心的运营团队、物管团队由业主方组建，全面负责整个购物中心的日常管理。营业收入为业主方所得，相应的业主方也须承担购物中心的日常经营支出。以某单个购物中心进行拆解，收入端主要来源于租金收入（占比66%）、物业管理收入（占比21%），支出端分为物业管理支出（占比17%）、营销费用支出（推广支出+客户关系支出占比10%）、行政管理支出（占比6%）、营业税金（占比6%）等。

在轻资产模式下，商管公司通过品牌及管理输出服务或委托管理服务的模式为业主方提供商业运营、物业管理服务，进而收取一定的管理服务费。两种模式下最大的不同在于收入来源的不同以及是否承担在管项目的全部运营成本。在行业内，华润万象生活主要采用品牌及管理输出服务模式，宝龙商业主要采用委托管理服务模式。图5-57展示了某单个购物中心营业收入/支出模型。

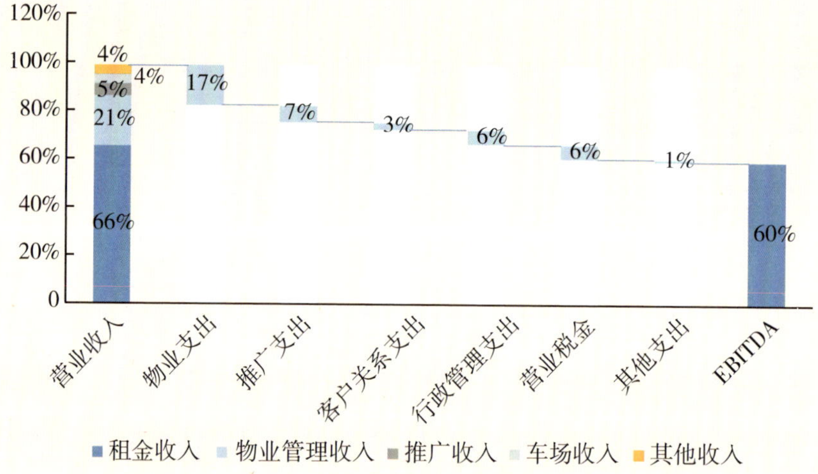

图5-57　某单个购物中心营业收入/支出模型

资料来源：行业调研。

我们认为，在元宇宙场景下，商业资产管理的收入成本结构或迎来重大变革。根据现实世界商业资产管理收入成本模型，成本端大头来自物业管理。以华润万象生活为例，其物业管理成本主要由员工成本、分包成本、能源费等组成。一方面，在元宇宙场景下，能源费、公用办公区域设施成本、办公室及相关开支等可缩减；另一方面，现实中物业员工主要负责清洗、绿化等基础工作，元宇宙场景中上述工作可以被优化。商业资产管理将变得“更轻”，能够将注意力更多放入增值服务等业务（见图5-58）。

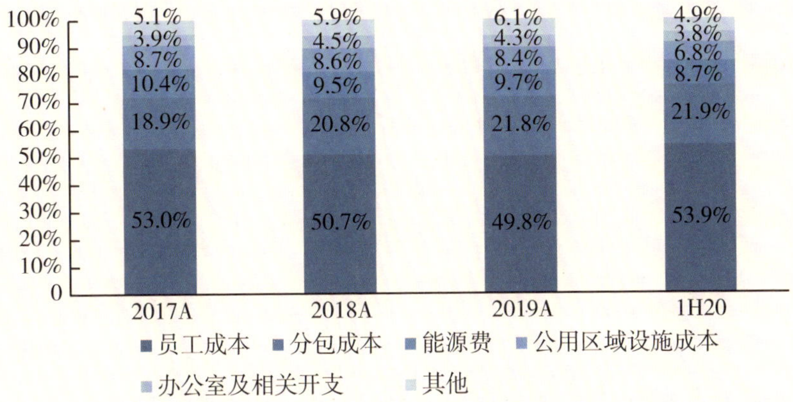

图5-58　华润万象生活物业管理成本构成

资料来源：华润万象生活招股书。

目前，商业资产管理公司均在数字化方向有所布局。以海外商业资产管理龙头戴德梁行为例，目前戴德梁行已运用大数据为地产行业提供更加精准及有效的服务，能够通过大数据平台为客户提供消费者分析、租户调整、竞品监测以及营销管理等多种解决方案，有效实现了用户资产的保值。我们认为，在元宇宙场景下，商业资产管理公司能够依托大数据能力，打造人工智能雇员，降低人工成本的同时更好满足虚拟用户需求。

（2）元宇宙虚拟资产使商业资产管理更加多元化。元宇宙中虚拟资产本质是由数据组成，如何评估、运营虚拟资产是各企业共同面临的问题。我们将资产分为固定资产与移动资产，狭义的固定资产主要包括写字楼、商业中心等，狭义的移动资产主要为汽车，但元宇宙世界能够摆脱时间与空间限制，固定资产一定程度上也会被划入移动资产的范畴。

商业虚拟资产边界将会扩大。我们认为，元宇宙不同于现实世界，现实生活中用户凭借“数字分身”进入元宇宙，在元宇宙中的衣食住行同现实世界均有所不同。以住房为例，元宇宙中住房的“投资价值>消费价值”。我们认为，元宇宙中大量房产为商业中心。即便有住宅区，用户下线后也需要专门人员定期打理与维护。因此，商业资产运营与管理在元宇宙中将会有更大的市场空间。

在元宇宙中，增值服务空间更大。我们认为，物业管理对元宇宙中的虚拟资产作用有限。一方面，由于元宇宙中不存在如同现实生活中复杂的清扫需求；另一方面，元宇宙中的虚拟资产交易会更加频繁，如何实现虚拟资产的增值是商业资产管理企业的首要目标。传统意义上的增值服务主要包括商场广告、公共区域展销、停车场管理等。由于元宇宙不受时空的限制，上述增值服务可以更加个性化地满足用户需求。

移动资产运营同样具备成长空间。目前，共享出行成为趋势，我们认为这一趋势在元宇宙中有望延续。对于元宇宙开发者而言，虚拟车辆属于公司的移动资产，用于为客户提供服务，有效的资产管理方式有助于提高公司资金调度的灵活性，确保公司移动资产的保有量，最终达到盈利的目的。通过有效的资产管理可以实现车辆的合理化使用和经济收益的最大化，降低移动资产的运营风险。租赁债权（包括资产的安全和作为生产资料的资本收益权）因此得以保障。

值得注意的是，元宇宙中的虚拟移动资产由数据组成，同现实中移动资产最大的不同在于虚拟资产无须计提折旧。因此，虚拟移动资产运营商无须在资产维护、保值等方面花费过多精力，从而更好地实现虚拟移动资产的增值服务。

5.5.3 版权是实现虚拟资产运营的重要保障

（1）从长期维度看，虚拟资产运营将成为趋势。为构建元宇宙，企业需要投入较多的虚拟资产。过去，为制作更清晰、更细致地建设虚拟城市（游戏场景），相关企业投入成本增长较快（见图5–59）。

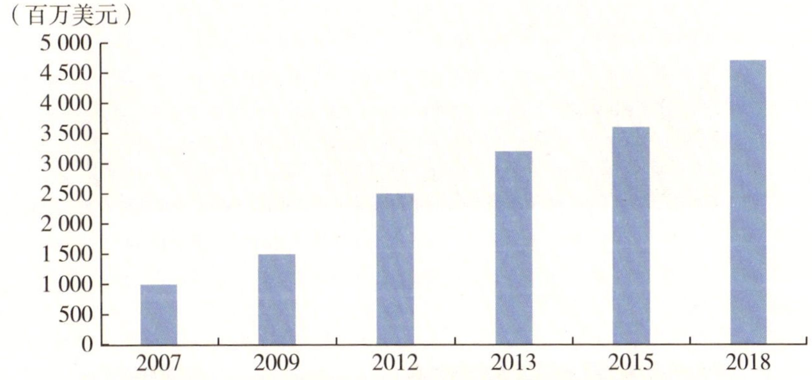

图5–59 构建虚拟世界成本随精度提升而增长

资料来源：MatthewBall。

以Microsoft Flight Simulator为例，其构建的虚拟世界包括了2万亿棵单独渲染的树木、15亿座建筑物以及全球几乎所有的道路、山脉、城市和机场，总数据量超过2 500 000GB，总花费超过数十亿美元（见图5–60）。

我们认为，该项技术将不仅用于游戏，随着元宇宙技术的成熟，会直接并入元宇宙世界，成为企业的“数字资产”。2019年，Epic Games收购了Quixel，后者制作了总体图面积达上千平方米的虚拟世界，并包含高地、峡湾等区域，细节到每一个鹅卵石

（见图5–61）。Quixel的客户则包括电影制片厂、游戏发行商和广告代理商等。该类客户不仅可以直接使用Quixel的地图，同时可以借助Quixel提供的扫描技术搭建自己的“数字世界”。

图5–60 Flight Simulator刻画了逼真的虚拟现实世界

资料来源：Microsoft Flight Simulator。

图5–61 Quixel构建的地图

资料来源：Quixel官网。

不同于现实世界，开发者在虚拟世界中打造的每一栋楼、每一片草地，甚至每一块石头都会受到相应版权的保护。开发人员在虚拟世界中可以获得开发一项资产，如矿石等自然资源、楼宇等不动产资源等。我们认为，在短期内，上述虚拟资产可以打包出售给独立艺术家、影视公司等B端客户；从长期来看，随着元宇宙技术的成熟，虚拟资产可以被转售给每一个C端用户。

虚拟资产能够以更快、更低的边际成本生成，并通过交易流通为企业创造收入，用以覆盖企业前期投资。在此场景下，企业不仅仅是开发者，更是资产的运营者。参考国内房地产相关企业，我们认为，从长期维度看，虚拟资产的运营部门会逐渐独立（如国内房地产开发和物业管理通常是两家公司），使得开发人员投入更多精力打磨虚拟资产的细节、交易机制等。

（2）虚拟资产离不开版权的保护。类似于现实世界，元宇宙中虚拟资产需要认证所有权。对于房地产等现实中的实体资产而言，现实中有产权证等所有权证明材料支撑；现实中的无形资产，如知识成果等，则有版权保护。而元宇宙中的虚拟资产本质是数据，需要对应的技术保证资产所有权认证，交易与流通。

针对数字版权，保护技术推陈出新。数字内容作品形态、分发模式快速变化给数字版权保护带来挑战，迫使数字版权保护技术持续演进。根据版权保护技术在版权传播周期中发挥作用的阶段，版权保护技术方案主要可以分为三类，分别是传播前、传播中和传播后阶段，具体而言是版权“生成”阶段、版权传播过程中阶段和版权传播后阶段（见表5–6）。

表5-6　　数字版权保护技术分类

分类	技术方案	作用阶段	内容
第一类	区块链技术	版权前传播	基于区块链技术的不可篡改、防伪追溯等特性，实现版权存证、登记、溯源、侵权证据固化、透明化交易等功能，达到版权保护目的
	可信时间戳		中国科学院国家授时中心联合信任时间戳服务中心签发的用于证明电子数据（电子文件）在一个时间点是已经存在的、完整的、可验证的，具备法律效力的电子凭证
	DCI保护体系		中国版权保护中心提出。主要逻辑是给数字作品版权赋予唯一的身份标示，即DCI码。通过该DCI码的查询和验证，即可证明版权归属，并能进行版权的网上监测、取证、维权等工作，达到版权保护的目的
	数字水印		将版权信息、标识信息、图像等信息以可见或者不可见的方式嵌入视频、音频、图片、文本等载体图像，用于证明作品的来源，作为侵权起诉的证据；此外，通过对数字作品的水印进行检测、分析，实现对作品的完整性保护
第二类	数字版权管理DRM	版权传播中	数字版权管理系统颁发数字许可证，对数字内容在分发、传输和使用等各个环节进行控制，将版权控制版权的流转和使用限定在信息系统内，使得数字内容作品只能被授权用户，按照授权方式，在授权期限和范围内使用
第三类	数字DNA技术	版权传播后	通过大数据爬虫和图像检索技术发现疑似侵权作品，并与原创的、已经存证的数字内容作品DNA（数字特征或指纹）进行对比，如果数字特征信息的相似度超过阈值，则认为侵权

资料来源：赛迪顾问。

区块链有助于解决数字版权领域痛点。我们认为，在数字版权确权阶段，通过区块链技术，将图片、音乐、视频等数字内容作品的“指纹”信息（数字摘要哈希值）、作者信息、作品创作时间等信息快速打包上链，利用分布式存储、时间戳、共识算法等技术实现上述信息数据不可篡改，达到版权归属明晰和证据固化作用，完成原创数字作品版权登记认证过程。

各大互联网平台凭借强大的版权库，在元宇宙资产侧具备先发优势。元宇宙内虚拟资产同现实世界一样，存在“有形资产”“无形资产”两种形态。我们认为各大互联网平台优势在于品牌IP、在线资源版权库、数字身份、偶像互动等无形资产。

咪咕不断完善文娱领域版权布局。2021年2月24日，UFC宣布中国移动咪咕成为UFC中国大陆地区的官方全媒体合作伙伴。咪咕视频可以独家上线UFC专题内容。作为UFC所有赛事在中国大陆地区的独家转播商，咪咕提供包括每年至少12场付费观看赛事和30场的格斗之夜赛事。除了签订赛事转播合同之外，UFC和咪咕还将在原创内容上进行合作，推出UFC相关的电影、纪录片和真人秀等节目。中国移动咪咕也将凭借其在5G、4K/8K、VR等技术上的独家优势革新UFC观赛体验，并通过全场景全产业合作不断扩大体育IP外延，赛事+技术双重驱动，有望进一步拉动业绩增长。

数字文学产品版权确保掌阅科技核心成长逻辑。掌阅科技主营业务为数字阅读平台服务（包括数字阅读付费及商业化增值业务）、版权产品业务。公司利用用户流量所产生的互联网平台媒体价值提供多样的商业化增值服务；并通过运营网络原创等文学版权，向阅读、影视、游戏等输出其内容价值和IP价值，从而获取版权销售收益。

文学IP是中文在线入局元宇宙的核心渠道。中文在线以文学IP为核心，向下游延伸进行版权衍生开发，呈现方式涵盖听书、短剧、动漫、影视等形式。具体来看，公司将文学IP改编成听书产品并分发到如喜马拉雅、蜻蜓FM等音频平台；将优质文学改编为微短剧，在快手、优酷等视频平台连更播放；将知名网文IP改编为动漫产品，上线哔哩哔哩、腾讯动漫等平台；联合成立影视公司，探索优质IP内容的影视化布局等；还将文学IP的影视、游戏、动漫的改编权等衍生权利授权给相关公司。

目前，中文在线正在就元宇宙及NFT进行布局并组建团队，充分协调内外部资源，积极探索未来方向；我们认为，公司可为元宇宙持续提供海量的IP，丰富构建元宇宙。网络文学作品，均是虚拟与现实互相交融、互相映射的产物，与元宇宙具有相同属性，如科幻作品、玄幻作品、古风作品、架空时间、空间作品等。随着元宇宙的到来，通过AR/VR等技术可以让人沉浸式体验新世界，而中文在线拥有海量的库存将会有力地支持构建平行的互动阅读世界。借助5G、AI、AR/VR等技术的发展，中文在线的沉浸式互动阅读将会借助技术的赋能加速延展，构建一个互动性更强的平行世界。

捷成股份：影视版权壁垒高筑，超前布局元宇宙业态。捷成股份以提供专业音视频解决方案产品起家，通过外延式收购布局影视制作及版权运营等内容领域。2021年11月，公司完成资产剥离，进一步聚焦影视版权主业，同时持续探索虚拟人、虚拟平台等元宇宙业态。公司于2016年战略投资世优科技，目前持有世优科技24.38%的股份，是世优科技的第二大股东。

世优科技是国内领先的虚拟技术提供商，具有全套自研的虚拟技术解决方案，同时接受客户的虚拟人业务定制。自主研发的Puppeteer虚拟工厂系统是国内首创的实时/快速虚拟内容制作、虚拟IP打造平台，在实时数字人和快速动画制作领域处于领先水平。多年来，世优科技通过不断自主创新，在运动捕捉、表情捕捉、实时动画生成、环境模拟与渲染、图像处理、AR/VR等领域拥有多项自主知识产权和专利技术，综合技术水平在国内外均处于领先地位，是一家以技术和创意驱动的高科技公司。其客户包括央视在内的各大卫视、互联网平台及多家知名企业。

5.6 医疗

5.6.1 我国医疗整体能力亟须提高

（1）供需不平衡，驱动医疗资源分配优化

①供给端：医疗卫生支出总费用不断上升。截至2019年，我国医疗卫生总支出已达6.6万亿元。2011—2019年，医疗卫生总支出CAGR 6.9%，年增长率处于“小步快跑”状态（见图5-62）。按居民结构及消费结构进行划分，城镇居民人均医疗支出高于农村人均医疗支出，且差异逐年增大，假设我国名义通货膨胀率约7%，剔除通货膨胀影响，城乡居民人均医疗支出差异维持在650元/人/年左右（见图5-63）。就居民消费结构而言，医疗消费占城镇居民消费总支出6%—8%，占农村居民消费总支出9%—11%，这一定程度上反映了医疗资源在农村地区的较大需求以及医疗效率提升的迫切性。我们认为，元宇宙+AI+医疗不仅能有助于医院及药企的管理与研发，而且能帮助基层医疗机构提升医疗水平，从而满足居民不断增长的医疗保健需求。

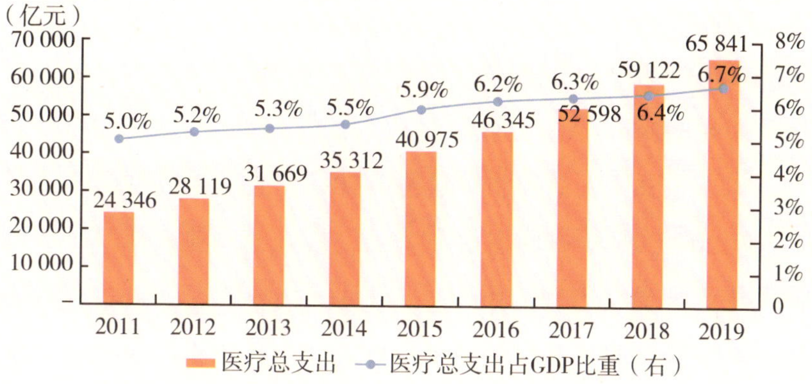

图5–62　2011—2019年医疗总支出占GDP的比重

资料来源：国家统计局。

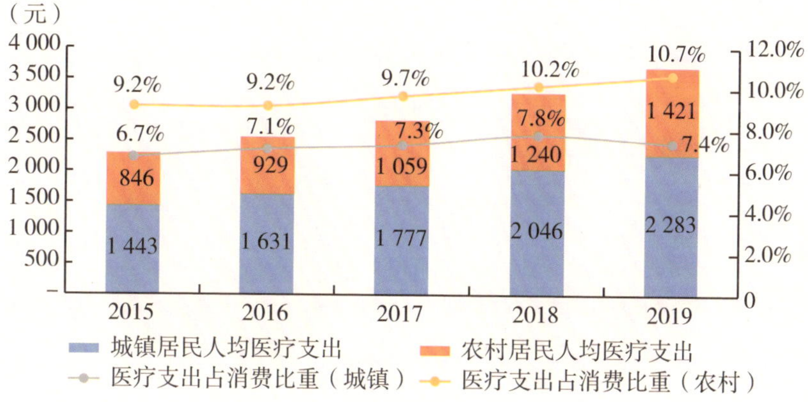

图5–63　2015—2019年我国城乡人均医疗支出的比较

资料来源：国家统计局。

②需求端：城乡医疗水平呈现一定差异。截至2019年，我国医疗机构总数为1 007 579家，其中，基层医疗卫生机构占医疗机构总数的95%。根据《中国卫生健康统计年鉴》，基层医疗机构样本主要包含乡镇卫生院、村卫生室、社区卫生服务

站、门诊部，其中，村卫生室所占比重最大，高达65%，共计616 094家。按卫生从业人员划分，在农村卫生从业人员中，乡村医师约842 302人，占农村总从业人员10%。在农村卫生从业人员中，约56%人员从业年限超过10年，且有24%的医师从业年限在20—29年，而具备大学本科及以上的从业人员仅占农村卫生从业人员总人数的0.8%。随着现代医疗情况不断复杂化，现有的农村卫生从业人员存在一定的知识储备不足风险。元宇宙+AI+医疗可以通过CDSS、病历图谱、病情字典等协助医生识别较为复杂的病情，且通过向农村地区提供标准化产品，逐步弥补城乡医疗水平差距（见图5-64、图5-65、图5-66、图5-67、图5-68、图5-69）。

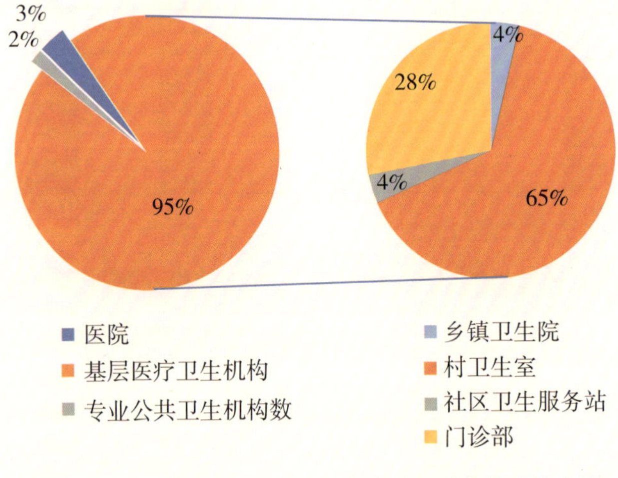

图5-64　我国基层医疗卫生机构在总医疗机构中的占比

资料来源：《2020中国卫生健康统计年鉴》。

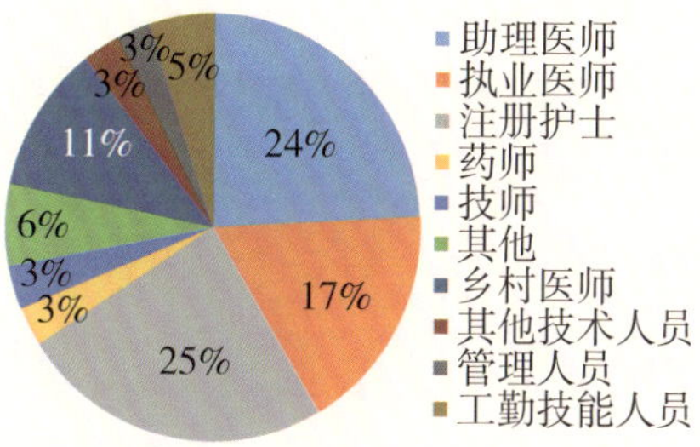

图5-65 城市卫生人员的组成

资料来源：《2020中国卫生健康统计年鉴》。

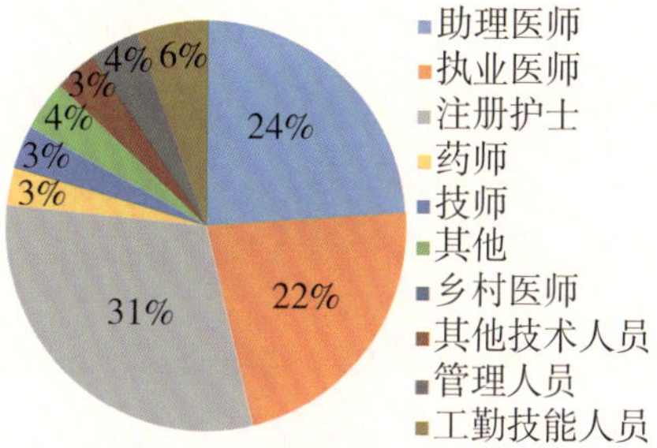

图5-66 农村卫生人员的组成

资料来源：《2020中国卫生健康统计年鉴》。

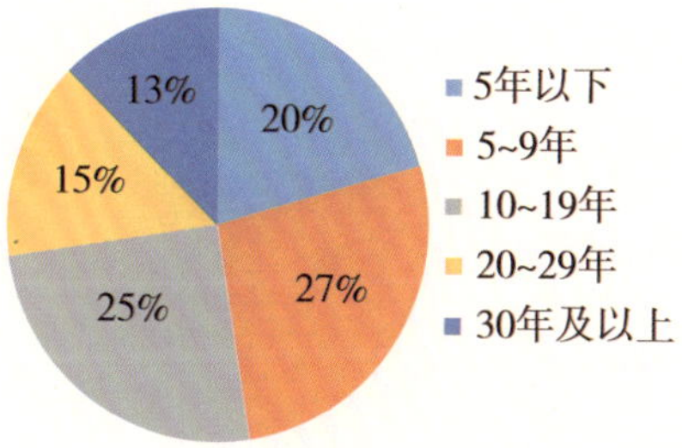

图5-67 城市卫生从业人员从业年限

资料来源：《2020中国卫生健康统计年鉴》。

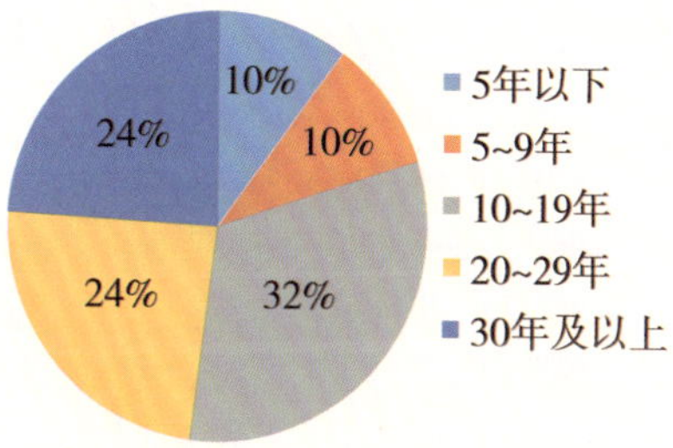

图5-68 农村卫生从业人员从业年限

资料来源：《2020中国卫生健康统计年鉴》。

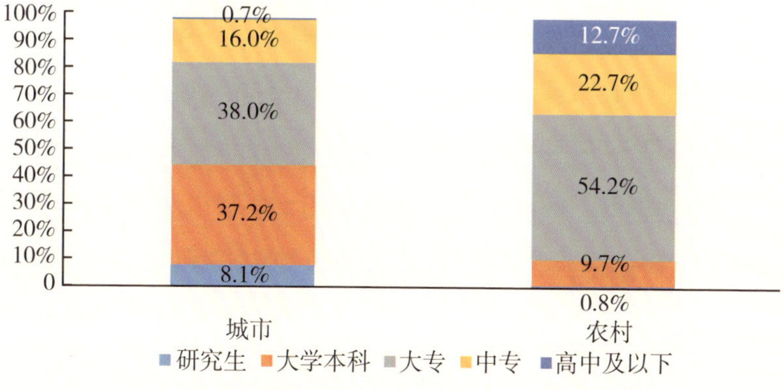

图5-69 乡镇医院高学历卫生从业人员较为紧缺

资料来源：《2020中国卫生健康统计年鉴》。

根据国家统计局数据，2019年农村地区死亡率较高的疾病分别为恶性肿瘤、心脏病、脑血管病、呼吸系统疾病，死亡率分别为161%、165%、159%、75%，与城市死亡率较高疾病区间基本重合。而就城乡卫生从业技术人员分布来看，结合农村地区医疗水平以及从业人员资质，我们认为农村地区医疗资源巨大差距有待弥补。通过元宇宙+医疗中远程辅助诊断系统，能够一定程度上缓解农村地区技术人员经验不足，通过远程协同协作的方式提升农村地区医疗水平（见图5–70、图5–71、图5–72）。

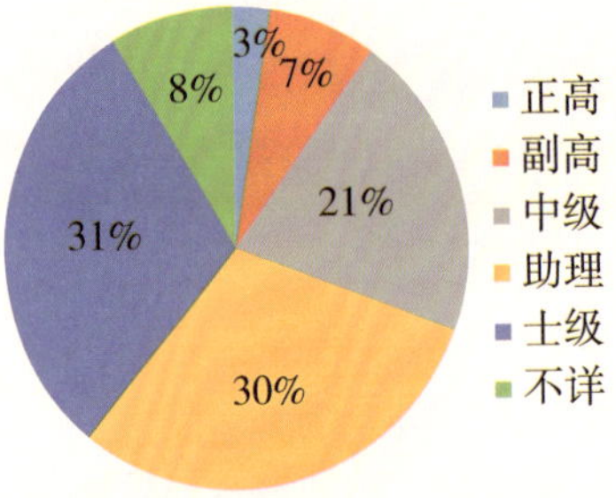

图5–70 城市卫生人员从业结构（按技术资格划分）

资料来源：《2020中国卫生健康统计年鉴》。

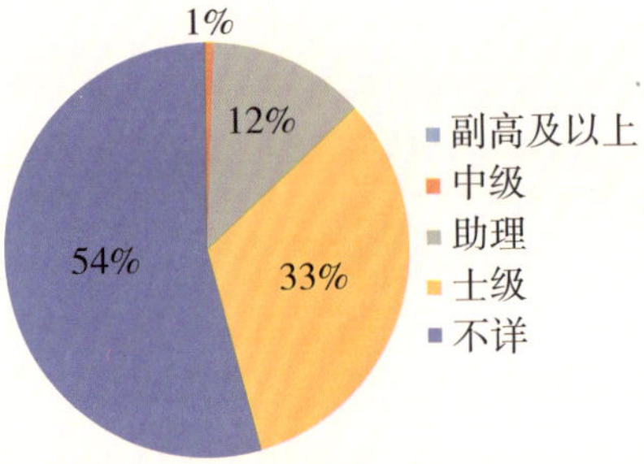

图5–71 农村卫生人员从业结构（按技术资格划分）

资料来源：《2020中国卫生健康统计年鉴》。

（2）数据端：医疗信息化为元宇宙+医疗创造良好环境。全民医保覆盖有助国家进行医疗资源细致管控。根据国家医保局数据，截至2020年末，我国基本医疗保险覆盖人数已达13.61亿人，基本实现全民覆盖。基本医疗保险基金支出2.1万亿元，占全民医疗总支出6.6万亿元的32%。一方面，全民医保覆盖减轻了居

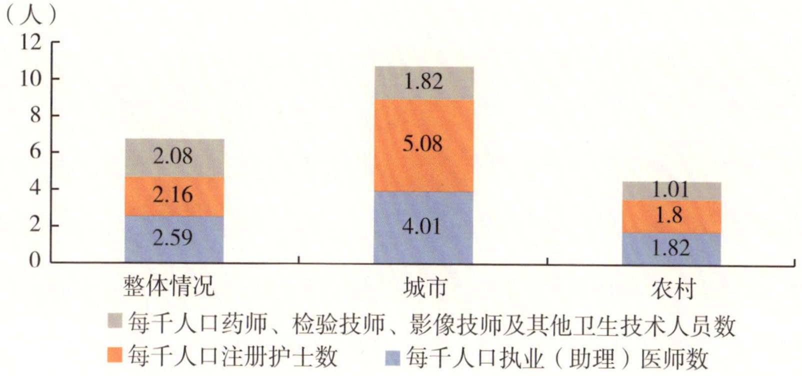

图5-72　农村卫生技术人员渗透率

资料来源：《2020中国卫生健康统计年鉴》。

民医疗费用压力，使得居民更愿意选择高质量的医疗服务；另一方面，医疗系统覆盖有助于国家建立医疗信息化系统，丰富的数据源为元宇宙+AI+医疗提供了很好的训练样本。

医疗信息化发展打造医疗数据池。电子病历是医疗信息系统的基石，更是为元宇宙+医疗提供数据的“源泉”。我国电子病历系统应用水平划分为0—8级共9个等级。截至2019年末，根据CHIMA统计数据，我国7级的医院占0.18%，6级的医院占0.70%，5级的医院占3.52%，4级的医院占13.03%，3级的医院占19.19%，2级的医院占4.84%，1级的医院占2.20%。剔除未参与统计无效样本，有效统计样本内，3—4级医院占比最大，共计70.66%（见图5-73）。随着医疗信息化不断发展，我国医院级别的不断提升，医疗机构“触网”会给元宇宙+AI医疗带来更多的机会（见图5-74）。

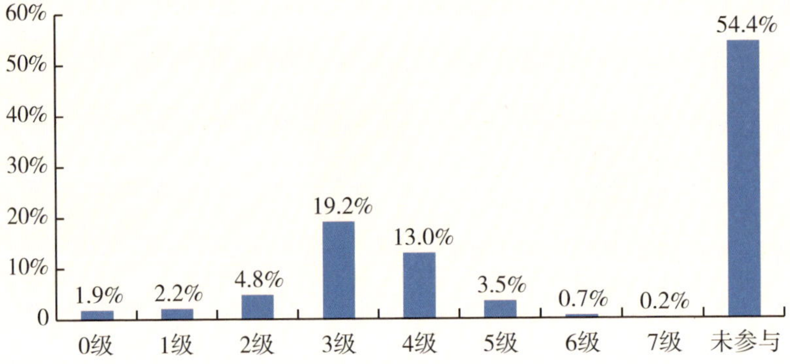

图 5-73　我国医院大多处于 3—4 级

资料来源：CHIMA。

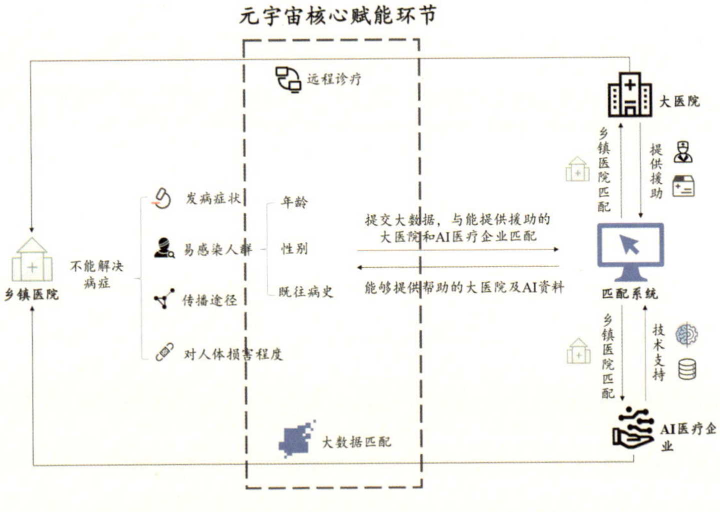

图 5-74　医保信息化有助于 AI 医疗的落地

资料来源：行业调研。

线上看病—购药—支付（医保报销）的就医闭环打通，为元宇宙+医疗开辟新场景（见图 5-75）。在线医疗服务是否可以通过医保线上支付决定了互联网医疗的受众广度，此前由于互联网就医不能使用医保支付，导致患者需要自费在线上看病，极大地影响了患者的使用频度。医保在线支付的政策放开将是打通线上看病—购药—支付（医保报销）的就医闭环的最后一环。京东健康CEO辛利军曾预估“线上医保支付的政策放开至少还需要两到三年”，而新冠肺炎疫情显然改变了政府的态度，也加速了医保线上支付的打通。2020年2月，国家医保局联合卫健委发布了《关于推进新冠肺炎疫情防控期间开展“互联网+”医保服务的指导意见》(以下简称《意见》)，明确“符合条件的‘互联网+’

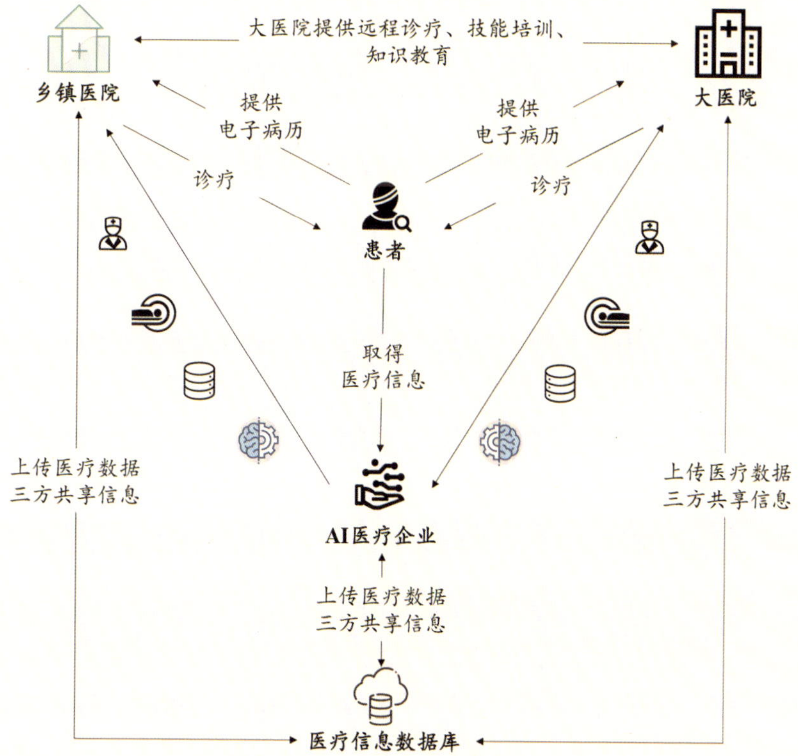

图5-75　医疗信息化实现企业、乡镇医院、大医院三方合作

资料来源：CHIMA。

医疗服务可以纳入医保报销范围”。《意见》发布后，上海、江苏、浙江、天津、四川、广东、宁夏等多个省市临时将在线问诊纳入医保支付；同时，复诊续方项目也在全国多地陆续试水纳入医保支付，线上看病—购药—支付（医保报销）的就医闭环就此彻底打通。线上诊疗闭环的实现有望为“AI问诊、AI开具处方”提供应用场景，并通过元宇宙赋能，实现患者足不出户即可高效迅速地享受先进的医疗服务。

5.6.2 AI等技术进步是实现元宇宙+医疗的先决条件

（1）医疗影像学“智能化”是元宇宙+医疗的第一步。医疗影像学为元宇宙+医疗提供了丰沃的“发展土壤”。医疗影像学在现代医学中占有重要地位，其发展同信息技术革命息息相关。目前，医疗影像学已成为临床不可或缺的重要辅助诊断手段。医疗影像学的关键在于成像与图像识别技术，成熟的医疗影像学是实现元宇宙+医疗的关键路径。

机器学习与深度学习方法已在医疗影像学等领域得到广泛应用。深度学习模型可扩展到大型数据集，并且会随着更多数据的积累而不断完善，从而使其优于许多传统的机器学习方法。深度学习系统可以接受多种数据类型作为输入，医疗数据就是具有明显的多种数据类型。最常见的模型是使用监督学习进行训练，其中数据集由输入数据点（例如皮肤病变图像）和相应的输出数据标签（例如“良性”或“恶性”）组成。根据艾瑞咨询统计整理，2012—2020年在医学文献中使用到的热门机器学习算法和深度学习算法包括：①支持向量机（38%），主要应用于识别成像生物标志物和医疗影像分析；②神经网络（34%），主要应用于生化分析、图像分析和药物开发；③逻辑回归（4%），主要用于疾病风险评估和临床决策辅助系统（见图5–76）。

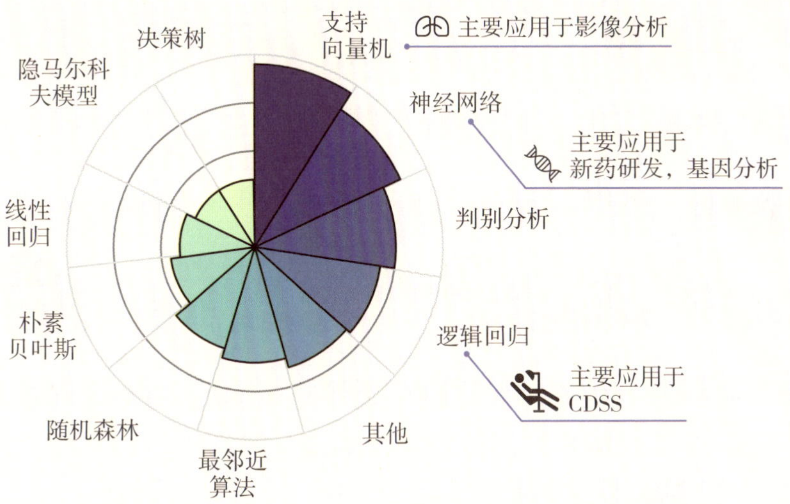

图5–76　2012—2020年医学文献中热门应用算法搜索比例

资料来源：艾瑞咨询。

以深度学习为例，深度学习方法在大量诊断任务上取得了医生级别的准确率，包括识别黑痣和黑色素瘤，从眼底图像和光学相干断层扫描（OCT）图像中检测糖尿病性视网膜病变、判断心血管风险，提供转诊建议，以及从乳房X光片中检测乳腺病变、使用核磁共振成像进行脊柱分析。甚至有研究证明单个深度学习模型在多个医疗模态中都很有效（如放射科和眼科）。但是，这些研究的一个关键限制是人类医生与算法性能之间的对比缺乏临床背景，它们把执行诊断的情形限制在仅使用图像的条件下。而这通常会增加人类医生进行诊断的难度，现实医疗环境中医生可以看到医疗影像和一些补充数据，包括病人的病史、健康记录、其他检测和口述等（见图5-77）。

图5-77 我国AI技术应用与医疗多种场景

资料来源：艾瑞咨询。

（2）新兴深度学习技术已在医疗领域得到应用。2020年12月，谷歌AI团队DeepMind所研发的AlphaFold模型在生物学及医疗领域取得重大突破：通过神经网络模型，根据氨基酸精准预测并构筑蛋白质3D结构。蛋白质由多个氨基酸序列组成，性质取决于其独特的3D结构。由于氨基酸在构成蛋白质的过程中会发生长链折叠过程，传统的枚举法预测蛋白质3D结构需要138.2亿年。此次AlphaFold成功预测蛋白质3D模型可在未来医疗领域中更好协助研究人员针对蛋白质的不同性质，针对性研发出特效药物，阿尔茨海默氏症、帕金森氏症、亨廷顿氏症和囊性纤维化等世界医疗难题也有望得到解决（见图5-78）。

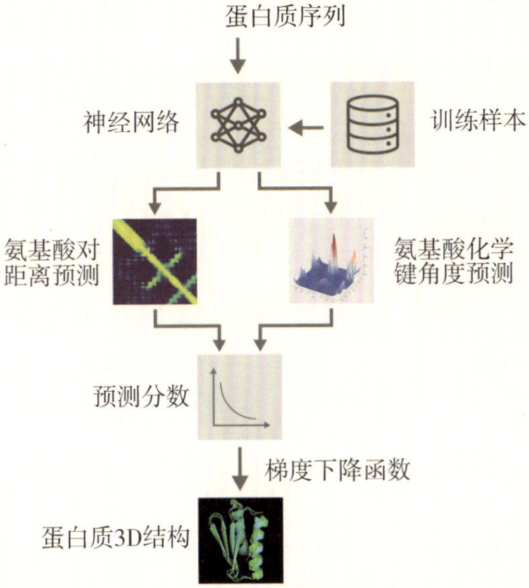

图5–78　AlphaFold模型预测流程

资料来源：DeepMind Blog。

3D蛋白模型的精准构建堪称元宇宙+医疗的一大里程碑。技术层面看，3D蛋白利用深度学习算法，通过对各类蛋白质序列的学习，自动推演出蛋白质3D模型。我们认为，未来该项技术不仅可以实现在元宇宙场景内模拟诊断各种疾病，更能够为虚拟药物研发提供支撑，降低试错成本。医药研发是整个医疗产业中十分重要的一环，而当前新药研制主要受到高成本（10亿元+）、长研发周期（10—12年）、低成功率（13.8%）“三座大山”的限制。据Deep Knowledge Analytics统计，药物研发的投资回报率从2010年的10.1%稳步下降至2018年的1.9%。某些复杂疾病更是如此，比如肌萎缩性侧索硬化症，在过去半个世纪里超过50项临床试验未能显示出任何积极的疗效。深度学习方法中的NLP、图像识别以及深度学习特有的神经网络结构能够缩短药物研发时间、降低药物研发成本、提高预测准确率及药效（见图5-79）。

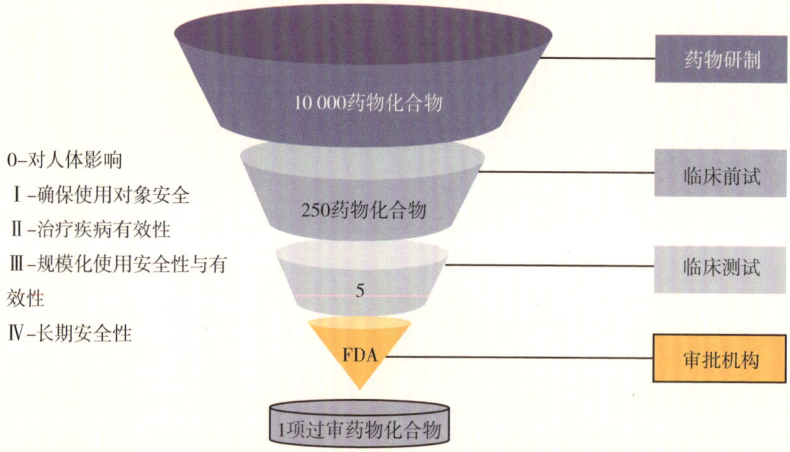

图5-79　医药的研发过程及困境

资料来源：Endpoints News，ePharmacolog。

英伟达助力上层AI医疗算法。数据、算法和算力是AI领域不可或缺的三要素。对于AI医疗领域，数据与算法近年来得到快速发展，然而高效的算法更需要强大的底层硬件提供算力的支撑（见表5-7）。在2020年中国GPU科技会议（GTC）上，英伟达首席科学家、研究院高级副总裁Bill Dally展示了Folding@Home和CyroSPARC如何基于GPU赋能AI医疗，Folding@Home借助分布式计算将无数GPU的闲置时间利用起来，并为新冠病毒研究贡献了1.5ExaFLOPS（1ExaFLOPS=1024PFLOPS=1024×1024TFLOPS）的算力，总共花费了总计1个多月的计算时间，比其他传统方式快30倍左右。

表5-7　　AI医疗主要应用场景及代表性企业

应用分类		具体场景	代表性企业
健康管理		慢性病管理	医渡科技、妙健康、健康有益、第四范式、掌上糖医、医鹿康福（支付宝）
药物研发		靶点筛选、药物筛选、药物优化、小分子药物晶体预测、病人识别及招募	晶泰科技、宇道科创、云势软件、亿药科技、深度智耀、望石智慧、剂泰医药
AI医学影像		影像设备的图像重建、X线胸片阅读、眼底检测、脑区分割、脑疾病诊断、器官分割/靶区勾画、骨伤鉴定、乳腺疾病诊断、超声辅助诊断、病历切片分析、骨龄分析等	视见科技、数坤科技、深睿医疗、汇医慧影、腾讯觅影、阿里健康等
辅助诊断	医学视频	内窥镜、胶囊机器人、手术机器人	重庆金山科技集团、直觉外科手术公司
	电子病历	智能语音电子病历录入	科大讯飞、云知声、Nuance
体征监测		光容积描记法、心电图、连续血糖检测	Airdoc
基因组学和蛋白质学		基因组学、蛋白质学	DeepMind

资料来源：冰鉴科技。

5.6.3　元宇宙+医疗能够解决哪些问题

（1）医疗教学。元宇宙使医疗教学更加简单。美国凯斯西储大学和克里夫兰诊所联合打造了基于HoloLens的HoloAnatomy解决方案，致力于医学教学领域（见图5-80）。学医需要非常深厚的知识储备，往往医学生的教材能比人还高。尽管有大量的文字和图片，没有实物的参考，学习起来往往事倍功半，这样让医学的门槛变得很高。而在元宇宙相关技术的加持下，将所学的知识具象化，可以方便学生迅速理解，加快数倍的学习效率。

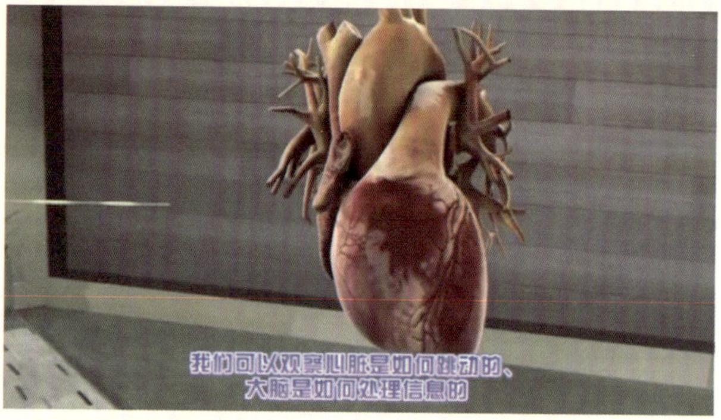

图5–80 HoloAnatomy解决方案

资料来源：凯斯西储大学。

凯斯西储大学正在使用HoloAnatomy解决方案和HoloLens 2提供远程学习计划，从而帮助学生更有效地学习和留存知识：与使用教科书的学生相比，使用HoloAnatomy解决方案和HoloLens 2的学生在成绩方面提高了50%。在12个月的学习中，使用HoloAnatomy解决方案和HoloLens 2的学生比没有使用所述解决方案的学生在知识留存方面提升了120%。

元宇宙+医疗萌芽较早。从2016年开始，VR技术就已经开始用来培训学生和教育病人，这也是VR技术在医疗领域的第一大用途：培训和教育。培训和教育的对象包括医学生、医生乃至病人。2021年，微软的混合现实合作伙伴Medivis利用3D全息可视化手术解决方案来帮助外科医生能够执行常规手术。我们认为，未来元宇宙+

医疗有望缓解城乡医疗资源不均衡问题，实现医师资源更优化。

（2）临床医学。元宇宙+医疗可以减轻手术操作难度。在通常的手术中，躲避错综复杂的人体结构去定位病灶，可以说是手术的一大难关，如果在术前能有一个逼真的模拟教学，或者在术中有精确的引导，将很大程度上减轻手术操作困难。为解决此类问题，英特尔与Surgical Theatre达成了合作关系，双方将为医院提供优化的VR成像技术。

Surgical Theatre通过360° XR可视化技术为患者及外科医生提供沉浸式的、由内而外的患者解剖结构视图，使他们能够看到看不见的位置——从患者参与、手术计划、医生跨学科合作到进入手术室，可在患者的整个门诊及手术过程中提供帮助（见图5-81）。2021年9月2日，在以色列一岁大的连体双胞胎头部分离手术中，医生使用了基于MRI、CT和血管造影扫描图像的3D模型模拟双胞胎血管、脑膜、颅骨和皮肤连接之后，使用了Surgical Theatre的VR模型，以便对手术进行模拟并以最准确的方式进行规划。

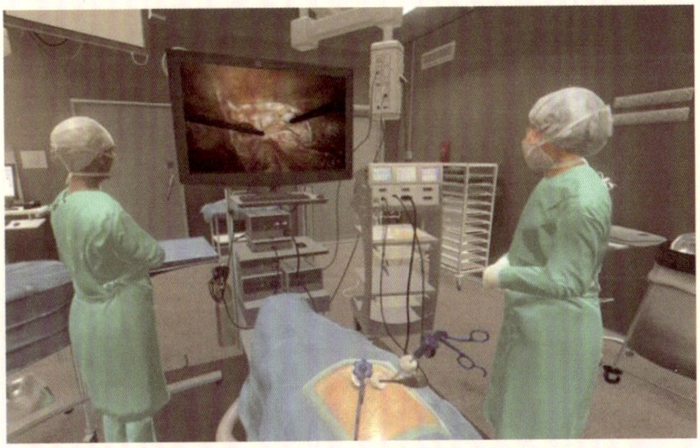

图5-81　Surgical Theatre的VR模型应用于临床医学

资料来源：Surgical Theatre。

微软也在关注医疗健康领域。Holo Lens 2是微软研发的头戴式硬件设备。戴着Holo Lens 2可实现和Surgical Theatre的360° XR相似的功能，医生可以在手术前、手术中和手术后使用，以更低的成本为患者提供更快更优质的护理（见图5-82）。

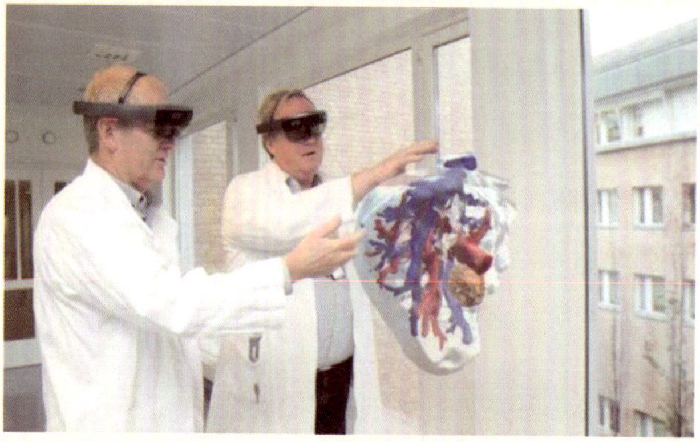

图5-82 Holo Lens 2应用于医疗影像学

资料来源：Holo Lens 2。

AI促进元宇宙+医疗进程。目前，AI医疗商业化已逐步落地。以AI医学影像技术为例，我国与欧美国家AI医学影像软件的识别准确率相比毫不逊色。例如，在乳腺癌诊断上，谷歌和圣地亚哥海军医学中心合作开发的AI系统LYNA在转移性乳腺癌的检测准确率达到99%，腾讯觅影乳腺癌肿瘤筛查AI系统的钙化检测敏感度为99.0%，肿块检测敏感度为90.2%，良恶性判别敏感度为87.0%，良恶性判别特异度为96.0%；在眼底病变筛查和肺结节两大热门领域，更具有较高的识别水平（见表5-8）。

AI实现的基础是海量医学数据，能够反向促进元宇宙+医疗的发展。在手术时全息投影，加上患者自身的数据，可以减少手术时间、并发症发生率和辐射暴露。

表5-8 国内外不同病种AI影像识别准确率

团队	内容	AI准确率	人工准确率
国内团队			
上海交通大学与浙江大学联合科研团队	核磁共振影像的直肠癌识别准确率和速度	23秒完成300张影像的病灶勾画，准确率达95.22%	5分钟完成149张影像勾画，准确率达93%
北京大学第一医院	前列腺癌诊断	超过90%	—
光琇-自兴智能医疗联合实验室	染色体检测	自动识别准确率97%，报告准确率100%	—
阿里健康、万里云	肺结节诊断	达90%以上	传统会诊方式所花费的时间是其5—6倍
安德医智、北京天坛医院	颅内肿瘤	用时15分钟，准确率87%	用时30分钟，准确率66%
安德医智、北京天坛医院	血管疾病	83%	63%
依图医疗	骨龄评定	产品精确度达0.1岁，与医生计算的骨龄值相比，误差小于半年的占98%	—
腾讯觅影	乳腺癌诊断	钙化检测敏感度99.0%，肿块检测敏感度90.2%，良恶性判别敏感度87.0%	—
浙大睿医、北京同仁医院	眼底病变检测	大部分数据集上特异性达99%，敏感度达85%	—
汇医慧影	肺结节筛查	敏感度高达95%以上	—

续表

团队	内容	AI准确率	人工准确率
推想科技	肺结节筛查	发现识别率高达90%	—
香港中文大学工程学院研究团队	肺癌、乳腺癌影像识别、判断	肺癌识别准确率达91%，乳腺癌识别准确率达99%	—
海外团队			
谷歌、谷歌大脑、Verily公司	乳腺癌诊断	达88.5%	30个小时分析130张病理切片，准确率为73.3%
斯坦福研究团队	皮肤癌诊断	至少91%	至少91%
德国、法国、美国科学家	皮肤癌诊断	恶性肿瘤95%，良性痣83%	恶性肿瘤88.9%，良性痣76%
谷歌、圣地亚哥海军医学中心	乳腺癌诊断	乳腺癌诊断达99%，超过人工诊断	—

资料来源：SciPhi生辉。

METAVERSE+

6 元宇宙里可能会出现现实世界中的哪些问题

目前元宇宙产业生态系统处于亚健康状态，里面可能也会出现现实世界中的很多问题。从当下来看，元宇宙产业发展存在十大风险：资本操纵、舆论泡沫、伦理制约、垄断张力、产业内卷、算力压力、经济风险、沉迷风险、隐私风险和知识产权。当然，元宇宙里出现的这些问题是在如今互联网中也存在的，并不是只有在元宇宙里才有。元宇宙产业还处于初期发展阶段，具有新兴产业的不成熟、不稳定的特征也比较正常，未来发展不仅要靠技术创新引领，还需要制度创新（包括正式制度和非正式制度创新）的共同作用，才能实现产业健康发展（见图6–1）。

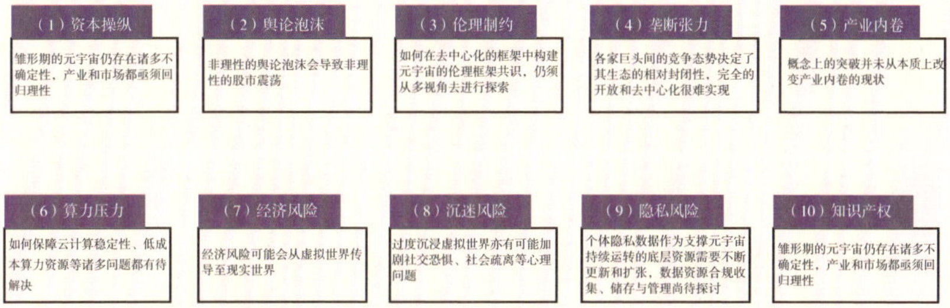

图6–1　元宇宙发展面临着十大风险

资料来源：《2020—2021年元宇宙发展研究报告》。

6.1 资本操纵和舆论泡沫问题

（1）资本操纵。雏形期的元宇宙仍存在诸多不确定性，产业和市场都亟须回归理性。虚拟币作为元宇宙的经济系统支撑，在元宇宙概念炒作加持下币价也出现持续震荡。从拉升股价到减持嫌疑，从概念炒作到资本操纵，从市场追捧到监管介入，雏形期的元宇宙仍存在诸多不确定性，产业和市场都亟须回归理性（见图6–2、图6–3）。

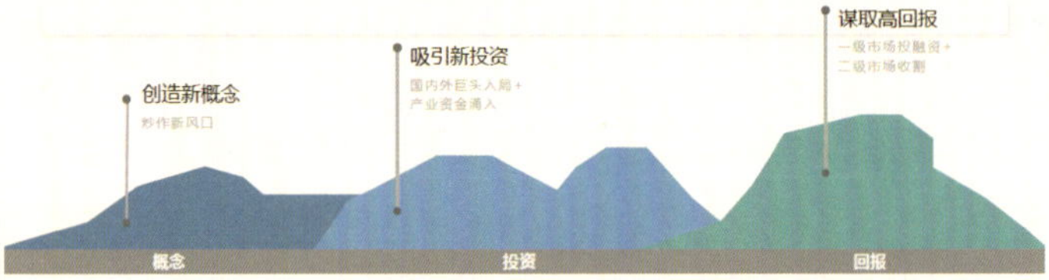

图6–2　元宇宙发展面临着资本操控风险

资料来源：《2020—2021年元宇宙发展研究报告》。

图6–3　巨头入场驱动市场信心

资料来源：《2020—2021年元宇宙发展研究报告》。

（2）舆论泡沫。非理性的舆论泡沫会导致非理性的股市震荡。但从产业发展现实来看，目前元宇宙产业仍处于社交+游戏场景应用的奠基阶段，还远未实现全产业覆盖和生态开放、经济自洽、虚实互通的理想状态。元宇宙的概念布局仍集中于XR及游戏社交领域，技术生态和内容生态都尚未成熟，场景入口也有待拓宽，理想愿景和现实发展间仍存在漫长的“去泡沫化”过程（见图6–4）。

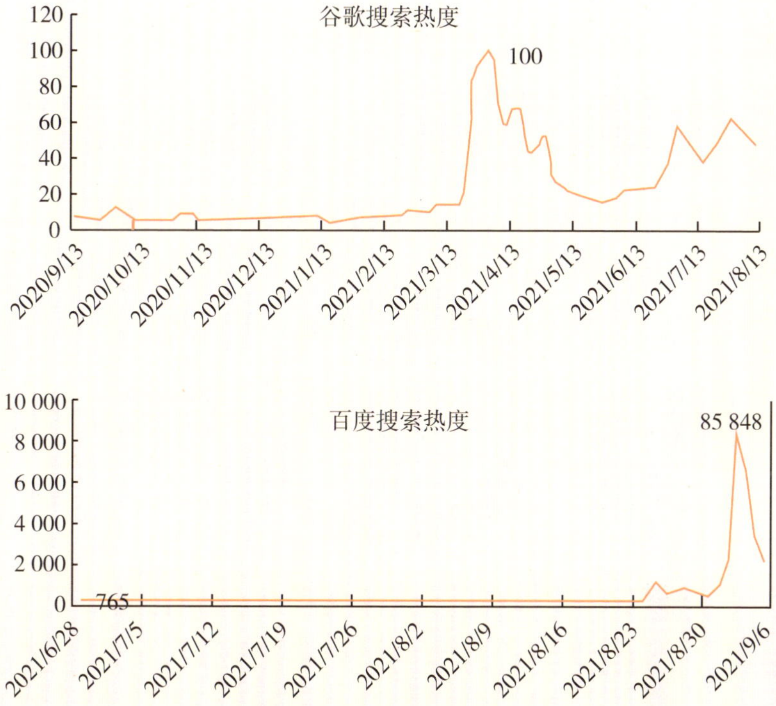

图6–4　元宇宙的搜索热度

资料来源：《2020—2021年元宇宙发展研究报告》。

6.2 垄断张力和产业内卷问题

（1）垄断张力。监管层面的中心化——和现实社会一样，元宇宙世界需要完整的货币系统、经济秩序、社会规则、管理制度、文化体系甚至法律约束。

产业布局层面的中心化——各家巨头间的竞争态势决定了其生态的相对封闭性，完全开放和去中心化很难实现（见图6–5）。

图6–5　元宇宙产业中完全的开放和去中心化很难实现

资料来源：《2020—2021年元宇宙发展研究报告》。

（2）产业内卷。概念上的突破并未从本质上改变产业内卷的现状。元宇宙一定程度上是游戏及社交内卷化竞争下的概念产出。除却人才和用户资源的抢夺、监管压力加码，游戏及社交的产品模式也逐渐进入瓶颈期，相关互联网巨头进入存量互割和零和博弈阶段。内卷态势下亟须一个新概念重新点燃资本和用户的想象。虽然在新概念加持下，阶段性地实现了资本配置的帕累托改进，但概念上的突破并未从本质上改变产业内卷的现状（见图6–6）。

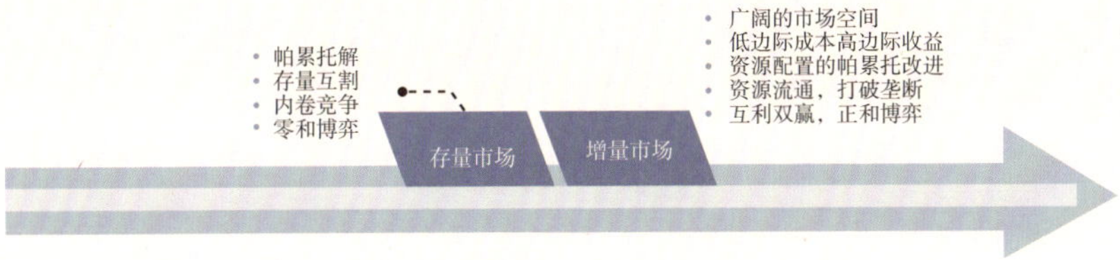

图6–6　每一次人类新疆域的开拓，都是从“存量市场”中发现“增量市场”的过程

资料来源：《2020—2021年元宇宙发展研究报告》。

6.3

算力压力问题

如何保障云计算稳定性、低成本算力资源等诸多问题都有待解决。元宇宙是大型多人在线游戏、开放式任务、可编辑世界、XR入口、AI内容生成、经济系统、社交系统、化身系统、去中心化认证系统、现实场景等多重要素的集合体。这也使得其本身运作对算法和算力提出了如下极高的要求：稳定性、可持续性、低成本等等（见图6-7）。

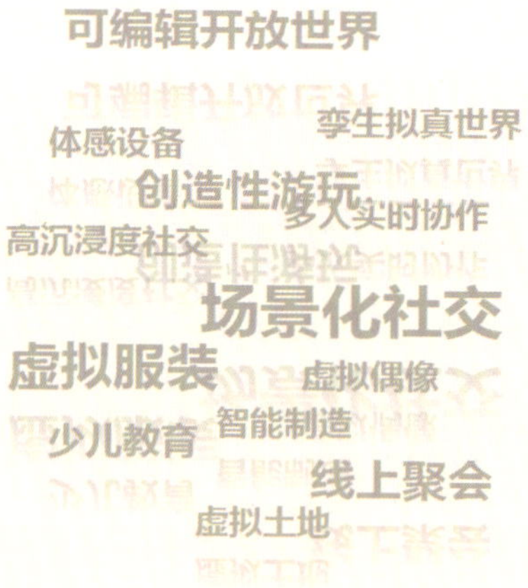

图6-7　元宇宙发展面临算力压力

资料来源：《2020—2021年元宇宙发展研究报告》。

6.4

经济风险、隐私风险和知识产权问题

（1）经济风险。经济风险可能会从虚拟世界传导至现实世界。在终极形态的元宇宙中，货币体系、经济体系和现实经济挂钩，可通过虚拟货币实现和现实经济的联动。当元宇宙世界中的虚拟货币相对于现实货币（法币）出现巨幅价值波动时，经济风险会从虚拟世界传导至现实世界。另外，元宇宙在一定程度上也为巨型资本的金融收割行为提供了更为隐蔽的操纵空间，金融监管也须从现实世界拓展至虚拟世界。

（2）隐私风险。个体隐私数据作为支撑元宇宙持续运转的底层资源需要不断更新和扩张，数据资源合规收集、储存与管理尚待探讨。元宇宙作为一个超越现实的虚拟空间，需要对用户的身份属性、生理反应、行为路径、社会关系、人际交互、财产资源、所处场景甚至是情感状态和脑波模式等信息进行细颗粒度挖掘和实时同步。这对个体数据规模、种类、颗粒度和时效性提出了更高层面的要求，个体隐私数据作为支撑元宇宙持续运转的底层资源需要不断更新和扩张，这些数据资源如何收集、储存与管理？如何合理授权和合规应用？如何避免被盗取或滥用？如何实现确权和追责？如何防范元宇宙形态下基于数据的新型犯罪形式？

（3）知识产权。知识产权问题可以说是数字空间中一直存在的一个“顽疾”，虽然区块链技术为认证、确权、追责提供了技术可能性，但在元宇宙空间大量的UGC生成和跨虚实边界的IP应用加剧了知识产权管理的复杂性和混淆性。元宇宙是一个集体共享空间，几乎所有人都是这个世界的创作者，这也衍生了大量多人协作作品，这种协作关系存在一定的随机性和不稳定性，对于这种协作作品和团体著作权人需要有确权规则。元宇宙中的虚拟数字人、物品、场景等元素很可能是来自或者改编现实世界对应实体，这种跨越虚实边界的改编应用很可能会引发知识产权纠纷，包括人物肖像权、音乐、图片、著作版权等（见图6-8）。

图6-8　多主体协作与跨越虚实边界的改编应用很可能会引发产权纠纷

资料来源：《2020—2021年元宇宙发展研究报告》。

6.5 伦理制约和沉迷风险问题

（1）伦理制约：如何在去中心化的框架中构建元宇宙的伦理框架共识，仍须从多视角去进行探索。理想概念中元宇宙是高自由度、高开放度、高包容度的“类乌托邦”世界。作为各种社会关系的超现实集合体，当中的道德准则、权力结构、分配逻辑、组织形态等复杂规则也需要有明确定义和规范。高自由度不意味着行为的不受约束，高开放度也并非边界的无限泛化，如何在去中心化的框架中构建元宇宙的伦理框架共识，仍须从多视角去进行探索（见图6–9）。

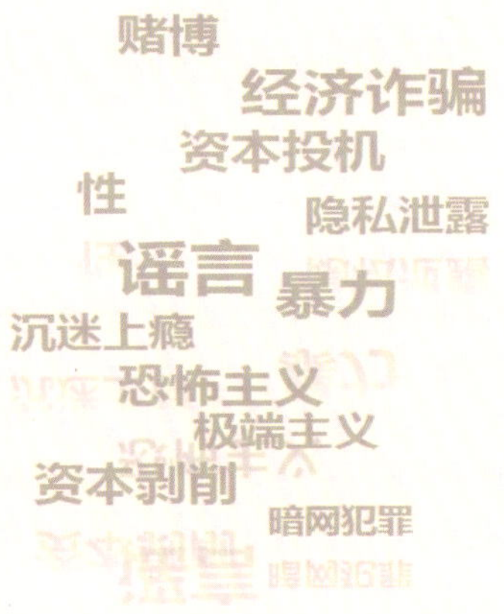

图6–9　元宇宙中可能存在伦理制约问题

资料来源：《2020—2021年元宇宙发展研究报告》

（2）沉迷风险：过度沉浸虚拟世界亦有可能加剧社交恐惧、社会疏离等心理问题。元宇宙因具身交互、沉浸体验及对现实的“补偿效应”而具备天然的“成瘾性”，虽然我们的愿景是让人们在虚实之间自如切换，但沉迷风险必然存在，这与近期国家对游戏等产业的监管加码也相呼应。另外，虚拟世界的价值理念、交互逻辑、运转规则和现实世界之间可能会出现明显分化甚至是异化、对立，使得沉浸在虚拟世界中的人对现实世界产生不满、憎恨、仇视等负面情绪（见图6-10）。

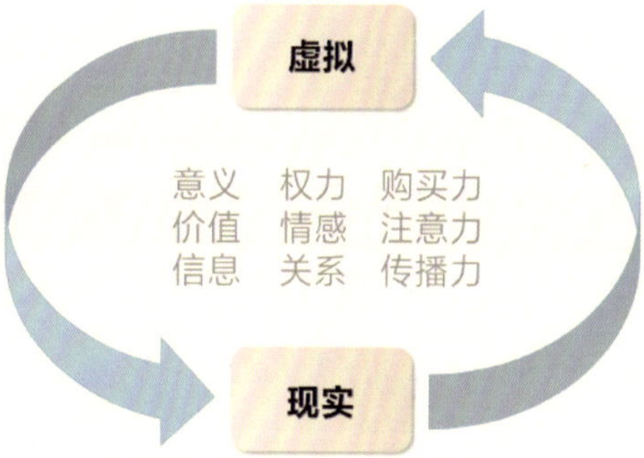

图6-10 虚实二界的流动交换

资料来源：《2020—2021年元宇宙发展研究报告》